राष्ट्रों के लिए खड़े रहना

सात प्रभावशाली पर्वतों के लिए 320 रणनीतिक प्रार्थना बिंदु

चर्च, नेताओं और राष्ट्रों में परमेश्वर के राज्य की स्थापना के लिए 40-दिन की प्रार्थना

NATIONS सीरीज़ के लिए 10 मिलियन इंटरसेसर को इकट्ठा करना | 2

द्वारा

ज़ाकारियास गॉडसीगल ;
एम.ओ. ओगबे ;
सी . लाडी ओगबे ;

Table of Contents

कॉपीराइट © पेज

राष्ट्रों के लिए खड़े रहना
सात प्रभावशाली पहाड़ों के लिए 320 खास प्रार्थना पॉइंट - चर्च, नेताओं और देशों में परमेश्वर के राज्य की स्थापना के लिए 40 दिन की प्रार्थना

NATIONS सीरीज़ के लिए 10 मिलियन इंटरसेसर को इकट्ठा करना | 2

लेखक
Zacharias Godseagle
Ambassador Monday O. Ogbe
Comfort Ladi ओगबे

प्रकाशक

ज़ाकारियास गॉडसीगल और गॉडसीगल मिनिस्ट्रीज़
द्वारा प्रकाशित: **ज़ाकारियास गॉडसीगल**
संपर्क करें - https://www.otakada.org
ambassador@otakada.org
टेली/एसएमएस +13024922440
व्हाट्सएप +2348032835348

पवित्रशास्त्र सूचना

जब तक कुछ और न बताया गया हो, धर्मग्रंथों के कोट आम तौर पर इस्तेमाल होने वाले इंग्लिश ट्रांसलेशन से लिए गए हैं। साफ़-साफ़ और भक्ति पर ध्यान देने के लिए कुछ जगहों पर ज़ोर दिया गया है।

मुद्रण जानकारी
संयुक्त राज्य अमेरिका में छपा
पहला संस्करण

समर्पण

यह किताब सबसे पहले **प्रभु यीशु मसीह को समर्पित है** , जो हमेशा के महायाजक हैं और अपने लोगों के लिए लगातार बीच-बचाव करते हैं।

यह **पवित्र आत्मा के प्रति आभार प्रकट करने के लिए दिया जाता है** , जिनके मार्गदर्शन, विश्वास और शक्ति से सभी सच्ची मध्यस्थता संभव होती है।
मैं यह काम दुनिया भर के उन बहुत से विश्वासियों को भी समर्पित करता हूँ जो ईमानदारी से चर्च और देशों के लिए खड़े रहते हैं। आपकी प्रार्थनाएँ, जो अक्सर लोगों को दिखाई नहीं देतीं और सुनाई नहीं देतीं, भगवान उन्हें जानते हैं और उनका सम्मान करते हैं।

आखिर में, यह किताब मेरे परिवार को समर्पित है, जिनके सपोर्ट, सब्र और हिम्मत ने इतने सालों तक इस काम को बनाए रखा है।

यह रिसोर्स उन सभी को मज़बूत करे जो प्रार्थना का बोझ उठाते हैं और और भी बहुत से लोगों को धरती पर भगवान के मकसद के लिए आगे आने और खड़े होने के लिए प्रेरित करे।

आभार

परमपिता परमेश्वर, प्रभु यीशु मसीह और पवित्र आत्मा का दिल से शुक्रिया अदा करता हूँ , जिनके मार्गदर्शन, दया और शक्ति ने पिछले बीस सालों में बीच-बचाव के इस काम को बनाए रखा है। उनकी कृपा और लगातार मार्गदर्शन के बिना, यह सफ़र मुमकिन नहीं होता।
मैं अपने **परिवार का** , खासकर अपनी पत्नी का बहुत शुक्रगुजार हूं, जिनकी ताकत, विश्वास और लगन ने 2006 में इस सफर की शुरुआत के दौरान इस असाइनमेंट को जन्म दिया। इतने सालों में आपका सपोर्ट और सब्र हमेशा हिम्मत का सोर्स रहा है।

मैं उन कई **विश्वासियों और बीच-बचाव करने वालों का भी शुक्रिया अदा करता हूँ** जिन्होंने मेरे साथ प्रार्थना का बोझ ईमानदारी से उठाया है। इनमें से कई लोग दुनिया के लिए अनदेखे और अनजान हैं, फिर भी चर्च और देशों के लिए बीच-बचाव की इस घड़ी को बनाए रखने में उनकी प्रार्थनाएँ बहुत ज़रूरी रही हैं।

मैं उन **पादरियों, चर्च के नेताओं और मंत्रालयों की भी तारीफ़** करता हूँ जो चेले बनाने और यीशु मसीह के सुसमाचार को आगे बढ़ाने के लिए ईमानदारी से काम करते हैं। राज्य के काम के लिए आपका कमिटमेंट मसीह के शरीर को प्रेरित और मज़बूत करता रहता है।

आखिर में, मैं उन सभी का शुक्रिया अदा करता हूँ जो इस गाइड का इस्तेमाल करके इस प्रेयर वॉच में हिस्सा लेंगे। प्रभु आपके हाथों को मज़बूत करे, आपके विश्वास को और गहरा करे, और आपको चर्च और देशों के लिए ईमानदारी से खड़े होने की ताकत दे।

राजदूत मंडे ओ. ओगबे
ज़ाकारियास गॉडसीगल

किताब के बारे में – Standing in the Gap for the Nations

सात प्रभावशाली पर्वतों के लिए 320 रणनीतिक प्रार्थना बिंदु

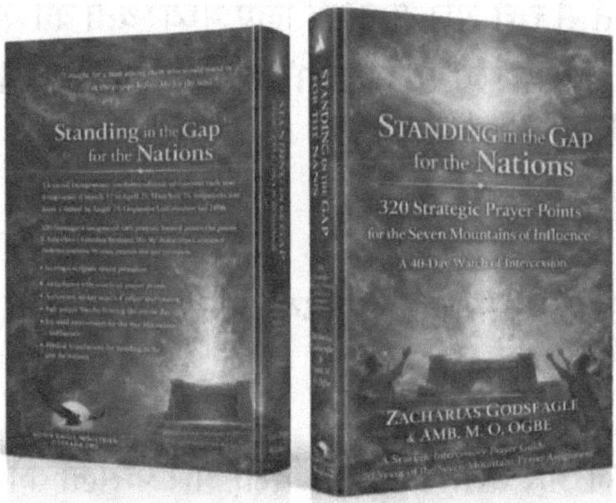

चर्च, नेताओं और राष्ट्रों में परमेश्वर के राज्य की स्थापना के लिए 40-दिन की प्रार्थना

*NATIONS **सीरीज़ के लिए** 10 **मिलियन इंटरसेसर को इकट्ठा करना** | 2*

बीस साल से ज़्यादा समय से, बीच-बचाव के लिए एक भविष्यवाणी ने चर्च के लिए एक खास प्रार्थना का काम बनाया है।

2006 में, जब उनकी पत्नी लंदन में एक जानलेवा मेडिकल इमरजेंसी से गुज़र रही थीं, तब बहुत ही मुश्किल समय में **एम्बेसडर मंडे ओ. ओगबे को** भगवान से एक गहरी मुलाकात का अनुभव हुआ। अनिश्चितता और हार मानने के उस पल में, भगवान ने उनके दिल पर एक साफ़ आदेश दिया:

देशों के नेताओं के लिए प्रार्थना करो, चाहे वे प्रभाव के पहाड़ों में कहीं भी हों।"

उस मुलाकात से चर्च और राष्ट्रों के लिए मध्यस्थता का एक आजीवन कार्य उभरा - विशेष रूप से उन लोगों के लिए जो **प्रभाव के सात पहाड़ों के भीतर सेवा करते हैं** :

• धर्म
• परिवार • शिक्षा • सरकार • मीडिया और संचार • कला और संस्कृति
• व्यापार और अर्थशास्त्र

ये क्षेत्र समाज और देशों के मूल्यों, दिशा और फैसलों को आकार देते हैं। जब विश्वासी इन क्षेत्रों के लिए सोच-समझकर प्रार्थना करते हैं, तो वे धरती पर बदलाव लाने के परमेश्वर के काम में हिस्सा लेते हैं।

2006 से शुरू होकर , प्रार्थना और उपवास का यह पवित्र समय हर साल **17 मार्च** से 25 अप्रैल तक ईमानदारी से मनाया जाता है । जो बात आज्ञाकारिता के एक निजी काम के तौर पर शुरू हुई थी, वह धीरे-धीरे उन विश्वासियों की लगातार प्रार्थना बन गई जो चर्च और देशों के लिए प्रार्थना करने का बोझ उठाते हैं।

अब, **बीस साल बाद** , यह बुकलेट दूसरों को उसी काम में हिस्सा लेने में मदद करने के लिए तैयार की गई है। इसका **50 से ज़्यादा भाषाओं**

में ट्रांसलेशन भी किया जा रहा है , जिसका मकसद दुनिया भर में **10 मिलियन इंटरसेसर का मूवमेंट शुरू करना है** ।
परमेश्वर की महिमा के लिए इस ग्लोबल इंटरसेसरी मूवमेंट का हिस्सा बनें।
यह रिसोर्स इंटरसेशन के लिए एक स्ट्रक्चर्ड फ्रेमवर्क देता है और इसमें शामिल हैं:

- 320 **स्ट्रेटेजिक धर्मग्रंथ-आधारित प्रार्थना पॉइंट**
- 40 **दिनों तक फोकस्ड इंटरसेशन**
- **हर दिन आठ प्रार्थना घंटे**
- **राष्ट्रीय और सांस्कृतिक बदलाव के लिए बाइबिल की नींव**
- **प्रभाव के सात पहाड़ों के लिए टारगेटेड प्रार्थना**

ये प्रार्थनाएँ सिर्फ़ भक्ति के विचार नहीं हैं। ये **सरकारी बीच-बचाव** हैं — ऐसी प्रार्थनाएँ जो चर्च को नेताओं, संस्कृतियों और देशों के लिए परमेश्वर के मुक्ति के मकसद के साथ जोड़ती हैं।
यह बुकलेट विश्वासियों, बीच-बचाव करने वालों, प्रार्थना करने वाले ग्रुप्स और चर्चों को एक साथ मिलकर निगरानी करने के लिए बुलाती है ताकि:

• चर्च पवित्रता, एकता और आध्यात्मिक अधिकार के साथ उभरेगा
• असरदार देशों के लीडर्स को परमेश्वर की बुद्धि का सामना करना पड़ेगा • सुसमाचार उन लोगों तक पहुंचेगा जिन्होंने अभी तक विश्वास नहीं किया है • और परमेश्वर का राज्य राष्ट्रों में स्थापित होगा

यह आह्वान आज भी वैसा ही है जैसा कि शुरुआत में था:
गैप में खड़े हो जाओ।
और सच्ची प्रार्थना के ज़रिए, परमेश्वर की इच्छा **जैसे स्वर्ग में पूरी होती है, वैसे ही पृथ्वी पर भी पूरी हो** ।

शालोम.

Zacharias Godseagle
Amb . MO Ogbe
C. Ladi ओगबे
गॉड्स ईगल मिनिस्ट्रीज़
https://www.otakada.org
ambassador@otakada.org

एडवांस रीडर समीक्षाएँ

मध्यस्थों की आवाज़ें

"स्टैंडिंग इन द गैप फॉर द नेशंस एक प्रेयर गाइड से कहीं ज़्यादा है—यह स्पिरिचुअल गवर्नेंस के लिए एक स्ट्रेटेजिक मैनुअल है। स्ट्रक्चर्ड वॉच, स्क्रिप्चर फाउंडेशन, और सेवन माउंटेन्स के लिए टारगेटेड प्रेयर इसे सीरियस इंटरसेसर के लिए एक पावरफुल टूल बनाती हैं।"
— सीनियर पादरी और किंगडम लीडर

"इस किताब में दशकों तक प्रार्थना करने का वज़न है। ये प्रार्थनाएँ हिम्मत वाली, पवित्र किताबों से जुड़ी और भविष्य बताने वाली हैं। यह मानने वालों को अपनी ज़रूरतों से आगे बढ़कर, देशों के लिए भगवान के मकसद के लिए प्रार्थना करने के काबिल बनाती है।"
— ग्लोबल प्रेयर मूवमेंट लीडर

"हमें शायद ही कभी कोई प्रार्थना का ज़रिया मिलता है जिसमें गहरी आध्यात्मिक लड़ाई, लीडरशिप के लिए बीच-बचाव, और दुनिया भर में किंगडम का नज़रिया शामिल हो। यह गाइड लोगों और चर्चों में प्रार्थना का एक नया लेवल जगाएगी।"
— प्रेरितिक मंत्रालय के नेता

"हर दिन आठ प्रेयर वॉच वाला 40-दिन का स्ट्रक्चर, इंटरसेशन का एक डिसिप्लिन्ड रिदम बनाता है जो मानने वालों को स्वर्ग के एजेंडा के

साथ जोड़ता है। यह प्रेयर ग्रुप्स और मिनिस्ट्रीज़ के लिए एक पावरफुल रिसोर्स है।"
— इंटरसेसरी प्रेयर नेटवर्क के निदेशक

"लेखक का भगवान से मिलना और इस काम के लिए दो दशक का कमिटमेंट इस किताब को अनोखी अथॉरिटी देता है। यह प्रैक्टिकल और गहरी भविष्यवाणी वाली, दोनों है।"
— क्रिश्चियन लीडरशिप मेंटर

"ऐसे समय में जब देश उथल-पुथल में हैं, चर्च को ऐसे गाइड की ज़रूरत है जो विश्वासियों को प्रार्थना की वेदी पर वापस बुलाएं। यह काम मसीह के शरीर को इस कमी को अच्छे से पूरा करने के लिए तैयार करता है।"
— अंतर्राष्ट्रीय मंत्रालय के नेता

"इस गाइड में दी गई प्रार्थनाएँ कैज़ुअल या पैसिव नहीं हैं। वे सरकारी प्रार्थनाएँ हैं—पवित्र शास्त्र में लिखी बोल्ड घोषणाएँ जो शहरों और देशों के लिए परमेश्वर के मकसद को बताती हैं।"
— इंटरसेसरी प्रार्थना समन्वयक

"यह इंटरसेसर के लिए सबसे ज़्यादा जानकारी वाली प्रार्थना पुस्तिकाओं में से एक है जो मैंने देखी है। सेवन माउंटेन्स फ्रेमवर्क का डिसिप्लिन्ड प्रेयर वॉच के साथ इंटीग्रेशन बहुत बढ़िया है।"
— ईसाई लेखक और प्रार्थना रणनीतिकार

"अगर आप एक इंटरसेसर, चर्च लीडर, या किसी प्रेयर मूवमेंट का हिस्सा हैं, तो यह किताब आपकी प्रेयर लाइफ में हमेशा साथ देगी।"
— पादरी और चर्च प्लांटर

"पवित्र शास्त्र की गहराई, भविष्यवाणी की घोषणाएँ, और तय उपवास इसे उन लोगों के लिए एक गंभीर आध्यात्मिक साधन बनाते हैं जो देशों का भविष्य बनाने में भगवान के साथ पार्टनर बनना चाहते हैं।"
— ग्लोबल मिशन लीडर

"स्टैंडिंग इन द गैप फॉर द नेशंस, विश्वासियों को उनके पुजारी वाले रोल में वापस बुलाता है—नेताओं, समुदायों और संस्कृतियों के लिए प्रार्थना करने के लिए ताकि धरती पर परमेश्वर का राज स्थापित हो सके।"
— ईसाई शिक्षक

"यह किताब सिर्फ़ प्रार्थना करना नहीं सिखाती—यह बीच-बचाव को भी बढ़ावा देती है। यह दुनिया भर के विश्वासियों को चर्च और देशों के लिए पहरेदार बनने के लिए प्रेरित करेगी।"
— प्रार्थना आंदोलन के सूत्रधार

प्रस्तावना

अंतर में खड़े होने का आह्वान

ज़िंदगी में ऐसे पल आते हैं जब भगवान हमारी ज़िंदगी की आम लय में रुकावट डालते हैं और हमें ऐसी चीज़ में बुलाते हैं जिसकी हमने कभी उम्मीद नहीं की थी।

अक्सर ऐसे पल अनिश्चितता, कमज़ोरी और हार मानने के बीच आते हैं—ऐसे समय जब हम समझते हैं कि सिर्फ़ हमारी ताकत काफ़ी नहीं है।

यह प्रार्थना गाइड ऐसे ही पल का नतीजा है।
मार्च 2006 में , मेरे परिवार की ज़िंदगी में एक बहुत मुश्किल समय था, जब मेरी पत्नी लंदन के हॉस्पिटल में मुश्किल डिलीवरी का सामना कर रही थी, मुझे पवित्र आत्मा से एक प्रेरणा मिली जिसने आने वाले सालों को दिशा दी।

जो बात आज्ञा मानने के एक आसान काम के तौर पर शुरू हुई थी—एक इंप्रेशन के जवाब में **चालीस दिन का उपवास शुरू करना** —वह जल्द ही एक पर्सनल स्पिरिचुअल एक्सरसाइज़ से कहीं ज़्यादा बड़ी चीज़ के तौर पर सामने आई।
प्रार्थना के उस समय, प्रभु ने मेरे दिल पर जो बोझ डाला, वह मेरे निजी हालात पर केंद्रित नहीं था। इसके बजाय, जो विचार आए, वे **चर्च, उसके नेताओं और देशों में मसीह के शरीर की आध्यात्मिक स्थिति की ओर निर्देशित थे** ।

उन प्रार्थनाओं का फोकस बार-बार उन जगहों की ओर था जहाँ समाज में असर होता है—ऐसे इलाके जो समुदायों, संस्कृतियों और सरकारों की दिशा तय करते हैं।

समय के साथ यह साफ़ हो गया कि यह एक बार का अनुभव नहीं था, बल्कि बीच-बचाव के लगातार काम की शुरुआत थी।
2006 में उस पहले सीज़न के बाद से , हर साल **17 मार्च** से 25 अप्रैल तक प्रार्थना और उपवास का यह चालीस दिन का पहरा मनाया जाता है ।

इतने सालों में यह काम एक जैसा रहा है: चर्च के लिए खड़े रहना, हमारी दुनिया को बनाने वाले असर वाले इलाकों में, चाहे वे कहीं भी हों, नेताओं के लिए प्रार्थना करना, और देशों के लिए भगवान के मकसद जानना।
जो बात आज्ञा मानने के एक निजी काम के तौर पर शुरू हुई थी, वह भगवान की कृपा से, उन विश्वासियों का एक साझा बोझ बन गई है जो चर्च और देशों के लिए बीच-बचाव करने की एक ही पुकार महसूस करते हैं।
यह किताब उस सफ़र में एक मील का पत्थर है।
जब हम **ईमानदारी से की गई प्रार्थना के बीस साल पूरे होने का जश्न मना** रहे हैं, तो यह प्रार्थना गाइड दूसरों को भी प्रार्थना के इसी दौर में हिस्सा लेने में मदद करने के लिए तैयार की गई है। यह पवित्र शास्त्र पर आधारित प्रार्थना पॉइंट्स का एक स्ट्रक्चर्ड फ्रेमवर्क देता है, जिसे विश्वासियों को चालीस दिनों तक ध्यान लगाकर की गई प्रार्थना में गाइड करने के लिए डिज़ाइन किया गया है।

मुझे उम्मीद है कि यह रिसोर्स कई लोगों को दूसरों की तरफ से भगवान के सामने खड़े होने की ताकत को फिर से खोजने के लिए हिम्मत देगा।

आगे के पन्नों में उस मुलाकात की कहानी है जिससे यह असाइनमेंट शुरू हुआ। उस अनुभव ने इस प्रार्थना यात्रा की दिशा तय की और मुझे याद दिलाता रहता है कि भगवान आज भी अपने लोगों को धरती पर अपने मकसदों के लिए खड़े होने के लिए बुलाते हैं।

यह गाइड प्रार्थना के प्रति आपके कमिटमेंट को मज़बूत करे, पवित्र आत्मा के साथ आपके रिश्ते को गहरा करे, और आपको चर्च और देशों के लिए इंटरसेशन के चल रहे काम में शामिल होने के लिए प्रेरित करे।

वह मुलाकात जिससे असाइनमेंट शुरू हुआ

16 मार्च 2006 को , मैं लंदन के एक हॉस्पिटल के कॉरिडोर में इधर-उधर टहल रहा था। मेरी पत्नी को तीन दिन से लेबर पेन हो रहा था, और डॉक्टरों ने हमें बताया था कि अगर बच्चा सुबह तक नैचुरली नहीं आया, तो उसे सिजेरियन सेक्शन करवाना होगा।

उस समय हमें पता नहीं था कि मेरी सास को पहले ही सपना आ गया था कि मेरी पत्नी डिलीवरी के बाद शायद ज़िंदा नहीं बचेगी। शुक्र है, उन्होंने उस समय हमें यह बात नहीं बताई।

जब मैं हॉस्पिटल के हॉलवे में इधर-उधर घूम रहा था, तो मेरे मन में एक गहरी बात आई—एक ऐसी बात जो इतनी साफ़ थी कि मैं उसे नज़रअंदाज़ नहीं कर सका। यह विचार आसान था लेकिन ज़बरदस्त था:

कल से चालीस दिन का उपवास शुरू करें।

अगला दिन 17 **मार्च, 2006 होगा** ।

इस निर्देश ने मुझे चौंका दिया। मैंने पहले कभी चालीस दिन का उपवास नहीं किया था। फिर भी मुझे पता था कि यह बात मेरे अपने विचारों से नहीं आ रही थी।

पवित्र आत्मा के इशारे को पहचानने का एक तरीका यह है कि वह अक्सर हमें पवित्र शास्त्र के अनुसार कुछ ऐसा करने के लिए प्रेरित करता है, जिसका हमारी स्वाभाविक इच्छाएँ आम तौर पर विरोध करती हैं।

जब यह बात मेरे मन में बनी रही, तो मैंने अपने विचारों में भगवान से बातचीत शुरू कर दी।

"अगर मुझे चालीस दिन तक उपवास करना है , तो मैं किस बारे में प्रार्थना करूंगा?"
जवाब मेरे मन में इंप्रेशन के रूप में आया। मुझे एक नोटबुक लेने और लिखना शुरू करने के लिए कहा गया। वहीं हॉस्पिटल के वार्ड में मैंने उन प्रार्थना के बोझ को रिकॉर्ड करना शुरू कर दिया जो मुझ पर आ रहे थे।

मुझे हैरानी हुई कि प्रार्थनाएँ मेरी पत्नी की हालत पर केंद्रित नहीं थीं। इसके बजाय, प्रभाव पादरियों, चर्चों और मसीह के शरीर में एकता पर केंद्रित थे।
उस समय मैंने भगवान से एक प्रार्थना की।
मैंने प्रार्थना की, "अगर मुझे यह चालीस दिन का उपवास पूरा करना है, तो मैं उपवास खत्म होने से पहले आपसे मिलना चाहूँगा।"
उस रिक्वेस्ट का कोई जवाब नहीं आया।
बाद में मुझे समझ आया क्यों।
परमेश्वर अक्सर अपनी योजना का अगला कदम बताने से पहले हमारी आज्ञाकारिता का इंतज़ार करता है।

धर्मग्रंथ इस पैटर्न को साफ़ तौर पर दिखाते हैं। जब योना परमेश्वर के काम से भागा, तो प्रभु तब तक चुप रहे जब तक योना आज्ञा मानने लगा।
तभी बातचीत फिर से शुरू हुई।
उस चालीस दिन के उपवास के खत्म होने से तीन दिन पहले—22 **अप्रैल, 2006 को सुबह 5 बजे—परमेश्वर ने** मेरी विनती सुन ली।

मैं आधा जागा हुआ था जब एक इंसान इंसान के रूप में प्रकट हुआ। उसके हाथ पीठ के पीछे मुड़े हुए थे, और वह धीरे-धीरे खिड़की से होते हुए लाउंज में मेरी ओर आया।

मैं उनका रूप साफ़ देख सकता था, हालाँकि उनका चेहरा पूरी तरह से दिखाई नहीं दे रहा था।

जैसे ही वह पास आए, मेरे आस-पास की जगह बहुत ज़ोर से वाइब्रेट होने लगी। जैसे-जैसे वह पास आते गए, मेरे पैरों के आस-पास का एरिया बार-बार घुलता और फिर से बनता हुआ लगा।
जब वह मौजूदगी मेरे सीने और सिर के हिस्से तक पहुंची, तो उसकी ताकत इतनी बढ़ गई कि मैंने पहले कभी महसूस नहीं की थी।
उस पल की असली ताकत को बताना मुश्किल है।
मुझे समय का पता ही नहीं चला। उस मुलाकात की तेज़ी से मैं इतना घबरा गया कि मैं ज़मीन पर लोटने लगा, और उससे रुकने और यह बताने के लिए कहने लगा कि वह मुझसे क्या करवाना चाहता है।
उस अनुभव ने ईश्वर के साथ एक गहरी यात्रा की शुरुआत की।

उस मुलाकात के बाद मुझे मसीह के शरीर के बारे में सपने और दर्शन आने लगे। एक दर्शन में मैंने प्रभु यीशु को एक कमरे में आते देखा, और उनका शरीर अलग-अलग हिस्सों में बंटा हुआ दिखाई दिया—हर हिस्सा सिर्फ़ पतली चमड़ी से जुड़ा हुआ था।
हर हिस्सा एक मिनिस्ट्री को दिखाता था।
उनके बीच संबंध कमजोर थे।
इस दर्शन ने एक दर्दनाक सच्चाई को उजागर किया: चर्च के अंदर की फूट—कॉम्पिटिशन, घमंड और मिनिस्ट्रीज़ के बीच मुकाबला—क्राइस्ट के शरीर की एकता को कमज़ोर कर रही थी।
जब मैंने भगवान से पूछा कि इस बिखरे हुए शरीर में मैं कहाँ फिट हो सकता हूँ, तो उनका जवाब साफ़ था:
"ऐसे चर्च खोजें जो शिष्य बनाते हैं। संख्या से प्रभावित न हों।"

उस पल से, काम साफ़ हो गया।

प्रत्येक वर्ष, 17 **मार्च को आरम्भ होकर और** 25 **अप्रैल को समाप्त होकर** , प्रार्थना और उपवास का चालीस दिवसीय पहरा मनाया जाएगा - चर्च, उसके नेताओं और राष्ट्रों के लिए अंतराल में खड़े होकर।

यह प्रार्थना गाइड उस चल रहे काम का एक उदाहरण है।

लेखक का नोट

यह प्रार्थना मार्गदर्शिका 2006 में शुरू हुए एक असाइनमेंट के प्रति कई वर्षों के चिंतन, प्रार्थना और आज्ञाकारिता के फल को दर्शाती है। जो उपवास और मध्यस्थता के एक व्यक्तिगत मौसम के रूप में शुरू हुआ वह धीरे-धीरे प्रार्थना का एक आवर्ती समय बन गया जो हर साल **17 मार्च से 25 अप्रैल तक मनाया जाता है** ।

समय के साथ, दूसरे लोग भी चर्च, उसके नेताओं और देशों के लिए प्रार्थना करने की इस ज़िम्मेदारी में शामिल होने लगे। प्रार्थना के इस मौसम में हिस्सा लेने की इच्छा रखने वालों के लिए एक स्ट्रक्चर्ड रिसोर्स देने की इच्छा से यह गाइड बनाई गई।

इस किताब में दी गई प्रार्थनाएँ पवित्र शास्त्र पर आधारित हैं और इस विश्वास से बनी हैं कि धरती पर परमेश्वर के मकसद को पूरा करने में बीच-बचाव एक ज़रूरी भूमिका निभाता है। इनका मकसद विश्वासियों को चालीस दिन की पहरेदारी के दौरान सोच-समझकर और लगातार प्रार्थना करने में मदद करना है।

इस गाइड का इस्तेमाल वे लोग, परिवार, प्रार्थना ग्रुप और चर्च कर सकते हैं जो मसीह के शरीर और देशों के लिए खड़े होना चाहते हैं। हमारी प्रार्थना है कि हर पढ़ने वाला जो इन प्रार्थनाओं को पढ़ेगा, उसका भगवान के साथ रिश्ता और गहरा होगा और प्रार्थना के लिए उसका कमिटमेंट और मज़बूत होगा।

प्रभु उन सभी को शक्ति दें जो प्रार्थना करने का यह आह्वान स्वीकार करते हैं।

Zacharias Godseagle
Amb . MO OGBE

परमेश्वर की आवाज़ कैसे सुनें

पूरे धर्मग्रंथ में, परमेश्वर खुद को ऐसे परमेश्वर के रूप में दिखाते हैं जो अपने लोगों से बात करते हैं। बाइबल के शुरुआती पन्नों से लेकर यीशु की सेवा और चर्च में पवित्र आत्मा के काम तक, परमेश्वर की आवाज़ ने उन लोगों को रास्ता दिखाया है, सुधारा है और दिशा दी है जो उन्हें खोजते हैं।

यीशु ने खुद कहा:

"मेरी भेड़ें मेरी आवाज़ सुनती हैं, और मैं उन्हें जानता हूँ, और वे मेरे पीछे-पीछे चलती हैं।"

— यूहन्ना 10:27

इसलिए भगवान की आवाज़ सुनना कुछ खास लोगों के लिए नहीं है। यह उस रिश्ते का हिस्सा है जो भगवान अपने बच्चों के साथ चाहते हैं। लेकिन, परमेश्वर की आवाज़ को पहचानना सीखने के लिए आध्यात्मिक मैच्योरिटी, विनम्रता और उसके वचन के साथ तालमेल बिठाना ज़रूरी है।

परमेश्वर के बोलने का प्राथमिक तरीका

परमेश्वर के बोलने का सबसे साफ़ और भरोसेमंद तरीका **पवित्र शास्त्र है** । परमेश्वर का वचन उनके चरित्र, उनकी इच्छा और उनके मकसद को बताता है। कोई भी सोच, नज़र, सपना या विचार जो पवित्र शास्त्र के खिलाफ हो, वह परमेश्वर की तरफ़ से नहीं हो सकता।

इस कारण से, विश्वासियों को वचन में दृढ़ रहना चाहिए।

पवित्र आत्मा का आंतरिक साक्षी

पवित्र आत्मा अक्सर उस चीज़ के ज़रिए बात करती है जिसे कई विश्वासी **अंदर का गवाह कहते हैं** । यह एक मज़बूत यकीन, दिल पर

एक लगातार असर, या दिशा की एक गहरी समझ के रूप में दिख सकता है जो धर्मग्रंथ के साथ मेल खाता है।

कभी-कभी ये इंप्रेशन ऐसे विचारों के रूप में सामने आते हैं जो अचानक मन में आते हैं—ऐसे विचार जो परमेश्वर के चरित्र और उसके उद्देश्यों के अनुरूप होते हैं।

सपने और दर्शन

पूरी बाइबल में, परमेश्वर ने अक्सर सपनों और दर्शनों के ज़रिए बात की है। यूसुफ, दानिय्येल, पतरस और पौलुस, सभी ने ऐसे पल महसूस किए जब परमेश्वर ने इस तरह अपनी इच्छा बताई।

प्रेरितों के काम 2:17 में प्रेरित पतरस ने कहा:

"तुम्हारे बेटे और बेटियाँ भविष्यवाणी करेंगे, तुम्हारे जवान दर्शन देखेंगे, और तुम्हारे बूढ़े स्वप्न देखेंगे।"

लेकिन, इन अनुभवों को हमेशा पवित्र शास्त्र से परखना चाहिए और प्रार्थना से पक्का करना चाहिए।

परमेश्वर हालात और लोगों के ज़रिए भी बोलता है

भगवान अपने लोगों को हालात, समझदारी भरी सलाह और दूसरे मानने वालों की सेवा के ज़रिए भी रास्ता दिखा सकते हैं। पादरी, आध्यात्मिक गुरु और समझदार मानने वाले लोग अक्सर भगवान का रास्ता समझने में हमारी मदद करने में अहम भूमिका निभाते हैं।

हर मामले में, परमेश्वर की आत्मा विश्वासियों को कभी भी घमंड, उलझन या ऐसे कामों में नहीं ले जाएगी जो मसीह की शिक्षाओं के खिलाफ हों।

हम जो सुनते हैं उसका परीक्षण

क्योंकि कभी-कभी आध्यात्मिक बातों को गलत समझा जा सकता है, इसलिए धर्मग्रंथ विश्वासियों को बढ़ावा देता है कि वे जो पाते हैं उसे परखें।

प्रेरित यूहन्ना ने लिखा:

"हे प्रियो, हर आत्मा पर विश्वास मत करो, वरन् आत्माओं को परखो, कि वे परमेश्वर की हैं कि नहीं।"

— 1 यूहन्ना 4:1

तीन ज़रूरी सवाल समझदारी दिखाने में मदद कर सकते हैं:

• क्या यह परमेश्वर के वचन से सहमत है?

• क्या यह मसीह के चरित्र को दिखाता है? • क्या यह स्पष्टता, शांति और धार्मिकता लाता है?

जब ये चीज़ें मौजूद हों, तो विश्वासी इस भरोसे के साथ आगे बढ़ सकते हैं कि पवित्र आत्मा उन्हें रास्ता दिखा रही है।

ईश्वर के प्रति संवेदनशीलता में वृद्धि

भगवान की आवाज़ सुनना सीखना आध्यात्मिक विकास की यात्रा का हिस्सा है। जैसे-जैसे विश्वासी प्रार्थना में समय बिताते हैं, धर्मग्रंथों का अध्ययन करते हैं, और पवित्र आत्मा के मार्गदर्शन पर ध्यान देते हैं, भगवान के निर्देश को पहचानने की उनकी क्षमता और साफ़ होती जाती है।

परमेश्वर को सुनने का मकसद खास अनुभव पाना नहीं है, बल्कि उनके साथ गहरा रिश्ता बनाना और उनकी मर्ज़ी के मुताबिक ईमानदारी से चलना है।

जैसे ही आप प्रार्थना और बीच-बचाव के इस मौसम में आते हैं, पवित्र आत्मा से कहें कि वह आपको रास्ता दिखाए, आपके दिल से बात करे, और आपको भगवान के साथ गहरी बातचीत में ले जाए।

360-डिग्री दैनिक प्रार्थनाएँ, घोषणाएँ और आध्यात्मिक कवरेज

प्रभाव के सात पहाड़ों के लिए पोर्टल खोलने और सीलिंग की घोषणाएँ

(10 स्ट्रेटेजिक प्रार्थना एक्टिवेशन)

प्रार्थना कार्यक्रम

इन प्रार्थनाओं का इस्तेमाल दो तरीकों से किया जा सकता है:

• रोज़ाना प्रार्थना शुरू करने से पहले **आधी रात को सभी 10 हिस्सों की एक साथ प्रार्थना करें।**

• **हर दो घंटे में एक भाग प्रार्थना करें** , दिन की पूरी आध्यात्मिक घड़ी को कवर करें।

सुझाई गई वॉच स्ट्रक्चर:

- **12:00 AM – पोर्टल ओपनिंग और पार्ट 1**
- **2:00 AM – भाग 2**
- **सुबह 4:00 बजे – भाग 3**
- **सुबह 6:00 बजे – भाग 4**
- **सुबह 8:00 बजे – भाग 5**
- **सुबह 10:00 बजे – भाग 6**
- **दोपहर 12:00 बजे – भाग 7**

- **दोपहर** 2:00 **बजे – भाग** 8
- **शाम** 4:00 **बजे – भाग** 9
- **शाम** 6:00 **बजे – पार्ट** 10 **(सीलिंग डिक्लेरेशन)**

ये घोषणाएँ आध्यात्मिक अधिकार स्थापित करती हैं, प्रार्थना के रास्ते खोलती हैं, विरोध को खत्म करती हैं, और **व्यक्ति, चर्च और प्रभाव के सात पहाड़ों** पर मध्यस्थता को सील करती हैं ।

रोज़ाना की ज़िंदगी में इस्तेमाल के लिए पढ़ने, ध्यान और सोच-विचार के लिए पवित्र ग्रंथ:

लूका 9:23 - ***तब उसने उन सब से कहा, "अगर कोई मेरे पीछे आना चाहे, तो अपने आप से इन्कार करे और रोज़ अपना क्रूस उठाए, और मेरे पीछे हो ले।***

1 तीमुथियुस 6:11-14 " ***लेकिन हे परमेश्वर के आदमी, तुम इन बातों से दूर रहो और नेकी, भक्ति, विश्वास, प्यार, सब्र और नरमी का पीछा करो। <u>विश्वास की अच्छी लड़ाई लड़ो, हमेशा की ज़िंदगी को पकड़ो, जिसके लिए तुम्हें बुलाया भी गया था और तुमने बहुत से गवाहों के सामने अच्छा कबूल किया है।</u> मैं तुमसे परमेश्वर के सामने, जो सब चीज़ों को जीवन देता है, और मसीह यीशु के सामने, जिसने पोंटियस पिलातुस के सामने अच्छा कबूल किया था, गुज़ारिश करता हूँ कि तुम हमारे प्रभु यीशु मसीह के आने तक इस आज्ञा को बिना किसी दाग के, बेदाग रखो।"***

अगर तुम मेरे वचन में बने रहोगे, तो तुम सचमुच मेरे चेले हो। "
यूहन्ना 8:31.

बुराई से न हारो, बल्कि भलाई से बुराई को जीतो ।” रोमियों 12:21.

वैसे ही तुम भी अपने आप को पाप के लिए तो मरा हुआ समझो, लेकिन हमारे प्रभु मसीह यीशु में परमेश्वर के लिए जीवित समझो। इसलिए पाप को अपने नश्वर शरीर में राज न करने दो, कि तुम उसकी वासनाओं के अधीन रहो । रोमियों 6:11-12.

लेकिन अगर तुम आत्मा से शरीर की हरकतों को मार डालोगे, तो ज़िंदा रहोगे । रोमियों 8:13.

इसलिये जब कि मसीह ने शरीर में होकर दुख उठाया तो तुम भी उसी मन को धारण करो क्योंकि जिस ने शरीर में दुख उठाया, वह पाप से छूट गया... 1 पतरस 4:1.

भाग 1 — आध्यात्मिक अधिकार स्थापित करना

पिता, मेरे विश्वास के रचयिता और उसे पूरा करने वाले यीशु के नाम पर, मैं इस क्षेत्र और हर उस इलाके पर अपना कानूनी अधिकार और दबदबा बनाने के लिए खड़ा हुआ हूँ, जिस पर आपने मुझे अधिकार दिया है।

दानिय्येल 9:4 के अनुसार , तू ही एकमात्र महान और भययोग्य परमेश्वर है, जो तुझ से प्रेम रखते हैं और जो तेरी आज्ञाओं को मानते हैं, उनके साथ तू अपनी वाचा और दया बनाए रखता है।
मैं उस परमेश्वर से प्रार्थना करता हूँ जिसने 2 **इतिहास** 7:13–16 **में कहा है** :

"अगर मैं आसमान बंद कर दूं कि बारिश न हो, अगर मैं टिड्डियों को ज़मीन खाने का हुक्म दूं, या अगर मैं अपने लोगों में महामारी भेजूं; अगर मेरे लोग जो मेरे नाम से जाने जाते हैं, वे खुद को नम्र करें और प्रार्थना करें, मेरा चेहरा ढूंढें, और अपने बुरे कामों से दूर हो जाएं, तो मैं आसमान से सुनूंगा, उनके पाप माफ करूंगा, और उनकी ज़मीन को ठीक करूंगा।"

अब तुम्हारी आँखें खुली रहेंगी और तुम्हारे कान इस जगह की जाने वाली प्रार्थना पर ध्यान देंगे।
क्योंकि अब तूने इस घर को चुना और पवित्र किया है, ताकि तेरा नाम हमेशा के लिए यहाँ रहे; और तेरी आँखें और तेरा दिल हमेशा यहाँ रहें।

मैं घोषणा करता हूं कि यह स्थान पवित्र है।

मैं अपने शरीर को मेरे उद्धारकर्ता और उद्धारक यीशु के बहाए गए खून से एक जीवित बलिदान के रूप में पेश करता हूँ। इन प्रार्थनाओं को पवित्र और आपको स्वीकार्य बनाएँ।

मैं अपने और अपने पूर्वजों के पापों को स्वीकार करता हूँ। कृपा और दया हम पर बनी रहे।

मैं घोषणा करता हूँ कि मेरी प्रार्थनाओं को अलौकिक दुनिया में जाने की पूरी छूट है और मैं धरती से बंधा नहीं रहूँगा।

मैं स्वर्ग के सुप्रीम कोर्ट से सहमत हूँ।

मैं मसीह यीशु के साथ स्वर्ग में बैठा हूँ; इसलिए, मैं इस दुनिया और दायरे से लड़ता हूँ।

मैं घोषणा करता हूँ कि परमेश्वर का अभिषेक हर बंधन को तोड़ता है, हर द्वार खोलता है, और मुझे मज़बूत करने के लिए स्वर्गदूतों को नियुक्त करता है, जैसे-जैसे मैं नए लेवल, नए डायमेंशन, नए दायरे और नए इलाकों में आगे बढ़ता हूँ।

स्वर्ग में कोई सफलता मिले।

मैं प्रेरितों और भविष्यवक्ताओं की नसों में झाँकता हूँ।
मैं कांच की छतें तोड़ देता हूं।
मैं आध्यात्मिक सलाखों और लोहे की झिल्लियों को तोड़ता हूँ।
मैं घोषणा करता हूं कि एक सफल माहौल बन गया है।
मैं आध्यात्मिक माहौल को फिर से ठीक करता हूँ और यह आदेश देता हूँ कि हर गुनगुनेपन को भगवान की आग और जोश से बदल देना चाहिए।

मुझे पवित्र आत्मा और आग से बपतिस्मा दो।
जब मैं इस प्रार्थना में आगे बढ़ूँ तो मेरे मुँह में आग हो।
मैं यीशु के नाम पर, पंथ की गतिविधियों, किस्मत बदलने वाली तस्वीरों, मंत्रों, गलत शब्दों, जादू-टोने, खराब माहौल, डर, आतंकवाद, रीति-रिवाज, नफ़रत, जातीय नफ़रत और हिंसा से बने शैतानी और शैतानी माहौल और माहौल पर अधिकार लेता हूँ।

मैं आध्यात्मिक माहौल को बदलने का आदेश देता हूँ।
आर्थिक माहौल में बदलाव।
सामाजिक माहौल में बदलाव। सांस्कृतिक माहौल में बदलाव। शिक्षा के माहौल में बदलाव। राजनीतिक माहौल में बदलाव। धार्मिक माहौल में बदलाव।

मैं आज्ञा देता हूं कि वातावरण परमेश्वर की महिमा से भर जाए।
हे पिता, वातावरण को भर दो।
वातावरण को अपनी महिमा से भर दो।
मैं इस माहौल को बदलता हूं और घोषणा करता हूं कि यह अब इसके लिए सही है:

मेरी मिनिस्ट्री आगे बढ़े।
मेरे रिश्ते आगे बढ़ें। मेरे बच्चे आगे बढ़ें। मेरे अपनों का आगे बढ़ें। मेरा बिज़नेस आगे बढ़े। मेरे आइडियाज़ आगे बढ़ें। मेरा देश आगे बढ़े। मेरी सरकार आगे बढ़े। मेरी इकॉनमी आगे बढ़े।

मैं चमत्कार होने के लिए एक सुपरनैचुरल माहौल बनाता हूँ।
मैं यीशु के नाम से और उसके बहाए गए लहू से युद्ध करता हूँ - उस मेमने के लहू से जो संसार की उत्पत्ति से पहले घात किया गया था।

उसके द्वारा बुराई का नाश होना चाहिए।

इसी कारण परमेश्वर का पुत्र प्रकट हुआ, ताकि वह अंधकार के कामों को नष्ट कर सके।

मैं हुक्म देता हूँ और ऐलान करता हूँ कि अंधेरे के काम खत्म हो गए हैं।
मैं आदेश देता हूँ कि मेरे जीवन पर लगा हर श्राप पलट दिया जाए।
मैं यीशु के नाम पर इस इलाके पर मौजूद और उसे बनाए रखने वाली अंधकार की ताकतों को तोड़ता हूँ।
मैं आपके वचन के द्वारा हर शैतानी आत्मा को पकड़ता हूँ।
मेरी तरफ से युद्ध करने के लिए स्वर्गदूतों को ताकत दो।
मैं इलाके के गढ़ों का विरोध करता हूँ।
मैं अहंकार की उलझनों को तोड़ता हूँ।

साइकोलॉजिकल जेलों के दरवाज़े खोलो और हमें शर्म, परेशानी, परेशानी और गलत कामों की आत्माओं से आज़ाद करो।

हमें गढ़ों और घमंड की भावना से छुड़ाओ।
मुझे बदनामी, इमोशनल ब्लैकमेल, सामाजिक रुकावटों, लालच, शैतानी पाबंदियों, शैतानी भ्रम, लत, शैतानी पाबंदियों, सांस्कृतिक जड़ों, पंथ के गढ़ों, जादू-टोने, परंपराओं और एंटी-क्राइस्ट सांस्कृतिक माहौल से बचाओ।

मुझे सीमाओं, कमियों और रुकावटों से आज़ाद करो।

मैं हाशिए पर डाले जाने, कलंकित किए जाने, निष्क्रिय किए जाने, आतंकित किए जाने, चरित्र-चित्रण किए जाने, आलोचना किए जाने, सहन किए जाने, सेंसर किए जाने, गलत आंके जाने, गलत तरीके से संभाले जाने या कुप्रबंधित किए जाने से इनकार करता हूं।
मैं एहसान का चोगा पहनता हूँ।

मैं शैतानी ट्रिगर और साइकोलॉजिकल बटन हटा देता हूँ।
मैं उन्हें शॉर्ट-सर्किट कर देता हूं।

भाग 2 — क्षेत्रीय सफलता

मैं शैतानी ज़ुल्म के आगे जवाब नहीं देता। मैं खून, वचन और परमेश्वर की आत्मा से इस इलाके पर अपना बड़ा अधिकार बनाता हूँ।

इसी वजह से मैं आपको याद दिलाता हूँ कि परमेश्वर के बेटे को इसलिए ज़ाहिर किया गया ताकि वह शैतान के कामों को खत्म कर सके। मैं हुक्म देता हूँ कि शैतान के काम खत्म हो जाएँ। वे इस इलाके में, मेरे मोहल्ले में, मेरे शरीर में, मेरे परिवार में, मेरे बच्चों में, मेरे अपनों में, मेरी मिनिस्ट्री में, मेरे पादरी में, मेरे डॉक्टर और वकील में, और मेरी सरकार में खत्म हो जाएँ।
शैतान के बुरे काम नष्ट हो जाते हैं।

मैं ऐलान करता हूँ और हुक्म देता हूँ कि भगवान के प्लान और मकसद पूरे होंगे। भगवान का वचन पूरे होंगे। उनकी मर्ज़ी पूरी होगी। मेरा भविष्यवाणी वाला मकसद और किस्मत पूरी होगी। मेरा विज़न पूरा होगा। मेरा बिज़नेस पूरा होगा। मेरे आइडिया पूरे होंगे।

मैं चारों दिशाओं से भविष्यवाणी करता हूँ कि जो चीज़ें शैतानी कामों की वजह से समय से पहले मर गई हैं और सूख गई हैं, वे फिर से ज़िंदा हो जाएँगी।

मैं घोषणा करता हूं कि मेरे भाग्य के टुकड़े - वित्तीय, मंत्री और संबंधपरक - एक साथ आ गए हैं।

मेरी ज़िंदगी एक साथ आती है।
मेरा पैसा एक साथ आता है। मेरा बिज़नेस एक साथ आता है। मेरे रिश्ते एक साथ आते हैं। मेरा परिवार एक साथ आता है। मसीह का शरीर एक साथ आता है। मेरी मिनिस्ट्री एक साथ आती है। मेरी

शादी एक साथ आती है। मेरा परिवार एक साथ आता है। मेरा बजट एक साथ आता है।

हमारी सरकारें एक साथ आती हैं।
हमारी लीडरशिप एक साथ आती है।
सब कुछ आपकी इच्छा के अनुसार काम करता है।
पिता, मैं आपको धन्यवाद देता हूँ। आपके साथ कुछ भी नामुमकिन नहीं है।
इसलिए, हे पिता, मैं आदेश देता हूँ और घोषणा करता हूँ कि स्वर्ग के द्वार खुल गए हैं।
बारिश हो।
हे परमेश्वर की आत्मा, हमें ताज़गी के उस समय में ले चलो जिसका आपने वादा किया था कि वह प्रभु की मौजूदगी से आएगा।

मैं आदेश देता हूँ और घोषणा करता हूँ कि अब कोई राक्षसी सूखा नहीं होगा, कोई राक्षसी सूखापन नहीं होगा, कोई संकट नहीं होगा, कोई बीमारी नहीं होगी, कोई डिप्रेशन नहीं होगा, और कोई राक्षसी ड्रामा नहीं होगा।

हम किताब के हिस्से में आते हैं, जैसा कि हमारे बारे में लिखा है।

सबसे ऊँचे परमेश्वर की शक्ति में गिरनी चाहिए।

मैं रुकावटों, बैरिकेड्स और पत्थरों को तोड़ देता हूँ।
मैं घोषणा करता हूँ कि मैं परमेश्वर के बुलावे, मकसद और योजनाओं की ओर आगे बढ़ रहा हूँ।
मसीह का काम इस इलाके में और हर इलाके में आगे बढ़ रहा है।

मैं घोषणा करता हूँ कि यीशु मसीह प्रभु और राजाओं के राजा हैं। परमेश्वर का राज्य आ गया है। वह हर क्षेत्र के राजा हैं और उनका राज्य निकट है।

हम हर शैतानी गढ़ पर अधिकार करते हैं और बुराई की रस्सियों और बंधनों को तोड़ते हैं।
हम बुराई को उसकी गैर-कानूनी जगह से बाहर निकालते हैं और अधिकार की अपनी सही जगह लेते हैं।
हम पहाड़ों में शैतानी पूजा की जगहों पर अधिकार कर लेते हैं।
हम एलिय्याह की आत्मा में खड़े हैं और आदेश देते हैं और घोषणा करते हैं कि जो परमेश्वर आग से उत्तर देता है - वह परमेश्वर है।
हम आदेश देते हैं कि परमेश्वर की आग हर वेदी को नष्ट कर दे।

हम आज्ञा देते हैं कि दुश्मन की ताकतें हमारे जीवन से, हमारी सेवा से, हमारे घर से, हमारे दिमाग से, हमारे रिश्तों से टूट जाएं।
वे हमारे शरीर से, हमारे जीवन से, हमारे बच्चों से, हमारी शादी से, हमारे जीवनसाथी से, हमारे व्यवसाय से और हमारी प्रथाओं से अलग हो गए हैं।

हम यह आदेश देते हैं और घोषणा करते हैं कि अब हमारे जीवन पर बुराई का कोई कंट्रोल नहीं है।

हम दुश्मन के बुरे कंट्रोल से आज़ाद हो जाते हैं।
हम बुरे पैटर्न से आज़ाद हो जाते हैं।

हम बुरी आदतों, ताबीज़ों, ताबीज़ों, जादू-टोने, तावीज़ों, जंजीरों, बंधन, जादू-टोने, नशे की लत, पीढ़ियों से चले आ रहे श्राप, विरासत की आत्माओं, मौत, गरीबी, बेपरवाही, निराशा, गलत व्यवहार, लाचारी और प्रार्थना न करने से आज़ाद हो जाते हैं।

हम हुक्म देते हैं और ऐलान करते हैं कि वे खत्म हो गए हैं।

जहाँ भी और जो भी चुड़ैलें, जादूगर, जादूगर, संत और धार्मिक हेरफेर करने वाले लोग श्राप देने के लिए संपर्क बिंदु के रूप में उपयोग कर रहे हैं - चित्रों, कपड़ों, बालों के लटों, व्यक्तिगत वस्तुओं, परिधानों, कटोरों, धूल, रक्त, वूडू गुड़ियों, वेदियों, ताबीजों, पानी, झाड़ू, मिश्रण, या किसी अन्य चीज के माध्यम से - मैं उन्हें यीशु के नाम पर विघटित करने की आज्ञा देता हूँ।

हम जानी-पहचानी आत्माओं के बीच बातचीत की लाइनों को रोकते हैं और उन गैर-कानूनी कामों को रोकते हैं जो हमारी ज़िंदगी में परमेश्वर की योजनाओं और मकसदों को नाकाम करने के लिए बनाए गए हैं।

हम हर बुरी आसक्ति को तोड़ने का आदेश देते हैं।
हम डोरियों को तोड़ने का आदेश देते हैं।
हम हर गढ़ को तोड़ने का हुक्म देते हैं।
हम शक, उलझन, उलझन, डर, आतंक, उलझन, अविश्वास, धमकी, पाप और अधर्म की आत्माओं पर अधिकार रखते हैं।
हम खुद को दुश्मन के गढ़ों से और उन बुरी रूहानी ताकतों से आज़ाद करते हैं जो हमारे मन पर हमला करती हैं।

पिता, यीशु के नाम पर, जब हम प्रार्थना करने के लिए खड़े होते हैं, तो हम दुश्मन के गढ़ों को तोड़ते हैं:

भगवान का हाथ।
भगवान की उंगली। भगवान का वचन। यीशु मसीह का खून। पवित्र आत्मा की शक्ति। भगवान का अभिषेक। प्रेरितों का दखल। स्वर्गदूतों की मदद।

पिता, हम ज़रुब्बाबेल और एलियाह की आत्मा में उठते हैं और पहाड़ों और उनकी शैतानी वेदियों से **कृपा, कृपा की बातें करते हैं।**
हे पिता, उन्हें अपनी आग से नष्ट कर दीजिए।

भाग 3 — गढ़ों पर प्रभुत्व

हम इस क्षेत्र पर मसीह का प्रभुत्व स्थापित करते हैं।
मैं घोषणा करता हूं कि इस क्षेत्र पर उनकी शक्तियाँ नपुंसक हैं।
यशायाह 9:6–7 के अनुसार घोषणा करता हूँ :

"क्योंकि हमारे लिए एक बच्चा पैदा हुआ है, हमें एक बेटा दिया गया है, और राज उसके कंधों पर होगा; और उसका नाम अद्भुत, सलाहकार, शक्तिशाली परमेश्वर, हमेशा रहने वाला पिता, शांति का राजकुमार कहा जाएगा। उसके राज और शांति के बढ़ने का कोई अंत नहीं होगा। दाऊद के सिंहासन और उसके राज्य पर, इसे आदेश देने और इसे न्याय और इंसाफ़ के साथ अब से हमेशा के लिए स्थापित करने के लिए। सेनाओं के प्रभु का जोश यह करेगा।"

हे फाटकों , अपने सिर ऊपर उठाओ ।
हे सदा रहने वाले दरवाज़ों, ऊपर उठो। और महिमा का राजा अंदर आएगा।

मैं आपको एक बार फिर याद दिलाता हूँ कि प्रभु का जोश यह काम करेगा।

मेरे भगवान जैसा कोई नहीं है।

मेरे भगवान जितना शक्तिशाली कोई नहीं है।

वह **यहोवा गिब्बोर है** ।

हे पिता, हम आपकी पूजा करते हैं।
हे पिता, हम आपकी प्रशंसा करते हैं।

हम किसी दूसरे भगवान के सामने घुटने नहीं टेकेंगे।
यहोवा जैसा कोई दूसरा परमेश्वर नहीं है।
पिता, हम हवा की शक्ति के राजकुमार पर अधिकार लेते हैं और यीशु के नाम पर इस क्षेत्र पर अपना बेहतर अधिकार स्थापित करते हैं।
शैतानी ज़ुल्म, शैतानी विरोध और झूठे बोझ को खत्म करो।

अपने गुस्से में हमारे दुश्मनों की हरकतों को बिखेर दो, और अपनी नफ़रत में उनके बंटवारे का इंतज़ाम करो।

हम यह आदेश देते हैं और घोषणा करते हैं कि हमारा मन हर किले से आज़ाद है।
जिसे बेटा आज़ाद करता है, वह सच में आज़ाद है।
हम स्वर्ग को खोलने का आदेश देते हैं।

हे पिता, रास्ता साफ़ करो और सुपरनैचुरल हाईवे बनाओ, जो हर शैतानी रुकावट से मुक्त हों जो हमारी प्रार्थनाओं में रुकावट डालेंगे।

हम यीशु के नाम पर उन लोगों को गिरफ्तार करते हैं जो शैतानी तस्करी के लिए ज़िम्मेदार हैं और आगे किसी भी तरह की रुकावट, दखल और रोक-टोक पर रोक लगाते हैं।

मैंने स्वर्ग पर भविष्यवाणी और प्रेरितों का दबाव डाला।
मैं हर शैतानी पोर्टल को खोलने का आदेश देता हूँ।

पीतल के फाटक और लोहे की सलाखें खोल दी जाएं।
हे पिता, हर शैतानी द्वार बंद कर दो।
दुश्मन को उन इलाकों में जाने न दें जो ऑफ लिमिट हैं।
कोई शैतानी या शैतानी दखल न हो।

जैसे-जैसे मैं आगे बढ़ रहा हूँ, मैं यह आदेश देता हूँ और घोषणा करता हूँ कि इस क्षेत्र का हर किला मेरे दिमाग से टूट गया है।

मैं आदेश देता हूँ और घोषणा करता हूँ कि प्रभु मेरे मन को साफ़ करें, और पवित्र आत्मा को मेरे मन, आत्मा और रूह तक बिना रोक-टोक के पहुँच दें।
मैं यह आदेश देता हूँ कि सुपरनैचुरल समझ, भविष्य बताने वाले खुलासे, मज़ेदार आइडिया, क्रिएटिव आविष्कार, ईश्वरीय प्रेरणा, समझदारी या ज्ञान पर कोई शैतानी कब्ज़ा नहीं होगा।

ये सब यीशु के नाम पर आसानी से बहेंगे।
हर पहाड़ को नीचा बनाना होगा।
हर घाटी को ऊपर उठाना होगा।
हर टेढ़ी जगह को सीधा करना होगा।

अब मैं एक लेवल पर आगे बढ़ता हूँ, क्योंकि मुझे मांगने पर ज्ञान, स्ट्रेटेजी और दिव्य टैक्टिक्स मिल जाते हैं।

मैं आदेश देता हूं कि आध्यात्मिक पहाड़ों, रिश्तों के पहाड़ों और राजनीतिक पहाड़ों को हटा दिया जाना चाहिए।

मैं उस चीज़ को तोड़ता हूँ जो पार नहीं की जा सकती और जिसे पार नहीं किया जा सकता।

मैं अभेद्य दीवारों और बैरिकेड्स को तोड़कर चमत्कारों की दुनिया में, अलौकिक दुनिया में, बढ़ोतरी, बहुतायत, खुशहाली, प्रभाव, संपन्नता और धन की दुनिया में पहुँचता हूँ।

मैं घोषणा करता हूँ कि मैं जिद्दी समस्याओं और हालातों को, और उन अड़ियल लोगों को पीछे छोड़ता हूँ जो अच्छे कानूनी, आर्थिक और आध्यात्मिक बातचीत के रास्ते में रुकावट डालते हैं।

मैं तुम्हें यीशु के नाम पर खून की शक्ति से चलने की आज्ञा देता हूँ।

मैं उस दुश्मन की ताकत पर अधिकार लेता हूँ जो शैतानी पूजा की जगहें और विरासत की पुरखों की आत्माएँ बनाने के लिए ज़िम्मेदार है, जो मेरी तरक्की में रुकावट डालती हैं और मेरी तरक्की में रुकावट डालती हैं।

मैं शैतानी बैरिकेड्स को पार करके अपना रास्ता बनाता हूँ।

मैं आदेश देता हूं और घोषणा करता हूं कि जेरिको की हर दीवार गिरा दी जानी चाहिए।

मेरे पास मेरी संपत्ति है।

मैं दुश्मन के कैंप से आने वाले मामलों पर अधिकार रखता हूँ।

मैं दिव्य, अचानक हस्तक्षेप और चमत्कार का आदेश देता हूँ।

मैं हर स्थिति और हालात को यीशु के नाम पर ईश्वर के साथ तालमेल बिठाने की आज्ञा देता हूँ।

मैं हर श्राप को पलट देता हूँ।

मैं अपने मन, अपनी आत्मा और अपनी आत्मा में कानूनी तौर पर बोए गए शैतानी बीजों को खोदकर निकालता हूँ।

वे जड़ नहीं पकड़ेंगे।
उन्हें सेया नहीं जाएगा, पाला-पोसा नहीं जाएगा, खाना नहीं दिया जाएगा, या पानी नहीं दिया जाएगा।

मैं अब उन्हें नष्ट कर देता हूँ।

मैं केवल वही ग्रहण करता हूँ जो परमेश्वर के मन से निकलता है:

उम्मीद के बीज।
विश्वास के बीज। किस्मत के बीज। ताकत के बीज। सफलता और खुशहाली के बीज। पवित्रता के बीज। नेकी के बीज। भगवान की भक्ति के बीज। सही व्यवहार के बीज। नैतिकता के बीज।

मैं सभी बेकार कामों का विरोध करता हूँ, उनसे बचता हूँ और मना करता हूँ।

मैं पूरा टर्म कैरी करता हूँ।

मैं हर शैतानी रोक और जेल से बाहर निकलता हूँ।

पीतल के दरवाज़े और लोहे की सलाखें - आत्मा की तेज़ हवाओं से उड़ जाएँगी।

मैं मुश्किल हालात से बाहर निकलने का फैसला करता हूँ।

मैं अपने मन, अपनी सेवा, अपनी आत्मा, अपनी भावना, अपनी किस्मत, अपने भविष्य, अपनी आवाज़, अपने परिवार और अपने पैसों पर कैद की ताकत को तोड़ता हूँ।

मैं बाहर निकल आया।

मैं आज़ाद हो गया।

मैं घोषणा करता हूँ और आदेश देता हूँ कि यीशु के नाम पर सभी किस्मत बदलने वाली गतिविधियों, शैतानी पाबंदियों और थोपे जाने पर मेरा अधिकार है।

मैं आदेश देता हूं कि हर शैतानी जेल खोल दी जाए।

मैं अपना चर्च छोड़ता हूँ।

मैं अपना भविष्य जारी करता हूँ।

मैं अपने देश को आज़ाद करता हूँ।

मैं अपनी सरकार को मुक्त करता हूं।

मैं अपने परिवार को रिहा करता हूं।

मैं अपने बच्चों को छोड़ता हूँ।

मैं अपनी मिनिस्ट्री जारी करता हूँ।

मैं अपना अभिषेक जारी करता हूँ।

मैं अपना असर छोड़ता हूँ।

मैं अपनी रेप्युटेशन रिलीज़ करता हूँ।

मैं अपना नाम जारी करता हूं।

मैं अपनी शांति जारी करता हूँ।

मैं अपनी खुशी ज़ाहिर करता हूँ।

मैं अपनी खुशी ज़ाहिर करता हूँ।

मैं अपनी सेहत को छोड़ता हूँ।

मैं इसे यीशु के नाम पर शैतानी ताकतों के कंट्रोल से आज़ाद करता हूँ।

मैं बंधनों से बाहर निकलता हूँ।

मैं रुकावटों को तोड़ता हूँ।

मैं यीशु के नाम पर सीमाओं से बाहर निकलता हूँ।

मैं साइकोलॉजिकल बंधन, इमोशनल बंधन, फिजिकल बंधन, सेक्सुअल बंधन, स्पिरिचुअल बंधन, फाइनेंशियल बंधन, सब्सटेंस से बने बंधन, ऑर्गेनाइज़ेशनल बंधन, ईगो की उलझनों, और शैतानी सोरोरिटी और फ्रेटरनिटी से आज़ाद हो जाता हूँ।

जीसस के नाम पर।

भाग 4 — उद्धार, मोचन और पीढ़ीगत

जो कोई भी मेरी बर्बादी की साज़िश रच रहा है, जो मन ही मन मेरी कामयाबी से नाराज़ है, मैं तुम्हारे मन और आत्मा को उस गढ़ से आज़ाद करता हूँ।

मैं मांग करता हूं कि आप मुझे जाने दें।

मुझे अपने दिल से आज़ाद कर दो।
मुझे अपनी रूह से आज़ाद कर दो। मुझे अपने दिमाग से आज़ाद कर दो।

मैं आदेश देता हूं और घोषणा करता हूं कि जिसे बेटा आज़ाद करता है वह सच में आज़ाद है।

हे पिता, अगर मैंने अनजाने में किसी को दुख पहुंचाया है या निराश किया है, तो मुझे नाराज़गी, माफ़ न करने, कड़वाहट, नफ़रत और बेपरवाही के गढ़ों से आज़ाद कर दीजिए।

मुझे अपनी नासमझी और नासमझी पर पछतावा है।
मेरे अतीत को मेरे भविष्य पर बुरा असर डालने मत दीजिए।
मैं अवास्तविक उम्मीदों, साइकोलॉजिकल जेलों, ऊपरी दिखावे, झूठी पहचान, ईगो की उलझनों, आत्मा के बंधनों, लेबल और कलंक से आज़ाद हो जाता हूँ जो मुझे मसीह में जो मैं हूँ, उसे कमज़ोर करते हैं।
मैं अपनी असली पहचान का दावा करता हूँ।
मैं घोषणा करता हूं कि आज एक नए दिन की शुरुआत है।
मैं यीशु मसीह के खून से हर शैतानी शारीरिक, भावनात्मक और आर्थिक कर्ज़ को खत्म करता हूँ।

मेरी आत्मा और मेरे प्रियजनों, कर्मचारियों, मंत्रालय, व्यापार और सरकार की आत्माओं को शैतानी बाज़ारों से छुड़ाओ।

मुझे यहूदा की आत्मा से मुक्त करो - दोस्तों, प्रियजनों, सहकर्मियों, सहयोगियों, व्यापारिक भागीदारों, कर्मचारियों और उन सभी लोगों से जिन्होंने मुझे धोखा दिया है।

पिता, मैं यह घोषणा करता हूँ कि मैं आज़ाद हूँ।
आपने मुझे आज़ाद कर दिया है।

भजन 9:15 , **भजन** 72:14 , और **यिर्मयाह 31:11-14** के अनुसार , मैं यह आज्ञा देता हूँ कि मेरी आत्मा को शैतानी बाज़ारों से और पाताल के छह क्षेत्रों की शक्तियों से यीशु के लहू के द्वारा छुड़ाया और छुड़ाया जाए।

मेरी आत्मा को बंधक नहीं बनाया जाएगा।
इसे घेरा नहीं जाएगा।

मैं बहेलिये के जाल से आज़ाद हो गया।
मैं बाज की तरह पंख फैलाकर ऊपर उठता हूँ।
मैं यीशु मसीह के खून का इस्तेमाल करता हूँ, जिसने मेरे जीवन, किस्मत और मकसद से जुड़ी हर चीज़ को छुड़ाया है।

मुझे फिरौती दी गई है।

मेरे परिवार को फिरौती दे दी गई है।
मेरा भविष्य दांव पर लगा दिया गया है।
मेरे पैसे फिरौती के तौर पर ले लिए गए हैं।

मैं अपना भविष्य और किस्मत मसीह यीशु में सुरक्षित करता हूँ।

मैं मसीह में अपने प्रियजनों, अपनी सेवा और अपने समुदाय का भविष्य सुरक्षित करता हूँ।

मैं यीशु के नाम पर अपने भाई-बहनों, अपने बच्चों, अपने नाती-पोतों, अपने गॉडचिल्ड्रन, भतीजे-भतीजियों, मौसियों, चाचाओं, चचेरे भाई-बहनों, माता-पिता, दादा-दादी, ससुराल वालों और बड़े परिवार का भविष्य सुरक्षित करता हूँ।

उनकी आत्माओं को अंडरवर्ल्ड की शक्तियों से छुड़ाओ।

मैं आदेश देता हूँ और घोषणा करता हूँ कि वे व्यभिचार, वेश्यावृत्ति, पोर्नोग्राफ़ी, या गैंग हिंसा का शिकार नहीं होंगे।

वे भोजन के लिए भीख नहीं मांगेंगे।
उन्हें बेघर या लाचार महसूस नहीं होगा।
वे समय से पहले या नशे की लत से नहीं मरेंगे।
उन्हें स्टैटिस्टिक्स नहीं बनना चाहिए या स्कूल नहीं छोड़ना चाहिए।
वे परमेश्वर के प्रेम से भटक नहीं जाएंगे।

उनकी आत्माओं को शैतानी बाज़ारों और जेलों से निकालो।

उनके जीवन से मौत की सज़ा हटा दें और मौत की आत्मा के ऊपर मसीह यीशु में जीवन की आत्मा को स्थापित करें।

मैं हमारे खानदान के अंदर के श्रापों को वीटो करता हूँ और उन्हें पलट देता हूँ।

हम यह घोषणा करते हैं कि हमारा परिवार मुक्त हो गया है।

हम मूर्तियों, श्रापों, जादू-टोने की प्रार्थनाओं, खून के बलिदान, बुरी इच्छाओं, शैतानी शादियों, शैतान की दुल्हनों, ज्योतिष, ज्योतिषीय संकेतों, काली कलाओं में हाथ आजमाने, ओइजा बोर्ड, जूजू, वूडू, ज्योतिषीय अनुमानों, सेशन, टैरो कार्ड, चाय की पत्ती पढ़ने और यीशु के नाम पर हस्तरेखा पढ़ने से जुड़ी बंधनों से आज़ाद हो जाते हैं।

हम यह आदेश देते हैं और घोषणा करते हैं कि हमारा परिवार डार्क आर्ट्स से मुक्त है।

हम यीशु के नाम पर सैंटेरिया और हर तरह की शैतानी गतिविधि से आज़ाद हैं।
हे पिता, मैं आपको धन्यवाद देता हूँ कि आप हमें हर दिन बचा रहे हैं।

पिता, यीशु के नाम पर और मसीह के खून से, हम शैतानी इंजेक्शन, जादू-टोने, और हमारे खाने, विटामिन, पानी और दवाओं में जमा चीज़ों के असर को उलट देते हैं।

हम शैतानी इम्प्लांट्स के असर को ठीक करते हैं, जिनसे लत, सेलुलर म्यूटेशन, बीमारी का बढ़ना, डिफॉर्मिटी, हैंडीकैप, एबनॉर्मैलिटी, डिसफिगरमेंट, पैरालिसिस, डिसेबिलिटी, डिमेंशिया, सुस्ती, नींद न आना, ग्रोथ में रुकावट, अंडरडेवलपमेंट, कन्फ्यूजन, दबा हुआ इम्यून सिस्टम, अटेंशन डिसऑर्डर, हाइपरएक्टिविटी, बाइपोलर डिसऑर्डर, लाइलाज बीमारियां, कैंसर, ऑर्गन कॉम्प्लीकेशंस, ट्यूमर, सिस्ट, एन्यूरिज्म, बर्थ डिफेक्ट, बच्चे के जन्म में कॉम्प्लीकेशंस और अपने आप अबॉर्शन होता है।

हम यीशु के नाम पर इसे उलट देते हैं।

पिता, हम उन सभी वादों और कॉन्ट्रैक्ट के लिए पश्चाताप करते हैं जो हमने जानबूझकर या अनजाने में शैतानी आत्माओं के साथ किए हैं।

हम शैतानी आत्माओं और शैतानी प्रतिनिधियों से सलाह लेने का पछतावा करते हैं।

पिता, हम यह आदेश देते हैं और घोषणा करते हैं कि हमारी आत्माओं के प्रजनन अंग हर तरह के शैतानी प्रवेश से मुक्त हैं।

पिता, हम मूर्तियों के आगे घुटने टेकने, एंटी-क्राइस्ट कल्चरल इमेज के आगे घुटने टेकने, राक्षसों की शिक्षाओं को अपनाने, और शैतानी सोच और धार्मिक पाखंड को मानने के लिए पछतावा करते हैं।

हे पिता, हमें अपने सत्य से बचाओ, क्योंकि आपका वचन सत्य है।

हमें सभी गलतफहमियों, गलतफहमियों, द्वेष, कामुकता, समझदारी, बेपरवाही और कठोर दिल के लिए माफ़ करें।

हे पिता, हम यह आदेश देते हैं और घोषणा करते हैं कि हमारे अंदर बुराई के लिए कोई जगह नहीं है।

हम इन सभी गढ़ों से अपनी आज़ादी की घोषणा करते हैं।
वचन के धोने से हमारे मन को साफ़ करें।
हमारे अंदर एक साफ़ दिल बनाओ और हमारे अंदर एक सही भावना को नया करो।

हे प्रभु, हमारी ताकत और हमारे उद्धार करने वाले, हमारे मुँह की बातें और हमारे दिल का ध्यान आपकी नज़र में मंज़ूर हों।

हमारे मुंह पर नज़र रखो और हमारे होठों के दरवाज़े को संभाल कर रखो।

हमारे होठों से कोई बुरी बात न निकले।

अपने स्वभाव की कमज़ोरियों और शरीर की आदतों पर आत्मा के फल को हावी करें।

परमप्रधान के गुप्त स्थान में छिपा ले ।

अपने नाम के लिए हमें नेकी के रास्ते पर ले चलो।

हम हुक्म देते हैं और ऐलान करते हैं कि हम ईमानदारी से चलते हैं। और जिसे बेटा आज़ाद करता है, मैं फिर कहता हूँ, वह सच में आज़ाद है।

भाग 5 — बंधन और श्राप तोड़ना

व्यवस्थाविवरण 32:13 और **अय्यूब** 29:6 के अनुसार , हमें धरती की ऊँची जगहों पर सवारी करा, खेतों की उपज खिला, चट्टान से शहद चूस, हमारे कदमों को मक्खन से धो, और चकमक पत्थर से तेल निकलवा।

हम यह कहते हैं और घोषणा करते हैं कि हमारा अतीत अतीत है, और हम मसीह यीशु में परमेश्वर के ऊँचे बुलावे के निशान की ओर बढ़ते हैं।

हे पिता, हमें शारीरिक कामों के लिए क्षमा करें। हमारे मन से छिपे हुए एजेंडे हटा दें।

हम यह घोषणा करते हैं कि हमारे पैर दुश्मन के जाल से आज़ाद हो गए हैं, जो हमें गुलामी, चलने-फिरने में दिक्कत और लकवा का कारण बनता है।

पिता, हम यह आदेश देते हैं और घोषणा करते हैं कि हम अपना मकसद पूरा करने और अपनी क्षमता को ज़्यादा से ज़्यादा करने के लिए आगे बढ़ने के लिए आज़ाद हैं।

हमारा विरोध नहीं किया जा सकता।
हमें रोका नहीं जा सकता। हमें रोका नहीं जा सकता। हमें रोका नहीं जा सकता।

हमारे इलाके बढ़ गए हैं।

हमें अलग-थलग नहीं किया जाएगा, अलग-थलग नहीं किया जाएगा, या किसी गुफा में बंद नहीं रखा जाएगा।

हमें रोका नहीं जाएगा, बर्दाश्त नहीं किया जाएगा, पीटा नहीं जाएगा, दर्द में नहीं कुचला जाएगा, चोट में जकड़ा नहीं जाएगा, कड़वाहट में नहीं जकड़ा जाएगा, या अविश्वास या डिप्रेशन में नहीं फंसाया जाएगा।

हमें अपनी विरासत से धोखा नहीं दिया जाएगा या तरक्की और ऊपर उठने से नहीं रोका जाएगा।
स्वर्ग में रहने वाले पिता, अलौकिक परमेश्वर, अब्राहम, इसहाक और याकूब के परमेश्वर, वाचा बनाने वाले और वाचा निभाने वाले परमेश्वर, हमें कृपा, साहस और पुराने से निकलकर नए में आने की क्षमता दें।

सभी गलत और शैतानी आत्मिक संबंधों और उलझनों को तोड़ दें।

हमें पुराने करार के रिश्तों पर फिर से बातचीत करने के लिए ज्ञान, समझ और निर्देश दें।

हमें दिव्य रूप से खुले द्वार दिखाओ।

हमें अपने रोज़ के काम, एजेंडा और टाइमटेबल बताएं ताकि हम सही समय पर काम कर सकें।

पिता, हम घोषणा करते हैं कि कोई भी आत्मा और कोई भी व्यक्ति हमें प्रभु के समय से बाहर नहीं जाने देगा।

हम आपके दिव्य समय और आपके दिव्य टाइमटेबल के साथ सिंक्रोनाइज़्ड हैं।

इसलिए, पिता, यीशु के नाम पर और पवित्र आत्मा के अधिकार से, हम बेकार की बातों और कामों से जुड़े श्रापों को तोड़ते हैं।

शैतानी आग बुझाओ।

शैतानी साइकिल को उलट दें।

हमें बेकार और मोहक रिश्तों से आज़ाद करें।

सभी बुरी व्यवस्थाओं को उलट दें।

हम मैनिपुलेशन और मैनिपुलेटर्स का विरोध करते हैं और उन्हें अस्वीकार करते हैं।

हम यीशु के नाम पर तोड़फोड़ को पलट देते हैं।

हे पिता, हमें उन चीज़ों, हालात, बर्ताव, सोच, कामों और लोगों से आज़ाद कर दो जिन्होंने हमें जकड़ा है, रोका है, बांधा है, गंदा किया है, रास्ते से भटकाया है, ध्यान भटकाया है और कंट्रोल किया है।

हमारी आत्माओं को शेर के मुंह से और साँप के ज़हर से बचाओ।

अपनी आग से साँप जैसी आत्मा को खत्म कर दो, जैसे तुम इस्राएल के बच्चों को उस बड़े और भयानक जंगल से ले गए थे जहाँ आग उगलने वाले साँप और बिच्छू रहते थे और जहाँ सूखा था और पानी नहीं था।

ल्यूक 10:19 के अनुसार , मैं साँपों और बिच्छुओं पर अपना अधिकार रखता हूँ और आदेश देता हूँ कि हमें कोई नुकसान न हो।

हम हर बुरी आदत को दूर कर देते हैं।

हे पिता, अपनी आग से साँप जैसी आत्मा को उसकी छिपी हुई चट्टानों से बाहर निकालो।

यीशु के नाम पर आपकी आग इसे पूरी तरह से नष्ट कर दे।
पिता, हम घोषणा करते हैं कि हम आज़ाद हैं।

यीशु मसीह के खून की एंटी-वेनम शक्ति हमें साँप जैसी आत्मा की ज़हरीली हरकतों से बचाए।

इसकी ज़हरीली हरकतों को हमारी ज़िंदगी और हमारे अपनों, साथियों, कर्मचारियों और मंत्रालय में साथ काम करने वालों की ज़िंदगी में बेअसर कर दें।

लेविथान के मुंह में हुक डाल दो।

हम जानते हैं कि हम अकेले इस ताकत से नहीं लड़ सकते।
आप **यहोवा गिब्बोर हैं** , शक्तिशाली परमेश्वर।

यीशु के नाम पर हम आपसे प्रार्थना करते हैं कि आप हमारे समुदायों, हमारे देशों और हमारे राष्ट्रों पर शैतान के असर को खत्म करें।

हम हर संस्था के लिए आवाज़ उठाते हैं।

पिता, हम परिवार, शादी, चर्च, स्कूलों और सरकार के लिए प्रार्थना में सफल होते हैं।

हमें गढ़ों से आज़ाद करो।

हम यह घोषणा करते हैं कि हमारी अर्थव्यवस्था मंदी और मुकदमेबाजी से मुक्त है।

यीशु के नाम पर हम यह आदेश देते हैं और घोषणा करते हैं कि हमारे समाज और समुदाय हिंसा, बेरोज़गारी, अनपढ़ता, गरीबी, बेघर होना,

बलात्कार, घरेलू हिंसा, अराजकता, अनाचार, शराब, ड्रग्स का सेवन, विकृति, सेक्युलराइज़ेशन, जादू-टोना, पंथ की गतिविधि, शैतानी टेक्नोलॉजी, जादू-टोना, सूखा, आर्थिक तंगी, फैलने वाली सामाजिक बीमारियाँ, यहूदी-विरोधी भावना, गर्भपात, नफ़रत के अपराध, जातीय सफ़ाई, बेपरवाही और शैतानी मूर्खता से मुक्त हैं।

पिता, हम यह आदेश देते हैं और घोषणा करते हैं कि परिवार शैतानी घरेलू हिंसा, अनाचार, गड़बड़ी, भूख, कमी, शर्म, बच्चों के साथ बुरा बर्ताव और छोड़े जाने से आज़ाद हैं।

हमारी शादियां धोखाधड़ी, अडल्टरी, पति-पत्नी के बीच गलत व्यवहार, वादे तोड़ना, तलाक, और इमोशनल, फिजिकल और फाइनेंशियल तौर पर साथ न देने से मुक्त हैं।

हमारे बिज़नेस व्हाइट-कॉलर क्राइम, बैंकरप्सी और कस्टमर्स और क्लाइंट्स के नुकसान से मुक्त हैं।

भाग 6 — नेतृत्व और सरकार

हमारे स्कूल, कॉलेज और यूनिवर्सिटी अज्ञानता, सेक्युलर और इंसानियत की सोच, गलत सोच, गैंग हिंसा, ड्रग्स, गैर-कानूनी लालच, गलत सोच और अनपढ़ता से आज़ाद हैं।

हमारे चर्च समझौते, शारीरिकता, गुनगुनापन, दुनियादारी, यहूदी-विरोध, इंसानियत, फूट, ज़ुल्म, धार्मिक कंट्रोल, संप्रदायवाद, अनैतिकता और गलत कामों से आज़ाद हैं।

हमारी सरकारें ज़ुल्म, तानाशाही, तख़्तापलट, लालच, भ्रष्टाचार, चोरी, क्रूरता, कठोरता, सख़्ती, असंवेदनशीलता, कट्टरता और भेदभाव से मुक्त हैं।

हम घोषणा करते हैं और आदेश देते हैं कि सही और नैतिक सरकार, ज़ालिम सरकार की जगह लेगी।

हम घोषणा करते हैं कि ऊंचे पदों और अधिकार वाले पदों पर बैठे लोग जो हमारा भला नहीं चाहते, उनकी जगह वे लोग ले लेंगे जो हमारा भला चाहते हैं।

हमारी सरकारों और दुनिया के नेताओं में तालमेल लाना।

हम जानते हैं कि राजाओं, रानियों, राष्ट्रपतियों, उप-राष्ट्रपतियों और प्रधानमंत्रियों का दिल प्रभु के हाथों में है।
हमारे दुनिया के नेताओं को बचाओ और उनके मन और दिल को शैतानी ज़ुल्म और लालच से बचाओ।

उन्हें सच्चाई और दया को अपना साथी बनाकर आगे बढ़ने की समझ दें।

उन्हें नैतिक और नैतिक मार्गदर्शन दें।

हम मजिस्ट्रेट, गवर्नर, पार्लियामेंट, सीनेटर, शहर के अधिकारियों, कांग्रेस के सदस्यों, कांग्रेस की महिलाओं, हाउस के प्रतिनिधियों, सुप्रीम कोर्ट, जस्टिस ऑफ़ द पीस, पुलिस अधिकारियों, फायरफाइटर्स, राज्य के विधायकों, फेडरल और राज्य के गवर्नर, सिटी प्लानर्स, नेताओं और पॉलिसी बनाने वालों के लिए प्रार्थना करते हैं।

हम पुकारते हैं कि यीशु के नाम पर हर सिस्टम को ईश्वरीय एकता में लाया जाए।

इन सिस्टम के हर पहलू में दिव्य तालमेल लाएं:

एनवायरनमेंटल सिस्टम।
एजुकेशन सिस्टम। इकोनॉमिक सिस्टम। कल्चरल सिस्टम।
डिफेंस सिस्टम। स्पिरिचुअल सिस्टम। मेडिकल सिस्टम।
एंटरटेनमेंट सिस्टम। टेक्नोलॉजिकल सिस्टम। गवर्नमेंटल और पॉलिटिकल सिस्टम। एस्ट्रोनॉमिकल सिस्टम। साइंटिफिक सिस्टम।

मैं आदेश देता हूँ और घोषणा करता हूँ कि हमारे मोहल्ले, समुदाय, शहर, इलाके, काउंटी और देश उठेंगे और चमकेंगे, क्योंकि तुम्हारी रोशनी आ गई है और प्रभु की महिमा तुम पर चमक उठी है।

आप भी तरक्की करेंगे और आपकी आर्थिक सेहत भी अच्छी रहेगी, जैसे इन शहरों, समुदायों और देशों की आत्माएं तरक्की करेंगी।

तुम्हें परमेश्वर की आज्ञाओं का पालन करना चाहिए।

तुम अब्राहम, इसहाक और याकूब के परमेश्वर को जानोगे।

समुद्र की दौलत को बदला जाएगा और देशों की इकॉनमी पर अच्छा असर पड़ेगा।

तुम यहोवा को जानोगे, जो एकमात्र सच्चा परमेश्वर है।

तुम्हारे फाटकों पर राष्ट्रों का धन आएगा।

तुम्हें पोषण मिलेगा और तुम राजसी लोगों की मौजूदगी को पोषित करोगे।
कांसे के बदले भगवान तुम्हें सोना देंगे।

पत्थर के बदले भगवान तुम्हें चांदी देंगे।

तुम्हारे देश में अब हिंसा की आवाज़ नहीं सुनाई देगी।

शांति तुम्हारा शासक और धर्म तुम्हारा शासक होगा।

तुम्हें बर्बादी और तबाही का अनुभव नहीं होगा।

एक देश के तौर पर आप टूटेंगे नहीं, और न ही आपकी सीमाओं के अंदर तबाही रहेगी।

बुराई और अंधेरा खत्म हो जाएगा, क्योंकि परमेश्वर तुम्हारी हमेशा की रोशनी और तुम्हारी शान होगा।

आपके दुख, संघर्ष और कठिनाई के दिन खत्म हो रहे हैं।

लोगों का दिल फिर से खुश होगा क्योंकि वे भगवान पर अपनी उम्मीद रखेंगे।

आपकी उदासी और डिप्रेशन की जगह प्रभु की खुशी ले लेगी।

आपकी कमी की जगह भरपूरी आ जाएगी।

आपके भेदभाव और धोखे की जगह अलग-अलग लोगों और संस्कृतियों का जश्न मनाया जाएगा।

प्रभु की कृपा तुम्हें ऐसे घेरे रहेगी जैसे पानी समुद्र को घेरे रहता है।

आपके देश के बेटे और बेटियां बड़े होकर महान लीडर, इनोवेटर, ट्रेलब्लेज़र और बेहतरीन काम, ईमानदारी, सच्चाई, भरोसा, नेकी और नैतिक व्यवहार के स्टैंडर्ड बनेंगे।

भाग 7 — व्यक्तिगत युद्ध

मैं बोआ-कॉन्स्ट्रिक्टर जैसी ताकतों का सिर काट देता हूं जो गला घोंटने, दम घोंटने, रोकने, दबाने और कुचलने की कोशिश करती हैं।

आत्मा की तलवार को कोबरा जैसी आत्मा का सिर काटने दो जो अपनी जीभ से वार करती है और जो मंत्रमुग्ध करने , बहकाने, डर, ईगो में उलझाने, हेरफेर, मन पर कंट्रोल, किस्मत बदलने वाली गतिविधियों, काला जादू, सफेद जादू, भविष्यवाणी, भूत-प्रेत, न्यू एज मूवमेंट, सैंटेरिया , जादू-टोना, जादू-टोना, सपनों में घुसना, धोखा और ध्यान भटकाने के लिए ज़िम्मेदार है।

भगवान की सब कुछ भस्म करने वाली आग उस अजगर जैसी आत्मा को नष्ट कर दे जो हावी हो जाती है, झूठे बोझ डालती है, गुस्सा दिलाती है, और आशीर्वाद को निगल जाती है।

दुश्मन ने जो कुछ भी निगल लिया है, दबा दिया है, या परेशान कर दिया है, मैं उसे थूकने, उगलने और छोड़ने का हुक्म देता हूँ।

मैं अपने बच्चों को रिहा करने का आदेश देता हूं।
मैं हुक्म देता हूँ कि हमारी शादियाँ खत्म कर दी जाएँ।
मैं आदेश देता हूं कि हमारा पैसा जारी कर दिया जाए।
मैं हमारे बिज़नेस को रिलीज़ करने का आदेश देता हूँ।
मैं हमारे मौकों को जारी करने का आदेश देता हूं।
मैं हुक्म देता हूँ कि हमारी दौलत को छोड़ दिया जाए।
मैं हमारी किस्मत को आज़ाद करने का हुक्म देता हूँ।
मैं हमारी सफलता को रिलीज़ करने का आदेश देता हूँ।
मैं हमारे घरों को मुक्त करने का आदेश देता हूं।
मैं हमारे मकसद को पूरा करने का हुक्म देता हूँ।

मैं हमारे चमत्कारों को जारी करने का आदेश देता हूं।
यीशु के नाम पर, हमें आशीर्वाद दें ।

हे पिता, हम आपकी प्रशंसा करते हैं।

हम जानते हैं कि आप अभी भी हमारी बात सुनते हैं।
हम आपकी तारीफ़ करने के लिए रुकते हैं।

हम आपको महिमा देते हैं।

हे परमेश्वर, हम आपको आदर देते हैं, क्योंकि हम जानते हैं कि प्रार्थना के बिना ऐसा लगता है कि कुछ भी नहीं होता।

हे पिता, हम प्रार्थना की ऊंची शक्ति में ऊपर उठते हैं।

हम दबदबे और अधिकार की स्थिति में आ जाते हैं।
हे परमेश्वर, हम उन लोगों के लिए आपको धन्यवाद देते हैं जो सुन रहे हैं।
हम आपको धन्यवाद देते हैं कि उनकी ज़िंदगी बदल रही है।
हम दिव्य बदलाव के लिए आपको धन्यवाद देते हैं।

चीजें बदल जाएंगी.

उन्हें बदलना होगा।

हे पिता, हम स्वर्ग के सिंहासन कक्ष से प्रार्थना करते हैं।

हम आपका धन्यवाद करते हैं कि जब हम प्रार्थना में सफल होते हैं, तो बाइबल में कई लोगों ने अपने दिल और आत्मा को ऊपर उठाया

क्योंकि वे समझ गए थे कि अगर आप बीच में नहीं आते, तो कोई दखल नहीं होता।
जैसे इस्राएल के बच्चों ने तुम्हें पुकारा और तुमने उन्हें बचाने वाले भेजे, वैसे ही आज हम तुम्हें पुकारते हैं।

उन्हें कब्र से बाहर आने दो।

उन्हें दीवारों से बाहर आने दो।

हम परमेश्वर के पुत्रों को बुलाते हैं।

हम उन्हें यीशु के नाम पर रिहा करने का आदेश देते हैं।

पिता, यीशु के नाम पर, दुश्मन ने जो कुछ भी गैर-कानूनी तरीके से रोक रखा है, उसे छोड़ दें।

पवित्र आत्मा की शक्ति और ऊपर से आने वाली शक्ति उस रैटलस्नेक जैसी आत्मा को नष्ट कर दे जो ज़हरीली गंदगी और बुरी गपशप फैलाती है।

उनकी जीभ उनके मुंह के तालू से चिपक जाए।

यह भावना टॉक्सिक और नुकसानदायक रिश्ते बनाती है।

इससे दर्द और परेशानी होती है।
इससे कन्फ्यूजन होता है।
इससे खुशी, शांति, पैसे, और प्राकृतिक और आध्यात्मिक संसाधनों में कमी आती है।

पिता, मैं आदेश देता हूँ और घोषणा करता हूँ कि अब और ब्लीडिंग नहीं होगी।

हमारी खुशी बाहर नहीं आएगी।
हमारी शांति बाहर नहीं जाएगी।
हमारे रिसोर्स अब और कम नहीं होंगे।

घाव को बांध दें।

पिता, हम आदेश देते हैं और घोषणा करते हैं कि गिरावट, भटकाव, निराशा और तबाही खत्म हो गई है।
इस आत्मा के कारण होने वाली हर प्रकार की दुर्घटना - आरोप, अपमानजनक संबंध और मृत्यु - उलट जाती है।

मैं आदेश देता हूं और घोषणा करता हूं कि इसे बदला गया है।

हम आज़ाद हो गए हैं।
हमारे बच्चे आज़ाद हो गए हैं।
हमारे प्रियजन आज़ाद हो गए हैं।

हम अभी प्रार्थना के ज़रिए दखल देते हैं।

हम यीशु के नाम पर इन आत्माओं की गतिविधियों को रोकते हैं।

पिता, हम यह तय करते हैं कि हम किसी के लिए अपने दिल में कड़वाहट, झूठ, जलन, बदनामी, जलन, विरोध या बुरा कुछ नहीं रखेंगे।

ये आत्माएं हमें कंट्रोल नहीं कर पाएंगी।

हमें नेगेटिव भावनाओं से आज़ाद करें।

पिता, हम रात के शिकारियों के खिलाफ हैं—जो खुद को छिपाते हैं और जो चट्टानों के नीचे छिपकर हमला करने के लिए सही मौके का इंतज़ार करते हैं।

हम उनकी नौटंकी से पर्दा हटा देते हैं।

हम आदेश देते हैं और घोषणा करते हैं कि छलावा, झूठ, भाईचारा, कपट और पाखंड उजागर हो गए हैं।
यीशु के नाम पर झूठ का पर्दाफाश हो जाता है।

कपट, धोखाधड़ी, बेवफ़ाई और धोखा—हम तुम्हें परमेश्वर की शक्ति से नष्ट कर देते हैं।

हम यह आदेश देते हैं कि हमारे खिलाफ बनाया गया हर हथियार बेकार है।

हमारे खिलाफ बनाया गया हर खतरा काम नहीं करता।
हर शैतानी कॉन्ट्रैक्ट रद्द हो जाता है।
हर बदनाम करने वाला कैंपेन फेल हो जाता है।
हर बुरा श्राप उलट जाता है और उसे शुरू करने वाले के पास दोगुना वापस भेज दिया जाता है।
हर आध्यात्मिक साँप, भेड़ की खाल में भेड़िया, कौआ, गिद्ध, जोंक, और पिशाच यीशु के नाम पर लकवाग्रस्त हो जाते हैं।

भाग 8 — व्यक्तिगत युद्ध

पिता, एनाकोंडा जैसी आत्मा को नष्ट कर दो।

हमें गहरे पानी, पानी की आत्माओं, गहरी आत्माओं और पाताल की आत्माओं से बचाओ।

पिता, हम यह आदेश देते हैं और घोषणा करते हैं कि हम यीशु के नाम पर दुख, उदासी, डिप्रेशन, लाचारी, निराशा या मौत में डूबेंगे नहीं।

आपने हमें आज़ाद किया है। जिसे बेटा आज़ाद करता है, वह सच में आज़ाद है।

हे पिता, हम आपको धन्यवाद देते हैं, हे परमेश्वर। हम बाहर आ रहे हैं।

हमारी साँस नहीं रुक रही है।

हम कंट्रोल नहीं खो रहे हैं।

पिता, आप हमारे जीवन के कंट्रोल में हैं।

हम अय्यूब की तरह हैं। हम कहते हैं, "भले ही आप हमें मार डालें, फिर भी हम आप पर भरोसा रखेंगे," क्योंकि हम जानते हैं कि हमारा उद्धार करने वाला जीवित है।

हे पिता, अपनी गरज, ओलों और आग के अंगारों से हमारे दुश्मनों के दिलों में डर पैदा कर दो।

उन्हें आग, बिजली और जलते हुए न्याय से नष्ट कर दो।

अपने तीरों को तेज़ करो और उन्हें उनके रास्ते में रोक दो।

उनके ज़हरीले, नुकीले दांतों जैसे हथियारों को बेअसर कर दो।

उनके नुकीले दांत तोड़ दो।

यीशु मसीह के खून की एंटीवायरल शक्ति से हमें इम्यूनिटी दें।

साँप के अंडों को नष्ट कर दो—अंधकार के घोंसले बनाने, गर्भ धारण करने और सेने वाले काम—उनके फूटने से पहले ही।

यीशु के नाम पर सांप जैसी आत्मा को नष्ट करो।

हम यह आदेश देते हैं और घोषणा करते हैं कि भले ही ये आत्माएं अपने घोंसले बनाने और अपने प्लान को पूरा करने की कोशिश करें, लेकिन हमें यहूदा, ईज़ेबेल, अहीतोपेल, अबशालोम, हामान, होरोनाइट संबल्लत , अम्मोनी तोबियाह, फिरौन और कैन की आत्माओं से कोई नुकसान नहीं होगा।

जब हमारे दुश्मन अपने धनुष को झुकाएं, तो उनकी तलवार उनके ही दिलों को छेद दे।

उनके हथियार ऐसे टूट जाएं कि ठीक न हो सकें।

उनके तीर बिखर जाएं।

आग उगलने वाले उड़ने वाले साँप की आग बुझा दो और उसे अपनी मौत और तबाही के लिए गिरा दो।

जो दुश्मन हमें नुकसान पहुँचाने की योजना बना रहे हैं, उन्हें पीछे हटा दिया जाए और उलझन में डाल दिया जाए।

यीशु के नाम पर, दुश्मन का सिर कुचल दो और दुष्टों के बालों वाले सिर को घायल कर दो।

वह अपनी ही बुराई से मारा जाए और फिर कभी न उठे।

लाबान की धोखेबाज़ आत्मा, जो बाज़ार में काम करती है, उसका पर्दाफ़ाश हो।

उसे शर्म और बेइज्जती से ढक दो, क्योंकि तुम मुझे उस पर जीत दिलाओगे।

मैं उन मानव आत्माओं पर अधिकार लेता हूँ जिनका उपयोग शैतानी मेज़बानों, होटलों और गेस्टहाउसों के रूप में किया जा रहा है - चाहे वे दोस्त हों, रिश्तेदार हों, व्यापारिक साझेदार हों, सहकर्मी हों, सहयोगी हों, आध्यात्मिक बेटे और बेटियाँ हों, या शिष्य हों।

हे पिता, उनके दिलों को खोलो।

उनके मकसद और इरादे उजागर करें।

यीशु के नाम पर नकली दोस्तों, साथियों, कर्मचारियों और सहकर्मियों का पर्दाफ़ाश करें।

उनके दिखावे को रोको।

उनकी असली पहचान उजागर करें।

उनके छिपे हुए एजेंडे को सामने लाएं।

उनके शैतानी कामों के पीछे की वजहों का पता लगाएं।

बुरी जांच, गलती ढूंढने के मिशन, एस्ट्रल प्रोजेक्शन और बुरे सुझाव फेल हो जाएं।

अब उन्हें यीशु के नाम पर असफल होने दो।

पिता, हम हुक्म देते हैं और ऐलान करते हैं कि आपका हाथ आगे बढ़ा है, जिससे शैतानी सर्वेक्षकों और निगरानी करने वालों की बुरी नज़रें अंधी हो जाएंगी।

जलन वाली दुश्मनी और कॉम्पिटिशन को खत्म करें।

साज़िश, ज़ुल्म और धोखे की रीढ़ तोड़ दो।

अंधे शैतानी देखने वाले और ज्योतिष और जादू-टोने के तरीकों से दखल देने वाले।

छिपकर सुनने वाली आत्माओं के कान बहरे कर दो।

हम विरोधी आत्माओं, प्राचीन आत्माओं, परेशान करने वाली आत्माओं, तर्कहीन आत्माओं, बढ़ी हुई आत्माओं, निराश करने वाली आत्माओं, प्रतिशोधी आत्माओं, भड़काने वाली आत्माओं, झूठ बोलने वाली आत्माओं, अवज्ञा करने वाली आत्माओं और भ्रामक आत्माओं का विरोध करते हैं।

गर्भपात करने वाली आत्माएं, फिलिस्तीनी आत्माएं, और एमोराइट आत्माएं नष्ट हो जाती हैं।

हम दिमाग सुन्न करने वाली और कंट्रोल करने वाली आत्माओं के खिलाफ हैं और उन्हें मसीह के दिमाग से निकलने वाले विचारों पर कब्ज़ा करने से रोकते हैं।

दिव्य अंतर्दृष्टि और रहस्योद्घाटन बहेंगे।

क्रिएटिव आइडिया और मज़ेदार आविष्कार आते रहेंगे।
ज्ञान बहेगा।

हमारे लेटेस्ट कॉन्सेप्ट, स्ट्रेटेजी और टैक्टिक्स आसानी से काम करेंगे।

जिन चीज़ों को दुश्मन ने रोकने की कोशिश की थी, वे अब बहेंगी।

हमारे विचार बहेंगे।

हमारी बुद्धि बहेगी।

हमारे कटिंग-एज कॉन्सेप्ट्स आगे बढ़ेंगे।

हम यीशु के नाम पर अपनी इंडस्ट्रीज़ और फ़ील्ड्स में इनोवेशन और एक्सीलेंस के सबसे नए तरीके से काम करेंगे।

हम शैतानी नेटवर्क और गठबंधनों को अंधा कर देते हैं।

उनकी बुरी बातचीत को कन्फ्यूज होने दो।

उनके दिमाग को उलझन में डाल दो।

उनकी ज़बानें बाँट दो।

उनकी योजनाओं को बेकार कर दो।

जो लोग यीशु के नाम पर हमारी मौत चाहते हैं, उन्हें शर्मिंदा करो।

भजन 69:22–28 के अनुसार:

उनकी मेज़ उनके सामने फंदा बन जाए।
जो उनकी भलाई के लिए था, वह एक जाल बन जाए।
उनकी आंखों पर अंधेरा छा जाए ताकि वे देख न सकें।

उनकी कमर को लगातार हिलाते रहो।
उन पर अपना गुस्सा उंडेल दे।

तेरा क्रोध उन पर हावी हो जाए।
उनका घर उजाड़ हो जाए।
कोई भी अपने तंबुओं, अपने घरों, अपनी बस्तियों या अपने महलों में न रहे।

उनके अधर्म पर अधर्म बढ़ा दे, और उन्हें तेरे धर्म में आने न दे।

उन्हें जीवितों की किताब से मिटा दिया जाए और नेक लोगों के साथ न लिखा जाए।

भाग 9 — व्यक्तिगत भविष्यसूचक घोषणाएँ

मैं हर उस तरक्की का विरोध करता हूँ जो मेरी ज़िंदगी, मेरे असर, मेरी सेवा, मेरे बिज़नेस, मेरी खुशहाली, मेरे रिश्तों और मेरे मौकों को खत्म करने के लिए बनाई गई है।

मैं शैतानी बंधन से बाहर निकलता हूँ और जादू-टोने का विरोध करता हूँ।

हे पिता, यीशु के नाम पर गैर-कानूनी आध्यात्मिक लगाव, वादे, कॉन्ट्रैक्ट, ज़िम्मेदारियाँ और कसमें तोड़ दो।

मैं शैतानी गंदगी को उलट देता हूँ।

यीशु के खून से मेरी आत्मा और मन को शुद्ध और शुद्ध करो।

आपके नाम से मैं हर बुरे विचार, मानसिक शक्ति, प्रोजेक्शन, सुझाव और इशारों से आज़ाद हो जाता हूँ, जो हिम्मत तोड़ने, गुमराह करने या कन्फ्यूज़ करने के लिए बनाए गए हैं।

बुरे आध्यात्मिक ट्रांसफ़र को नष्ट करें।

गैर-कानूनी आत्मिक बंधन और अहंकार की उलझनें खत्म करें।

हर गलत कनेक्शन को सुलझाएं और तोड़ दें।

मुझे धोओ, और मैं शुद्ध हो जाऊंगा।

मुझे शैतानी इमोशनल मैनिपुलेशन से आज़ाद करो।

मैं तोड़-फोड़, लालच और धोखे की आत्माओं को खत्म करता हूँ। मुझे कम नहीं आँका जाएगा, न ही कम आंका जाएगा, या कम आंका जाएगा।
मैं बदनामी के ज़रिए चरित्र की बदनामी को खत्म करता हूँ।
मैं संगति से होने वाली बुरी प्रतिष्ठा और कलंक को दूर करता हूँ।
मैं घोषणा करता हूँ कि यीशु के खून से सारी गंदगी ठीक हो जाती है।
मैं घोषणा करता हूँ कि मेरा नाम ईमानदारी, सत्यनिष्ठा, नेकी, पवित्रता, सच्चाई और पवित्रता से जुड़ा है।

बुरे भविष्य बताने वालों की योजनाओं को नाकाम कर दो और उन्हें बेकार कर दो।

हे पिता, बुरे आदेशों को पलट दो।

हामान की भावना से काम करने वालों को निराश करें।

शैतानी तरीके से बनाए गए कानून, पॉलिसी और रेगुलेशन को रद्द करना और वीटो करना।

दुश्मन की सभी योजनाओं, स्ट्रेटेजी, टैक्टिक्स, प्लॉट और गलत तरीकों को बेनकाब करें और उन्हें बेइज्जत करें।

मैंने विरोध किया।

परमेश्वर की अग्नि शत्रु की गतिविधियों को नष्ट कर दे।

जिन्होंने शैतानी जाल और शैतानी जाल बनाए हैं—उनके प्लान बेकार हो जाएं और उनके काम नाकाम हो जाएं।

बुरे साथियों और कोलेबोरेशन को सामने लाएं और एक्सपोज़ करें।

जो लोग मेरे खिलाफ इकट्ठा हुए हैं, वे बिखर जाएं और फिर कभी इकट्ठा न हों।

उनकी आंखों पर अंधेरा छा जाए ताकि वे देख न सकें।
उनके कान बंद कर दिए जाएं ताकि वे सुन न सकें।
उन्हें सुनसान जगहों पर अपना पेट भरने दो।

उनके खिलाफ अपना हाथ बढ़ाओ और उन्हें बदनामी, बेइज्जती और शर्म से ढक दो।

उन पर सज़ा और नाराज़गी के तूफ़ान के साथ मुकदमा चलाओ।

उन्हें दिन में तीरों से और रात में डर से डराओ।

हे परमेश्वर, उठो, और अपने शत्रुओं को तितर-बितर कर दो।

शैतान के लिए हर दरवाज़ा और गेट बंद कर दो।

उसे मेरी प्रॉपर्टी में आने से रोक दो।

रात को मेरी आग बनो और दिन में मेरा धुआँ।

जब मैं अपने राज्य के काम में आगे बढ़ूँ और अपना मकसद पूरा करूँ, तो दुश्मन मुझे ट्रैक या ट्रेस न कर सके।

मेरे आशीर्वाद में देरी करने या उसे धीमा करने के लिए नियुक्त हर शैतानी एजेंट को निराश, नाकाम कर देना, और उनके काम को पूरा करने में रुकावट डालना।

मेरे जीवन पर भविष्यवाणी का हर वचन अपने सही समय और मौसम में प्रकट हो।

पिता, मैं फिर से कहता हूँ कि मेरा समय आपके हाथों में है।

पैसे की तंगी, नाकामी और रुकावट से जुड़ी हर बुरी हरकत खत्म हो जाए।

हे पिता, जो मुझे महान बनने से रोकता है, उसे रोक दीजिए।

यीशु के नाम पर मेरी फाइनेंशियल, सोशल, फिजिकल और स्पिरिचुअल सफलताओं में रुकावट डालने वाली हर चट्टान और पत्थर को हटा दें।

सभी शैतानी कामों के असर को बेअसर करें।

बातचीत, सलाह-मशविरा और लेन-देन की शैतानी टेबल को उखाड़ फेंको।

मैं घोषणा करता हूं कि हर बुरी मेज पलट दी गई है।

मेरी नाकामी के लिए बनाए गए हर बुरे डिवाइस, स्ट्रेटेजी और टेक्नोलॉजी को खत्म कर दो।

मैं मेमने के खून और अपनी गवाही के वचन से जीतता हूँ।

क्राइस्ट के ज़रिए मैं शैतानी गेटकीपरों और दरवाज़ों के रखवालों को बुलडोज़र से पार कर लेता हूँ।

पीतल के फाटकों और लोहे की सलाखों को काट डालो।

आत्मा की बातों के लिए मेरी आँखें और कान खोलो।

उन आत्माओं के कामों को खत्म करो और उन पर रोक लगाओ जो आध्यात्मिक अंधापन और बहरापन लाती हैं और मेरी आवाज़ को दबाने की कोशिश करती हैं।

मैं सिय्योन में तुरही की तरह अपनी आवाज़ उठाता हूँ, यह घोषणा करने के लिए कि यीशु प्रभु है।

मैं घोषणा करता हूँ कि वह मेरे जीवन और इस क्षेत्र पर शासन करता है।

इसी कारण परमेश्वर का पुत्र प्रकट हुआ, ताकि वह शत्रु के कामों को नष्ट कर सके।

अपनी उपस्थिति के प्रकाश से अंधकार को भेद दो—प्रकाश, ज्ञान, अंतर्दृष्टि और शक्ति।

अंधकार को आपके काम को समझने, समझने या पूरा होने से रोकने न दें।

मैं आध्यात्मिक अंधेपन और भगवान की बात न सुन पाने से जुड़े हर मज़बूत आदमी को खो देता हूँ ।

मैं तुम्हें एक नए काम के लिए बांधता हूं—यीशु मसीह के पैरों की चौकी बनना।

मैं जेलों और दीवारों को गिराने का आदेश देता हूं।

मैं हर एंटी-डेस्टिनी, एंटी-पर्पस, एंटी-पैशन, एंटी-डिवाइन, एंटी-सक्सेस, एंटी-प्रॉस्पेरिटी, और एंटी-क्राइस्ट शैतानी ताकत को तोड़ता हूँ।

हे परमेश्वर, आपकी कसम, मैं एक सेना के बीच से भागता हूँ।

आपके द्वारा मैं दीवारों को फांदकर असीमित संभावनाओं और अवसरों के नए क्षेत्रों में प्रवेश करता हूँ—ऐसे क्षेत्र जिनकी कोई सीमाएँ और कोई सीमाएं नहीं हैं।

मैं एक अमीर जगह में घुस गया।

मैं सुपरनैचुरल दुनिया में पहुँचता हूँ जहाँ मैं फलता-फूलता हूँ, खुशहाल होता हूँ और टिका रहता हूँ।

मैं आदेश देता हूं और घोषणा करता हूं: आप में मैं रहता हूं, आप में मैं सांस लेता हूं, और आप में मेरा अस्तित्व है।

मैं अपने भविष्य बताने वाले गोशेन में रहता हूँ।

हे ईश्वर, मैं आदेश देता हूँ कि मेरे प्रभाव का दायरा बढ़ाया जाए। हर आत्मा जो दुर्घटना, विनाश और अकाल मृत्यु का कारण बनती है - चाहे वह जलमार्ग, राजमार्ग या वायुमार्ग से हो - मैं अब तुम पर अधिकार लेता हूँ।

मैं तुम्हें दिव्य अग्नि और स्वर्गीय धुएं के परदे से बांधता हूं।
मैं तुम्हें दिव्य अग्नि और स्वर्गीय धुएं के परदे से अंधा कर देता हूँ।
मैं आदेश देता हूँ और घोषणा करता हूँ कि आपके शैतानी GPS सिस्टम खराब हो गए हैं और उन्हें ठीक नहीं किया जा सकता।

यीशु के नाम पर हर नाजायज़ काम को रोका जाता है।

मैं इसके असर को उलट देता हूँ।

हे यहोवा, तूने मुझे दुश्मन की सारी ताकत पर अधिकार दिया है।

स्वर्ग के राज्य में हिंसा होती है, और हिंसक लोग उसे ज़बरदस्ती ले लेते हैं।

इसलिए मैं अपनी संपत्ति पर कब्ज़ा करता हूँ और उसे ज़बरदस्ती ले लेता हूँ।

पार्ट 10 — प्रार्थना और समापन घोषणाओं पर मुहर लगाएँ

भजन 92:8 **और** 14 के अनुसार घोषणा करता हूँ कि प्रभु सदा सर्वोपरि है।

क्योंकि देखो, हे प्रभु, तेरे दुश्मन, क्योंकि देखो, तेरे दुश्मन खत्म हो जाएंगे; सभी गलत काम करने वाले तितर-बितर हो जाएंगे।

लेकिन मेरे सींग को तू जंगली बैल के सींग की तरह ऊंचा करेगा;
मुझे ताज़ा तेल से अभिषेक किया जाएगा।

मेरी आँखें मेरे दुश्मनों पर मेरी इच्छा देखेंगी,
और मेरे कान उन दुष्टों के बारे में मेरी इच्छा सुनेंगे जो मेरे खिलाफ़ उठेंगे।

नेक आदमी खजूर के पेड़ की तरह फलेगा-फूलेगा;
वह लेबनान के देवदार की तरह बढ़ेगा।

जो लोग प्रभु के घर में लगाए गए हैं, वे
हमारे परमेश्वर के आंगनों में फलेंगे-फूलेंगे।

वे बुढ़ापे में भी फल देंगे;
वे ताज़े और फलते-फूलते रहेंगे।

मैं घोषणा करता हूं कि मेरा समय आपके हाथों में है।

इसलिए, मैं शैतानी चक्रों, मौसमों, कैलेंडर और टाइमटेबल से मुक्त हो गया हूँ।

मैं स्वर्ग के साथ तालमेल में हूँ।
मैं मौसम में हूँ। मैं दिव्य क्रम में हूँ।
मैं अच्छे समय और अच्छे पलों को एक्टिवेट करता हूँ,
और मैं उन आत्माओं को खत्म करता हूँ जो बुरे समय, मुश्किल समय और मुश्किल समय को कंट्रोल करती हैं।
क्योंकि मेरा समय आपके हाथों में है, इसलिए
मैं यह आदेश देता हूँ और घोषणा करता हूँ कि यह साल और आने वाले साल दिमाग हिला देने वाली अलौकिक घटनाओं से भरे होंगे जो मुझे बहुत खुशी देंगी।

मैं उन राक्षसी लंगरों को हटा देता हूँ जो मुझे चक्रों में बाँधे रखते हैं—गरीबी, कठिनाई, अभाव, संघर्ष, दीर्घकालिक बीमारी और रोग के चक्रों में।

वचन, लहू और आत्मा के द्वारा इन लंगरों को नष्ट करता हूँ ।

मैं प्रभु में स्थिर हूँ।
मैं घोषणा करता हूं और आदेश देता हूं कि मेरा संघर्ष खत्म हो गया है।
मैं अचानक मिलने वाले सरप्राइज़, अलौकिक बढ़ोतरी,
प्रभु में बहुत ज़्यादा खुशी, हमेशा रहने वाली शान, कृपा, धन,
दौलत, शक्ति और असर की घोषणा करता हूँ।
मैं एक नए सीज़न के लिए चुना गया हूँ।

पुरानी बातें बीत गई हैं, और देखो, सब कुछ नया हो गया है।

इस अभिषेक के साथ मैं एक नए मौसम में प्रवेश करता हूँ
और शक्ति, शांति, पूर्णता, ध्यान, सेवा में समृद्धि और महिमा के एक नए मौसम की घोषणा करता हूँ।

मैं घोषणा करता हूं कि मेरे सिर में कभी भी ताज़ा तेल की कमी नहीं होगी।
मैं यीशु के नाम पर घनत्व, स्थिरता और शक्ति में वृद्धि करता हूँ।
मैं यह आदेश देता हूँ कि यह तेल मेरे जीवन पर मंज़ूरी की मुहर की तरह काम करेगा।

यह मुझे सपोर्ट करता है।
यह मुझे तैयार करता है। यह मुझे ताकत देता है। यह मेरे लिए जगह बनाता है।

मुझे ओवरफ्लो में रहने दो।

यीशु मसीह के ज़रिए मुझे भविष्य बताने वाली किस्मत और बड़ाई दे,
जिनसे मुझे विरासत मिली है,
जो अपनी इच्छा के अनुसार सब कुछ करता है, उसके उद्देश्य के अनुसार पहले से तय किया गया है ।

मैं इस प्रार्थना को यीशु के नाम पर
और उनके खून, उनके वचन और उनकी आत्मा की शक्ति से सील करता हूँ।

मुझमें काम करने वाली शक्ति के अनुसार मेरी माँग या सोच से कहीं ज़्यादा, बहुत कुछ करने में सक्षम है—

यीशु मसीह के नाम पर,

मैं इस साल को मज़बूती से खत्म करूँगा
और हर नए साल की शुरुआत मज़बूती से करूँगा।

आमीन. आमीन. और आमीन.

आठ (8) पहरों को समझना

पूरे धर्मग्रंथ में, प्रार्थना और आध्यात्मिक सतर्कता को अक्सर खास समय पर ध्यान देने से जोड़ा गया है।
शहरों की रखवाली करने, खतरे की चेतावनी देने और दिन-रात अलग-अलग समय पर चौकस रहने के लिए पहरेदार तैनात किए गए थे।
इसी तरह, विश्वासियों को आध्यात्मिक रूप से सावधान रहने के लिए कहा जाता है।
यीशु ने अपने शिष्यों को निर्देश दिया:

"जागते रहो और प्रार्थना करो, कि तुम परीक्षा में न पड़ो।"
(मत्ती 26:41)

यह प्रेयर गाइड **प्रार्थना के आठ पहरों की एक लय को फॉलो करती है** , जो पूरे दिन में जानबूझकर किए गए उन पलों को दिखाती है जिनसे हमारा ध्यान भगवान की तरफ जाता है।
इन पहरों में लंबे समय तक प्रार्थना करने की ज़रूरत नहीं होती। हर पहर के दौरान कुछ मिनट भी ध्यान लगाकर प्रार्थना करने पर शक्तिशाली बन सकते हैं।

पहली बार देखें — सुबह 6:00 बजे
दिन की शुरुआत.
यह घड़ी दिन को प्रभु को समर्पित करने, अपने दिलों को उनके मकसद के साथ जोड़ने और उनके मार्गदर्शन को पाने का समय है।

दूसरा पहरा — सुबह 9:00 बजे
दिन की ज़िम्मेदारियों के लिए बुद्धि, दिशा और शक्ति के लिए प्रार्थना करने का समय।

कई विश्वासी इस घड़ी का इस्तेमाल चर्च और दुनिया भर में असरदार लीडर्स के लिए प्रार्थना करने के लिए करते हैं।

तीसरा पहर — दोपहर 12:00 बजे

दोपहर की प्रार्थना।

यह घड़ी अक्सर रुकने और आध्यात्मिक रूप से फिर से ध्यान लगाने का पल बन जाती है, जिससे परिवारों, समुदायों और देशों को प्रभु के सामने ऊपर उठाया जा सके।

चौथा पहर — दोपहर 3:00 बजे

यह समय पारंपरिक रूप से शुरुआती चर्च में प्रार्थना से जुड़ा हुआ था (प्रेरितों के काम 3:1)।

यह घड़ी भगवान के दखल और कामयाबी के लिए प्रार्थना करने का एक शक्तिशाली समय है।

पांचवां पहर — शाम 6:00 बजे

शाम का समर्पण।

जैसे-जैसे दिन बदलता है, यह घड़ी विश्वासियों को सुरक्षा, बहाली और शांति के लिए प्रार्थना करने के लिए बुलाती है।

छठी घड़ी — रात 9:00 बजे

दिन भर में परमेश्वर ने जो किया है, उसके लिए सोचने और धन्यवाद देने का समय।

यह रात के पहर में जाने से पहले चर्च और देशों के लिए प्रार्थना करने का भी समय है।

सातवाँ पहर — 12:00 AM

आधी रात की प्रार्थना।
पूरे पवित्र शास्त्र में, आधी रात अक्सर आध्यात्मिक सफलता का समय रही है (प्रेरितों 16:25–26)।
यह घड़ी गहरे आध्यात्मिक युद्ध और बीच-बचाव को दिखाती है।

आठवीं पहर — 3:00 AM
दृढ़ता और भविष्यवाणी वाली प्रार्थना की घड़ी।
कई इंटरसेसर ने ऐतिहासिक रूप से इस समय को आध्यात्मिक संवेदनशीलता और गहरी इंटरसेशन के लिए एक शक्तिशाली समय माना है।

निरंतर निगरानी
जब लोग, ग्रुप और चर्च इन घड़ियों में प्रार्थना करते हैं, तो नतीजा **प्रार्थना की एक लगातार चेन बन जाता है** ।
यह पैटर्न यहेजकेल 22:30 के बुलावे को दिखाता है:
"मैंने उनमें से एक ऐसे आदमी को ढूंढा जो दीवार बनाए और ज़मीन के लिए मेरे सामने खड़ा हो।"
जब विश्वासी इन घड़ियों में हिस्सा लेते हैं, तो वे चर्च और देशों के लिए बीच-बचाव के एक बड़े आंदोलन का हिस्सा बन जाते हैं।

परिचय

अंतर में खड़े होने का आह्वान

पूरे धर्मग्रंथ में, जब भी परमेश्वर ने देशों के मामलों में दखल देना चाहा, तो उसने ऐसे पुरुषों और महिलाओं को देखा जो प्रार्थना के ज़रिए इस कमी को पूरा कर सकें।

भविष्यवक्ता यहेजकेल ने परमेश्वर के हृदय की बात लिखी जब उसने कहा:

"और मैंने उनमें से एक आदमी को ढूँढ़ा, जो बाड़ को ठीक करे, और ज़मीन के लिए मेरे सामने खड़ा हो, ताकि मैं उसे बर्बाद न करूँ: लेकिन मुझे कोई नहीं मिला।"
— यहेजकेल 22:30

यह कथन एक शाश्वत आध्यात्मिक सिद्धांत को प्रकट करता है:
परमेश्वर मध्यस्थों के माध्यम से कार्य करता है।

देश बनते और बिगड़ते हैं। कल्चर बदलते हैं। पावर सिस्टम समाज की दिशा पर असर डालते हैं। फिर भी, इन दिखने वाली सच्चाइयों के पीछे आध्यात्मिक ताकतें हैं जो धरती पर घटनाओं को आकार देती हैं।

इस वजह से, प्रार्थना सिर्फ़ भक्ति का काम नहीं है।
प्रार्थना धरती के मामलों में **परमेश्वर के साथ सरकारी भागीदारी है।**

इंटरसेशन स्वर्ग को दुनिया के सिस्टम में दखल देने के लिए बुलाता है।

प्रभाव के सात पर्वत

हर समाज उन खास असर वाले इलाकों से बनता है जो उसकी वैल्यू, कल्चर और दिशा तय करते हैं। इन्हें अक्सर **असर के सात पहाड़ कहा जाता है** :

- धर्म
- परिवार • शिक्षा • सरकार • मीडिया और संचार • कला और संस्कृति
- व्यापार और अर्थशास्त्र

ये पहाड़ इस बात पर असर डालते हैं कि लोग कैसे सोचते हैं, समाज क्या मनाता है, और देश कैसे चलते हैं।

जब ये क्षेत्र नेकी से बनते हैं, तो समाज फलता-फूलता है। जब इन पर भ्रष्टाचार या आध्यात्मिक अंधकार हावी हो जाता है, तो पूरी पीढ़ियों को इसका नतीजा भुगतना पड़ता है।

इसी वजह से, विश्वासियों को न सिर्फ़ अच्छी खबर का प्रचार करने के लिए बुलाया जाता है, बल्कि **इन असर वाले इलाकों के लिए सोच-समझकर प्रार्थना करने के लिए भी** कहा जाता है, और भगवान से ऐसे लीडर बनाने के लिए कहा जाता है जो ईमानदार और समझदार हों और जो सिस्टम को उनके मकसद के हिसाब से चला सकें।

मध्यस्थता मंत्रालय

बाइबल ऐसे लोगों के उदाहरणों से भरी है जो दूसरों की तरफ से परमेश्वर के सामने खड़े हुए।

अब्राहम ने सदोम के लिए बीच-बचाव किया।
मूसा ने इज़राइल के लिए बीच-बचाव किया। डैनियल ने यरूशलेम को फिर से बसाने के लिए बीच-बचाव किया। एस्तेर ने अपने लोगों को बचाने के लिए अपनी जान जोखिम में डाल दी।

सबसे बढ़कर, यीशु मसीह खुद आज भी बीच-बचाव का काम जारी रखे हुए हैं:

"वह उनके लिए हमेशा विनती करने को
जीवित रहता है।" — इब्रानियों 7:25

मसीह के ज़रिए, विश्वासियों को बीच-बचाव के इस लगातार काम में हिस्सा लेने के लिए बुलाया जाता है।

प्रेरित पौलुस हमें याद दिलाता है कि पवित्र आत्मा भी इस बुलावे में हमारी मदद करता है:

"आत्मा आप ही ऐसी आहें भर भरकर जो बयान नहीं की जा सकतीं, हमारे लिए विनती करता है।"
— रोमियों 8:26

इस प्रकार, बीच-बचाव इनके बीच एक पार्टनरशिप बन जाती है:

• विश्वासी प्रार्थना कर रहा है
• पवित्र आत्मा मार्गदर्शन कर रहा है • और मसीह पिता के सामने मध्यस्थता कर रहा है।

चालीस दिन की प्रार्थना

यह बुकलेट हर साल 17 **मार्च से** 25 **अप्रैल तक मनाए जाने वाले** 40-**दिन के प्रार्थना कार्यक्रम के तौर पर डिज़ाइन की गई है** ।

स्ट्रक्चर में शामिल हैं:

- 10 **पोर्टल खोलने वाली प्रार्थना एक्टिवेशन**
- 320 **खास प्रार्थना पॉइंट**
- **हर दिन आठ प्रार्थना वॉच**
- **इंटरसेशन के लिए पवित्र शास्त्र की बुनियाद**

ये प्रार्थनाएँ आध्यात्मिक अधिकार स्थापित करती हैं, विरोध को खत्म करती हैं, और राष्ट्रों में परमेश्वर के उद्देश्यों को आमंत्रित करती हैं।

रोज़े के हर दिन में **आठ प्रार्थना के घंटे होते हैं** , जो पूरे दिन के अलग-अलग आध्यात्मिक पलों को दिखाते हैं।

ये घड़ियाँ विश्वासियों को आध्यात्मिक रूप से सतर्क रहने और परमेश्वर के उद्देश्यों के साथ जुड़े रहने में मदद करती हैं।

मध्यस्थों का एक वैश्विक आंदोलन

यह काम सिर्फ़ एक व्यक्ति या एक मिनिस्ट्री के लिए नहीं है।

परमेश्वर विश्वासियों का एक ग्लोबल नेटवर्क बना रहा है जो चर्च और देशों के लिए बीच-बचाव का बोझ उठाते हैं।

कई भाषाओं में ट्रांसलेशन और दुनिया भर के विश्वासियों की भागीदारी के ज़रिए, **दुनिया भर में** 10 **मिलियन से ज़्यादा इंटरसेसर की कम्युनिटी को इकट्ठा करना है** , जो प्रार्थना में एक साथ खड़े होंगे।

ये मध्यस्थ इनके लिए प्रार्थना करेंगे:

• चर्च की शुद्धि और एकता
• राष्ट्रों का उद्धार • नेताओं के लिए ज्ञान • प्रभाव के सात पहाड़ों में परिवर्तन।

इस असाइनमेंट में आपकी भूमिका

चाहे आप अकेले प्रार्थना कर रहे हों, प्रार्थना ग्रुप के साथ, या चर्च कम्युनिटी के हिस्से के तौर पर, यह बुकलेट आपको फोकस्ड इंटरसेशन में मदद करने के लिए एक स्ट्रक्चर्ड गाइड देती है।

आपको विश्वास, विनम्रता और उम्मीद के साथ इस प्रार्थना सभा में भाग लेने के लिए बुलाया जाता है।

जब आप इन पन्नों पर प्रार्थना करें, तो याद रखें:

प्रार्थना माहौल बदल देती है।
प्रार्थना से भगवान की कृपा मिलती है। प्रार्थना धरती को स्वर्ग से मिलाती है।

यह निमंत्रण आज भी वैसा ही है जैसा हमेशा से रहा है:

गैप में खड़े हो जाओ।

और ईमानदारी से प्रार्थना करने से, परमेश्वर की इच्छा **जैसे स्वर्ग में पूरी होती है, वैसे ही पृथ्वी पर भी पूरी हो।**

मध्यस्थ का आदेश

अब्राहम, मूसा, दानिय्येल, यीशु और पवित्र आत्मा: अंतर में खड़े रहना

पूरे धर्मग्रंथ में, परमेश्वर एक जैसा पैटर्न बताते हैं: जब देश विनाश की ओर बढ़ते हैं, तो प्रभु ऐसे लोगों को खोजते हैं जो प्रार्थना में उनके सामने खड़े होंगे।

भविष्यवक्ता यहेजकेल ने प्रभु के एक शक्तिशाली कथन से इस सच्चाई को समझाया:

"मैंने उनमें से एक ऐसे आदमी को ढूंढा जो दीवार बनाए और देश के लिए मेरे सामने खड़ा हो, ताकि मैं उसे नष्ट न कर दूं।"
(यहेजकेल 22:30)

मध्यस्थता स्वर्ग और पृथ्वी के बीच खड़े होने का कार्य है - दूसरों की ओर से परमेश्वर की दया, न्याय और उद्देश्यों के लिए अपील करना।

बाइबल में इस भूमिका को निभाने वालों के कई दमदार उदाहरण दिए गए हैं।

अब्राहम: एक दुष्ट शहर के लिए मध्यस्थता करना

विश्वास के पिता, अब्राहम, धर्मग्रंथ में दर्ज शुरुआती मध्यस्थों में से एक थे।

उत्पत्ति 18 में, प्रभु ने अब्राहम को बताया कि सदोम और अमोरा के शहर बहुत ज़्यादा खराब हो गए थे और उन पर न्याय होने वाला था।

फिर भी, न्याय होने से पहले, परमेश्वर ने अब्राहम को यह जानने दिया कि वह क्या करने वाला है।

"क्या मैं अब्राहम से वह बात छिपाऊं जो मैं करने जा रहा हूं?"
(उत्पत्ति 18:17)

चुप रहने के बजाय, अब्राहम ने विनम्रता और हिम्मत के साथ दया की गुहार लगाई।

उत्पत्ति 18:22 में एक खास पल लिखा है:

"लेकिन अब्राहम फिर भी प्रभु के सामने खड़ा रहा।"

प्रभु के सामने खड़ा होना एक मध्यस्थ की मुद्रा है।

अब्राहम ने परमेश्वर से न्याय और दया की अपील की और पूछा कि क्या शहर को बख्शा जा सकता है अगर उसमें अच्छे लोग मिल जाएं।

पचास से शुरू करके और धीरे-धीरे संख्या घटाकर दस तक करते हुए, अब्राहम दया की गुहार लगाता रहा।

हर रिक्वेस्ट विनम्रता से पेश की गई:

"देखो, मैं जो धूल और राख हूँ, मैंने प्रभु से बात करने का बीड़ा उठाया है।"
(उत्पत्ति 18:27)

अब्राहम की बीच-बचाव से पता चलता है कि परमेश्वर उन लोगों को बुलाता है जो उसके साथ करीब से चलते हैं, ताकि वे प्रार्थना के ज़रिए दुनिया के साथ उसके व्यवहार में हिस्सा ले सकें।

मूसाः एक विद्रोही राष्ट्र के लिए मध्यस्थता करना

बीच-बचाव का एक और शक्तिशाली उदाहरण मूसा के जीवन में मिलता है।

Exodus 32 में, इस्राएल के लोग सोने के बछड़े की पूजा करके मूर्तिपूजा में पड़ गए। उनके विद्रोह से प्रभु का गुस्सा भड़क उठा, और उन्हें सज़ा मिलना तय लग रहा था।

फिर भी मूसा बीच-बचाव करने के लिए आगे बढ़ा।

लोगों से खुद को दूर करने के बजाय, मूसा ने उनसे अपनी पहचान बनाई और परमेश्वर के वादे की अपील की।

उन्होंने प्रार्थना कीः

"हे प्रभु, तेरा क्रोध अपनी प्रजा पर क्यों भड़क रहा है, जिसे तू बड़ी शक्ति से मिस्र से निकाल लाया है?"
(निर्गमन 32:11)

मूसा ने प्रभु को अब्राहम, इसहाक और इस्राएल के साथ किए गए अपने वादे की याद दिलाई। उसने देशों के बीच परमेश्वर की इज़्ज़त की अपील की और दया की भीख मांगी।

उनकी दखलअंदाज़ी से, न्याय रुक गया और लोगों को बचाया गया।

यह पल बीच-बचाव के बारे में कई सच्चाईयाँ बताता है:

• इंटरसेसर उन लोगों से जुड़ते हैं जिनके लिए वे प्रार्थना करते हैं।
• इंटरसेसर भगवान के वादों और चरित्र की अपील करते हैं। • इंटरसेशन विनाश के बजाय बहाली चाहता है।

दानिय्येल: एक बंदी राष्ट्र के लिए मध्यस्थता करना

सदियों बाद, राष्ट्रीय संकट के समय एक और मध्यस्थ सामने आया।

डैनियल, बेबीलोन में इज़राइल की कैद के दौरान रहते थे। जब उन्होंने यिर्मयाह की भविष्यवाणियां पढ़ीं और समझा कि कैद का समय खत्म होने वाला है, तो उन्होंने प्रार्थना और पछतावे के साथ जवाब दिया।

दानिय्येल 9:3 में उसकी मुद्रा का वर्णन किया गया है:

"तब मैंने अपना मुख प्रभु परमेश्वर की ओर किया, और उपवास, टाट और राख के साथ प्रार्थना और विनती करके विनती की।"

डैनियल की प्रार्थना इसलिए खास थी क्योंकि उसने खुद को देश के पापों से दूर नहीं किया।

इसके बजाय, उसने लोगों के साथ अपनी पहचान बनाई और भगवान के सामने उनकी गलतियों को कबूल किया:

"हमने पाप किया है और अधर्म किया है।"
(दानिय्येल 9:5)

डैनियल की बीच-बचाव ने परमेश्वर की दया और वाचा की ईमानदारी की अपील की।

उनकी प्रार्थना से स्वर्ग ने जवाब दिया। परमेश्वर ने इस्राएल के भविष्य और मसीहा के आने के बारे में जानकारी देने के लिए स्वर्गदूत गेब्रियल को भेजा।

डैनियल का उदाहरण दिखाता है कि बीच-बचाव न केवल आज के हालात पर बल्कि आने वाली पीढ़ियों पर भी असर डाल सकता है।

यीशु: परम मध्यस्थ

जबकि अब्राहम, मूसा और डैनियल ने बीच-बचाव की शक्ति दिखाई, इतिहास में सबसे महान बीच-बचाव करने वाले यीशु मसीह हैं।

यीशु ने न केवल अपनी सांसारिक सेवकाई के दौरान मानवता के लिए प्रार्थना की - वह आज भी मध्यस्थता कर रहे हैं।

धर्मग्रंथ में कहा गया है:

"वह उनके लिये बिनती करने को सर्वदा जीवित रहता है।"
(इब्रानियों 7:25)

क्रूस पर अपने बलिदान के ज़रिए, यीशु ने इंसानियत को परमेश्वर से मिलाया। अपनी लगातार बीच-बचाव के ज़रिए, वह लगातार पिता के सामने विश्वासियों को दिखाते हैं।

इस चालीस दिन की पहरेदारी के दौरान की गई हर प्रार्थना आखिरकार मसीह की सेवा से होकर गुज़रती है।

प्रार्थना में हमारा भरोसा हमारी अपनी नेकी पर नहीं, बल्कि यीशु के पूरे किए गए काम पर टिका है।

पवित्र आत्मा: विश्वासी के भीतर मध्यस्थता करना

जब यीशु स्वर्ग में हमारे लिए बीच-बचाव करते हैं, तो पवित्र आत्मा विश्वासियों के अंदर काम करके हमारी प्रार्थनाओं को मज़बूत और गाइड करती है।

धर्मग्रंथ सिखाता है कि विश्वासियों को अपनी ताकत से प्रार्थना करने के लिए नहीं छोड़ा जाता है। परमेश्वर की आत्मा प्रार्थना में हमारी मदद करती है, खासकर उन पलों में जब शब्द काफी नहीं होते।

प्रेरित पौलुस ने लिखा:

" इसी प्रकार आत्मा भी हमारी कमज़ोरियों में मदद करता है: क्योंकि हम नहीं जानते कि हमें किस तरह प्रार्थना करनी चाहिए, परन्तु आत्मा आप ही ऐसी आहें भर भरकर जो बयान नहीं की जा सकतीं, हमारे लिए विनती करता है।"
(रोमियों 8:26)

इसका मतलब है कि बीच-बचाव सिर्फ़ इंसानी कोशिश नहीं है। यह विश्वास करने वाले और परमेश्वर की आत्मा के बीच एक पार्टनरशिप है।

जब विश्वासी प्रार्थना करते हैं, तो पवित्र आत्मा उनकी प्रार्थनाओं को परमेश्वर की इच्छा के साथ मिला देती है।

आस्तिक ईश्वर का मंदिर है

धर्मग्रंथ यह भी बताते हैं कि विश्वासी खुद परमेश्वर का निवास स्थान हैं।

पॉल ने लिखा:

"क्या तुम नहीं जानते कि तुम परमेश्वर का मंदिर हो और परमेश्वर की आत्मा तुम में वास करती है?"
(1 कुरिन्थियों 3:16)

क्योंकि परमेश्वर की आत्मा विश्वासियों के अंदर रहती है, इसलिए विश्वासी का जीवन एक जीवित पवित्र जगह बन जाता है जहाँ परमेश्वर के साथ बातचीत होती है।

प्रार्थना का घर होना चाहिए (मत्ती 21:13)।

यह सच्चाई इमारतों और सभाओं से कहीं आगे तक फैली हुई है। परमेश्वर के लोग खुद प्रार्थना के जीते-जागते घर बन जाते हैं।

पवित्र आत्मा के मंदिर के तौर पर, विश्वासी अपने अंदर ईश्वर से मिलने का लगातार न्योता रखते हैं।

प्रार्थना का एक जीवित घर

जब पवित्र आत्मा विश्वासियों के अंदर वास करता है, तो प्रार्थना खास पलों या जगहों तक सीमित नहीं रहती।

आत्मा विश्वासी के अंदर परमेश्वर की उपस्थिति का लगातार एहसास कराती है।

आत्मा के द्वारा:

• हमारे दिल प्रार्थना के लिए तैयार रहते हैं
• हमारे बोझ परमेश्वर के मकसद के हिसाब से तय होते हैं • हमारी दुआएँ परमेश्वर की मर्ज़ी के हिसाब से होती हैं

इस तरह, विश्वासी बीच-बचाव का जीता-जागता ज़रिया बन जाता है।

आत्मा परिवारों, चर्चों, नेताओं और देशों के लिए प्रार्थना करने के लिए प्रेरित करती है।

जो दिल में एक छोटी सी प्रेरणा के रूप में शुरू होता है, वह अक्सर परमेश्वर के सिंहासन के सामने प्रार्थना का एक शक्तिशाली कार्य बन जाता है।

मध्यस्थता में भागीदारी

इसलिए बीच-बचाव की सेवा में एक सुंदर साझेदारी शामिल है:

• यीशु पिता के सामने हमारे लिए बीच-बचाव करते हैं।
• पवित्र आत्मा हमारे अंदर बीच-बचाव करती है।
• विश्वासी प्रार्थना के ज़रिए आज्ञा मानते हैं।

इस पार्टनरशिप के ज़रिए, धरती पर परमेश्वर के मकसद पूरे होते हैं।

जब विश्वासी प्रार्थना के इस चालीस-दिन के पहरे में प्रवेश करते हैं, तो वे अकेले प्रार्थना नहीं करते।

परमेश्वर की आत्मा उनके अंदर काम करती है, और उन्हें बीच-बचाव का बोझ उठाने में मदद करती है।

और मसीह खुद पिता के सामने हमेशा के हाई प्रीस्ट के तौर पर खड़े होकर संतों की प्रार्थनाएँ पेश करते हैं।

प्रार्थना का घर बनने का आह्वान

जब आप उपवास और प्रार्थना के इस मौसम में हिस्सा लेते हैं, तो याद रखें कि प्रार्थना सिर्फ़ कुछ ऐसा नहीं है जो आप करते हैं।

यह इस बात का हिस्सा है कि आप जीवित परमेश्वर के मंदिर के रूप में कौन हैं।

आपके अंदर की पवित्र आत्मा आपकी प्रार्थनाओं को गाइड करने, आपके विश्वास को मज़बूत करने और आपके दिल को परमेश्वर की इच्छा के साथ जोड़ने के लिए तैयार है।

यह चालीस दिन का पहरा आपके अंदर प्रभु के साथ एक गहरे जुड़ाव का जीवन जगाए।

और आपका जीवन वैसा बने जैसा यीशु ने कहा था कि परमेश्वर का घर हमेशा ऐसा ही होना चाहिए:

प्रार्थना का घर।

प्रभाव के सात पर्वत

वे हमारी दुनिया को कैसे आकार देते हैं

पूरे इतिहास में, समाज को असर के खास क्षेत्रों ने बनाया है जो यह तय करते हैं कि लोग कैसे सोचते हैं, जीते हैं और खुद पर राज करते हैं।

ये क्षेत्र मूल्यों, संस्कृति, कानून, शिक्षा, अर्थव्यवस्था और आध्यात्मिक दिशा पर असर डालते हैं। जब ये क्षेत्र सही रास्ते पर चलते हैं, तो देश आगे बढ़ते हैं। जब इन पर भ्रष्टाचार, धोखे और अन्याय का कब्ज़ा हो जाता है, तो समाज में उलझन और गिरावट आती है।

कई ईसाई नेताओं ने इन इलाकों को **असर के सात पहाड़ कहा है** , क्योंकि सभ्यता को बनाने में इनका बहुत ज़्यादा अधिकार और असर है।

बीच-बचाव करने वालों का बुलावा सिर्फ़ लोगों के लिए प्रार्थना करना नहीं है, बल्कि इन असरदार ढांचों में बदलाव के लिए प्रार्थना करना है ताकि परमेश्वर के मकसद देशों की ज़िंदगी में दिख सकें।

जब विश्वासी इन पहाड़ों के लिए सोच-समझकर प्रार्थना करते हैं, तो वे भगवान से अपनी **बुद्धि, नेकी, न्याय और सच्चाई को** उन जगहों पर लाने के लिए कह रहे होते हैं जो समाज को बनाते हैं। **सात पहाड़ों में शामिल हैं:**

1. **धर्म (चर्च)**
2. **परिवार**
3. **शिक्षा**

4. **सरकार**
5. **मिडिया**
6. **कला और संस्कृति**
7. **व्यापार और अर्थव्यवस्था**

हर पहाड़ समाज के काम करने के तरीके पर बहुत ज़्यादा असर डालता है।

1. द रिलिजन माउंटेन (द चर्च)

चर्च को **समाज की आध्यात्मिक चेतना कहा जाता है** ।

जब चर्च मज़बूत, प्रार्थना करने वाला और सच्चाई पर आधारित होता है, तो यह दुनिया के लिए नैतिक स्पष्टता, आध्यात्मिक मार्गदर्शन और उम्मीद का ज़रिया बन जाता है।

लेकिन, जब चर्च कमज़ोर, बँटा हुआ या भटका हुआ हो जाता है, तो समाज अक्सर अपना आध्यात्मिक रास्ता खो देता है।

यीशु ने मत्ती 21:13 में कहाः

"मेरे घर को प्रार्थना का घर कहा जाएगा।"

मध्यस्थ चर्च के लिए प्रार्थना करते हैं ताकि वह पवित्र, एकजुट, साहसी और यीशु मसीह के सुसमाचार के प्रति वफ़ादार बना रहे।

2. द फैमिली माउंटेन

परिवार **हर समाज की नींव है** ।

परिवारों में ही सबसे पहले मूल्य, पहचान, चरित्र और विश्वास बनते हैं। स्वस्थ परिवार स्थिर समुदाय और मजबूत राष्ट्र बनाते हैं।

जब परिवार टूट जाते हैं, तो पीढ़ियां अक्सर अस्थिरता, कन्फ्यूजन और दिशाहीनता से जूझती हैं।

धर्मग्रंथ सिखाता है कि परमेश्वर परिवारों में सुधार चाहता है:

"वह पिताओं का दिल बच्चों की ओर और बच्चों का दिल उनके पिताओं की ओर मोड़ देगा।"
(मलाकी 4:6)

मध्यस्थ परिवारों के लिए प्रार्थना करते हैं क्योंकि आने वाली पीढ़ियों का स्वास्थ्य उन पर निर्भर करता है।

3. शिक्षा पर्वत

शिक्षा यह तय करती है कि लोग कैसे सोचते हैं और भविष्य के नेता कैसे बनते हैं।

स्कूल, यूनिवर्सिटी और सीखने के इंस्टीट्यूशन पूरी पीढ़ियों के नज़रिए पर असर डालते हैं। क्लासरूम में सिखाए जाने वाले आइडिया अक्सर पॉलिसी, टेक्नोलॉजी और सिस्टम बन जाते हैं जो भविष्य को आकार देते हैं।

इसी वजह से, विश्वासी प्रार्थना करते हैं कि सच्चाई, समझदारी और ईमानदारी उन लोगों को रास्ता दिखाए जो सिखाते हैं और जो सीखते हैं।

डैनियल और उसके साथियों ने दिखाया कि कैसे ईश्वर की बुद्धि सीखने के माहौल पर असर डाल सकती है:

"परमेश्वर ने उन्हें हर प्रकार की विद्या और बुद्धि में ज्ञान और कौशल दिया।"
(दानिय्येल 1:17)

शिक्षा के पहाड़ पर प्रार्थना करके स्टूडेंट्स, टीचर्स और इंस्टीट्यूशन्स के लिए भगवान से ज्ञान मांगा जाता है।

4. **सरकारी पहाड़**

सरकार पर कानून बनाने, न्याय की रक्षा करने और समाज में व्यवस्था बनाए रखने की ज़िम्मेदारी होती है।

सरकार में नेता ऐसे फ़ैसले लेते हैं जिनका असर लाखों लोगों पर पड़ता है। उनकी पॉलिसीज़ इकॉनमी, नेशनल सिक्योरिटी, सोशल स्टेबिलिटी और इंटरनेशनल रिश्तों पर असर डालती हैं।

धर्मग्रंथ विश्वासियों को उन लोगों के लिए प्रार्थना करने के लिए प्रोत्साहित करता है जो शासन करते हैं:

"इसलिए मैं आग्रह करता हूँ कि सभी मनुष्यों के लिए विनती, प्रार्थना, निवेदन और धन्यवाद दिया जाए; राजाओं और सभी अधिकारियों के लिए।"
(1 तीमुथियुस 2:1–2)

मध्यस्थ सरकारी नेताओं के लिए प्रार्थना करते हैं ताकि सही, न्याय और समझदारी राष्ट्रीय फ़ैसलों को गाइड करें।

5. मीडिया और मनोरंजन का पहाड़

मीडिया और एंटरटेनमेंट यह तय करते हैं कि लोग जानकारी कैसे लेते हैं और अपने आस-पास हो रही घटनाओं को कैसे समझते हैं।

टेलीविज़न, रेडियो, डिजिटल प्लेटफ़ॉर्म, पत्रकारिता और सोशल मीडिया के ज़रिए ऐसी कहानियाँ बनती हैं जो लोगों की सोच और सांस्कृतिक मूल्यों पर असर डालती हैं।

अपनी पहुंच के कारण, मीडिया के पास या तो सच फैलाने या धोखे को बढ़ाने की ताकत है।

विश्वासी प्रार्थना करते हैं कि सच्चाई, ईमानदारी और समझदारी उन लोगों को रास्ता दिखाए जो जनता से बातचीत करते हैं।

6. कला और संस्कृति पर्वत

कला और संस्कृति समाज की कल्पना, क्रिएटिविटी और इमोशनल एक्सप्रेशन पर असर डालती हैं।

म्यूज़िक, फ़िल्म, लिटरेचर, विज़ुअल आर्ट्स और एंटरटेनमेंट लोगों के सुंदरता, नैतिकता, पहचान और मतलब को देखने का तरीका तय करते हैं।

पूरे धर्मग्रंथ में, मंदिर बनाने से लेकर भजन संहिता में लिखे गए भक्ति गीतों तक, परमेश्वर की महिमा के लिए अक्सर क्रिएटिविटी का इस्तेमाल किया गया है।

मध्यस्थ प्रार्थना करते हैं कि क्रिएटिविटी और कल्चरल असर का इस्तेमाल सच्चाई, सुंदरता और उम्मीद को दिखाने के लिए किया जाएगा।

7. व्यापार और अर्थव्यवस्था का पहाड़

बिज़नेस और इकोनॉमिक सिस्टम यह तय करते हैं कि रिसोर्स कैसे बनाए, बांटे और मैनेज किए जाएं।

जब इकोनॉमिक सिस्टम ईमानदारी से काम करते हैं, तो समुदाय खुशहाल होते हैं और मौके बढ़ते हैं। जब भ्रष्टाचार इकोनॉमिक सिस्टम पर हावी हो जाता है, तो अक्सर असमानता और शोषण होता है।

धर्मग्रंथ विश्वासियों को याद दिलाता है कि परमेश्वर खुशहाली और देखभाल के लिए ज्ञान का स्रोत है।

इंटरसेसर प्रार्थना करते हैं कि बिज़नेस लीडर ईमानदारी, निष्पक्षता और समाज के प्रति ज़िम्मेदारी की भावना के साथ काम करें।

सात पहाड़ों के लिए मध्यस्थता क्यों ज़रूरी है

इन पहाड़ों के लिए प्रार्थना करने का मकसद दबदबा या कंट्रोल करना नहीं है। लक्ष्य बदलाव है।

जब नेकी समाज को बनाने वाले स्ट्रक्चर पर असर डालती है, तो लोगों को ज़्यादा न्याय, मौका, शांति और नैतिक स्पष्टता महसूस होती है।

यीशु ने अपने अनुयायियों को प्रार्थना करना सिखाया:

"तेरा राज्य आए। तेरी इच्छा जैसे स्वर्ग में पूरी होती है, वैसे पृथ्वी पर भी हो।"
(मत्ती 6:10)

प्रार्थना के ज़रिए, विश्वासी दुनिया के लिए परमेश्वर के मकसद के साथ जुड़ते हैं।

बीच-बचाव, इंसानी असर के हर दायरे में भगवान की समझ और राज को बुलाने का एक तरीका बन जाता है।

जब आप अगले चालीस दिनों तक प्रार्थना करेंगे, तो आप न सिर्फ़ लोगों के लिए बल्कि उन **ढांचों के लिए भी खड़े होंगे जो देशों और पीढ़ियों को बनाते हैं** ।

इस प्रार्थना गाइड का इस्तेमाल कैसे करें

इस प्रेयर गाइड को **इंटरसेशन के एक स्ट्रक्चर्ड फ्रेमवर्क के तौर पर डिज़ाइन किया गया है** ताकि विश्वास करने वालों को चर्च, लीडर्स और देशों के लिए स्ट्रेटेजी के साथ प्रार्थना करने में मदद मिल सके।

इसका इस्तेमाल **पर्सनली, प्रेयर ग्रुप्स में, या पूरे चर्च कम्युनिटीज़ द्वारा किया जा सकता है** , जो देशों के लिए खड़े होने की ज़रूरत महसूस करते हैं।

गाइड को तीन मुख्य हिस्सों में बांटा गया है:

1. **पोर्टल खोलने और सील करने की घोषणाएँ** (10 भाग)
2. 40 **दिनों के स्ट्रेटेजिक प्रेयर पॉइंट्स,** 320 **प्रेयर पॉइंट्स से बने हैं**
3. **आठ डेली प्रेयर वॉच** – 320 **प्रेयर पॉइंट्स**

हर सेक्शन एक खास मकसद पूरा करता है, जिसमें इंटरसेसर को अधिकार, एक जगह और आध्यात्मिक सुरक्षा के साथ प्रार्थना करने के लिए तैयार किया जाता है।

1. पोर्टल खोलने और सील करने की घोषणाएँ

रोज़ाना की प्रार्थना शुरू करने से पहले, किताब में **दस भविष्यवाणी वाली एक्टिवेशन प्रार्थनाएँ दी गई हैं,** जिनके नाम हैं:

प्रार्थना शब्दों की परमाणु शक्ति (भाग 1-10)।

इन घोषणाओं के कई मकसद हैं:

• मसीह में आध्यात्मिक अधिकार स्थापित करें
• आध्यात्मिक क्षेत्र में प्रार्थना के द्वार खोलें • शैतानी विरोध और दखल को तोड़ें • मध्यस्थ और क्षेत्र पर भविष्यवाणी की घोषणाएँ जारी करें
• मध्यस्थता शुरू होने से पहले प्रार्थना के माहौल को सील करें

इन घोषणाओं को दो तरीकों में से किसी एक तरीके से प्रार्थना की जा सकती है:

ऑप्शन 1 — मिडनाइट प्रेयर एक्टिवेशन

, दिन के लिए प्रार्थना का समय खोलते हुए, सभी **दस भागों को एक साथ प्रार्थना करें।**

इससे आध्यात्मिक अधिकार स्थापित होता है और दिन भर की प्रार्थना के लिए माहौल तैयार होता है।

विकल्प 2 — दो घंटे की प्रार्थना घड़ियाँ

हर दो घंटे में एक भाग प्रार्थना करें , जिसमें दिन के आध्यात्मिक घंटे शामिल हों।

उदाहरण शेड्यूल:

12:00 AM – पोर्टल ओपनिंग / पार्ट 1
2:00 AM – पार्ट 24:00 AM – पार्ट 36:00 AM – पार्ट 48:00 AM – पार्ट 510:00 AM – पार्ट 612:00 PM – पार्ट 72:00 PM – पार्ट 84:00 PM – पार्ट 96:00 PM – पार्ट 10 (सीलिंग डिक्लेरेशन)

यह स्ट्रक्चर **लगातार प्रार्थना कवरेज बनाए रखने में मदद करता है** ।

2. 40-दिवसीय प्रार्थना घड़ी

इस गाइड का मुख्य हिस्सा हर साल 40 **दिनों तक ध्यान से प्रार्थना करना है:**

17 मार्च से 25 अप्रैल

इन चालीस दिनों के दौरान, विश्वासियों को प्रभु के बताए अनुसार उपवास और प्रार्थना करने के लिए प्रोत्साहित किया जाता है।

हर दिन में शामिल हैं:

- **आठ खास प्रार्थना बिंदु**
- **दो बुनियादी पवित्र ग्रंथ**
- **प्रभाव के सात पहाड़ों के लिए खास प्रार्थना**

चालीस दिनों के दौरान, इंटरसेसर 320 **खास प्रार्थना पॉइंट्स पर प्रार्थना करेगा** ।

ये प्रार्थनाएँ आध्यात्मिक स्थितियों के बारे में हैं जो इन पर असर डालती हैं:

* चर्च या धार्मिक प्रणालियाँ और संगठन
* मीडिया और मनोरंजन
* व्यवसाय और अर्थव्यवस्था
• परिवार • राष्ट्र • नेता • सांस्कृतिक प्रणालियाँ

3. आठ दैनिक प्रार्थना घड़ियाँ

प्रार्थनाएं **दिन के आठ पहर के आस-पास होती हैं** , जो लगातार आध्यात्मिक सतर्कता दिखाती हैं।

ये घड़ियाँ पारंपरिक रूप से इन समयों पर मनाई जाती हैं:

सुबह 6:00 बजेसुबह
9:00 बजेदोपहर 12:00 बजेदोपहर 3:00 बजेशाम 6:00 बजेरात 9:00 बजे12:00 बजेसुबह 3:00 बजे

हर प्रेयर पॉइंट पर इनमें से किसी एक वॉच के दौरान प्रार्थना की जा सकती है।

यह रिदम मानने वालों को **पूरे दिन लगातार प्रार्थना करने में मदद करता है** ।

4. **अकेले या ग्रुप में प्रार्थना करना**

इस गाइड का इस्तेमाल कई तरीकों से किया जा सकता है:

व्यक्तिगत प्रार्थना

कोई भी विश्वासी अपनी भक्ति और उपवास के दौरान गाइड के ज़रिए प्रार्थना कर सकता है।

प्रार्थना समूह

छोटे ग्रुप में लोग प्रार्थना के समय को आपस में बांट सकते हैं, ताकि लगातार प्रार्थना कवरेज हो सके।

चर्च मध्यस्थता

चर्च कॉर्पोरेट उपवास के मौसम या प्रार्थना सभाओं के दौरान इस गाइड का इस्तेमाल कर सकते हैं।

5. उम्मीद के साथ प्रार्थना करना

जब आप इन पन्नों पर प्रार्थना करें, तो याद रखें कि प्रार्थना सिर्फ़ शब्दों को दोहराना नहीं है।

यह **दूसरों की ओर से परमेश्वर के सामने खड़ा होना है** ।

इसके साथ प्रार्थना करें:

• परमेश्वर के वादों पर विश्वास
• पवित्र आत्मा की अगुवाई के प्रति संवेदनशीलता • उम्मीद कि परमेश्वर देशों के मामलों में दखल देगा।

जिस निमंत्रण से यह असाइनमेंट शुरू हुआ था, वह आज भी मौजूद है:

गैप में खड़े हो जाओ।

और सच्ची प्रार्थना के ज़रिए, परमेश्वर की इच्छा **जैसे स्वर्ग में पूरी होती है, वैसे ही पृथ्वी पर भी पूरी हो।**

राष्ट्रों के पहरेदारों के लिए एक आह्वान

परमेश्वर के लोगों के इतिहास में, प्रभु ने ऐसे पुरुषों और महिलाओं को खड़ा किया है जो दूसरों की तरफ से उनके सामने खड़े हुए। ये लोग हमेशा राजा, पैगंबर या पब्लिक लीडर नहीं थे। कई लोग आम विश्वासी थे जिन्होंने प्रार्थना करने का बहुत बड़ा बोझ उठाया था।

वे **चौकीदार बन गए** ।

जब दूसरे सोते हैं तो एक पहरेदार चौकन्ना रहता है। एक पहरेदार खतरे को आने से पहले ही देख लेता है। एक पहरेदार दया, सुरक्षा और ईश्वरीय मदद के लिए भगवान से पुकारता है।

प्रभु ने भविष्यवक्ता यहेजकेल के द्वारा कहा:

"और मैंने उनमें से एक आदमी को ढूंढा, जो बाड़ को ठीक करे, और ज़मीन के लिए मेरे सामने खड़ा हो।"
— यहेजकेल 22:30

परमेश्वर आज भी ऐसे लोगों को खोजता है।

वह ऐसे लोगों को ढूंढता है जो न केवल अपनी ज़रूरतों के लिए बल्कि चर्च की किस्मत, देशों के भविष्य और समाज की आध्यात्मिक हालत के लिए भी प्रार्थना करेंगे।

यह प्रार्थना गाइड उन पहरेदारों में से एक बनने का न्योता है।

आप किसी शांत कमरे में अकेले प्रार्थना कर रहे हों, दोस्तों के साथ प्रार्थना ग्रुप में हों, या चर्च कम्युनिटी में हों। आप कहीं भी हों, जब आप

विश्वास और आज्ञाकारिता के साथ प्रार्थना करते हैं, तो आप धरती पर परमेश्वर के मुक्ति के काम में हिस्सा लेते हैं।

प्रार्थना के माध्यम से:

दिल नरम हो जाते हैं।
मज़बूत किले टूट जाते हैं। लीडर भगवान की बुद्धि से प्रभावित होते हैं।
और भगवान के मकसद देशों में आगे बढ़ते हैं।

यह काम दुनिया भर में विश्वास करने वालों के बढ़ते मूवमेंट का हिस्सा है, जिन्होंने **हर साल 17 मार्च से 25 अप्रैल तक 40 दिन की प्रार्थना के दौरान गैप में खड़े रहने का वादा किया है** ।

कई देशों के मध्यस्थ एक साझा बोझ के साथ एक साथ आ रहे हैं—चर्च, नेताओं और प्रभाव के सात पहाड़ों के बदलाव के लिए प्रार्थना करने के लिए।

प्रार्थना करने वालों की यह बढ़ती हुई कम्युनिटी मिलकर **दुनिया भर में लाखों ऐसे लोगों को इकट्ठा करना चाहती है** जो देशों की किस्मत के लिए भगवान के सामने अपनी आवाज़ उठाएंगे।

आपको उस कंपनी का हिस्सा बनने के लिए आमंत्रित किया जाता है।

जब आप इस गाइड के ज़रिए प्रार्थना करना शुरू करें, तो याद रखें कि प्रार्थना सिर्फ़ एक रस्म या धार्मिक काम नहीं है। प्रार्थना भगवान के साथ एक पवित्र पार्टनरशिप है।

पवित्र आत्मा हमारे ज़रिए प्रार्थना करता है।
यीशु हमारे लिए बीच-बचाव करते हैं। और पिता अपने लोगों की पुकार सुनते हैं।

इन प्रार्थनाओं को विनम्रता, विश्वास और उम्मीद के साथ करें।

प्रभु आपकी आत्मा को मज़बूत करे, आपकी समझ को तेज़ करे, और आपको इस मुश्किल समय में ईमानदारी से खड़े रहने की ताकत दे।

यह आह्वान आज भी वैसा ही है जैसा हमेशा से रहा है:

देखो और प्रार्थना करो।

और ईमानदारी से प्रार्थना करने से, परमेश्वर की इच्छा **जैसे स्वर्ग में पूरी होती है, वैसे ही पृथ्वी पर भी पूरी हो।**

चालीस-दिवसीय निगरानी में प्रवेश

मध्यस्थता के लिए हृदय को तैयार करना

चालीस दिन की प्रार्थना सिर्फ़ एक आध्यात्मिक कसरत से कहीं ज़्यादा है। यह परमेश्वर के पास आने और चर्च और देशों के लिए उसके मकसद में हिस्सा लेने का न्योता है।

पूरे धर्मग्रंथ में, उपवास और प्रार्थना के समय अक्सर आध्यात्मिक सफलता, सुधार और ईश्वरीय मार्गदर्शन के पलों से पहले आते थे। ये ऐसे समय थे जब परमेश्वर के लोगों ने खुद को विनम्र किया, उनका चेहरा खोजा, और अपने दिलों को उनकी इच्छा के साथ जोड़ा।

जैसे ही आप इस चालीस दिन की घड़ी में जाने की तैयारी करते हैं, यह ज़रूरी है कि आप इस समय को सही दिल से करें।

विनम्रता का समय

सच्ची मध्यस्थता विनम्रता से शुरू होती है।

देशों, नेताओं और समुदायों के लिए प्रार्थना करने से पहले, विश्वासियों को पहले खुद को ईमानदारी और खुलेपन के साथ परमेश्वर के सामने रखना चाहिए।

प्रभु ने घोषणा की:

"अगर मेरे लोग जो मेरे नाम से जाने जाते हैं, खुद को नम्र करें, और प्रार्थना करें, और मेरा चेहरा खोजें, और अपने बुरे कामों से दूर हो जाएं,

तो मैं स्वर्ग से सुनूंगा, उनके पाप माफ करूंगा, और उनकी ज़मीन को ठीक करूंगा।"
(2 इतिहास 7:14)

विनम्रता पवित्र आत्मा को हमारे दिलों की जांच करने और ऐसी किसी भी चीज़ को हटाने की अनुमति देती है जो परमेश्वर के साथ हमारी संगति में बाधा डाल सकती है।

इस मौसम में, प्रभु से अपने दिल को साफ़ करने और उनके प्रति अपनी भक्ति को फिर से जगाने के लिए कहें।

पश्चाताप का समय

मध्यस्थता अक्सर पश्चाताप से शुरू होती है।

डैनियल ने यह तब दिखाया जब उसने इज़राइल की बहाली के लिए प्रार्थना की। अपने देश की नाकामियों से खुद को दूर करने के बजाय, उसने प्रभु के सामने उनके पापों को कबूल किया।

"हमने पाप किया है और अधर्म किया है।"
(दानिय्येल 9:5)

पछतावा दिल को ईमानदारी और श्रद्धा के साथ भगवान के पास जाने के लिए तैयार करता है।

जब आप यह चालीस दिन का पहरा शुरू करें, तो प्रभु से माफ़ी, नई शुरुआत और आध्यात्मिक शांति के लिए प्रार्थना करने के लिए समय निकालें।

संरेखण का समय

प्रार्थना का मतलब सिर्फ़ भगवान से गुज़ारिश करना नहीं है। इसका मतलब अपने दिल को उनके मकसद के साथ जोड़ना भी है।

यीशु ने अपने शिष्यों को प्रार्थना करना सिखाया:

"तेरा राज्य आए। तेरी इच्छा जैसी स्वर्ग में पूरी होती है, वैसे पृथ्वी पर भी हो।"
(मत्ती 6:10)

प्रार्थना के इस समय में, प्रभु से कहें कि वह आपके विचारों, इच्छाओं और प्राथमिकताओं को उनकी इच्छा के साथ मिला दे।

पवित्र आत्मा को चर्च और देशों के लिए परमेश्वर के मकसद के अनुसार आपकी प्रार्थनाओं को आकार देने दें।

एकता का समय

जब विश्वासी एकता में एक साथ प्रार्थना करते हैं तो बीच-बचाव खास तौर पर शक्तिशाली हो जाता है।

शुरुआती चर्च को बड़ी सफलता मिली क्योंकि उन्होंने एक दिल और एक मकसद से प्रार्थना की।

प्रेरितों के काम 12:5 में लिखा है:

"पीटर को जेल में रखा गया था, लेकिन चर्च द्वारा उसके लिए परमेश्वर से लगातार प्रार्थना की जाती थी।"

एक साथ प्रार्थना करने से, परमेश्वर ने अलौकिक हस्तक्षेप किया।

जैसे-जैसे लोग, प्रार्थना करने वाले ग्रुप और चर्च इस चालीस दिन की पहरेदारी में हिस्सा लेते हैं, उम्मीद है कि परमेश्वर की आत्मा विश्वास करने वालों के बीच एकता की गहरी भावना पैदा करेगी।

उम्मीद का समय

बीच-बचाव हताशा का काम नहीं है, बल्कि विश्वास का इज़हार है।

जब विश्वासी प्रार्थना करते हैं, तो वे परमेश्वर के बुलावे का जवाब दे रहे होते हैं जो प्रार्थना सुनता है और उसका जवाब देता है।

यिर्मयाह 33:3 में कहा गया है:

"मुझे पुकारो, और मैं तुम्हें जवाब दूंगा, और तुम्हें बड़ी और ज़बरदस्त बातें दिखाऊंगा जो तुम नहीं जानते।"

इस चालीस दिन की घड़ी में उम्मीद के साथ प्रवेश करें।

उम्मीद करें कि परमेश्वर दिलों में काम करेगा।

दिव्य मुलाकातों की उम्मीद करें।

ठीक होने, दिशा और बदलाव की उम्मीद करें।

एक पवित्र कार्य

बीस सालों से, प्रार्थना का यह समय—17 मार्च से 25 अप्रैल तक—चर्च और देशों के लिए प्रार्थना के एक खास समय के तौर पर मनाया जाता रहा है।

जो प्रार्थना के लिए एक पर्सनल बुलावे के तौर पर शुरू हुआ था, वह अब हर जगह विश्वास करने वालों के लिए इस पवित्र काम में हिस्सा लेने का न्योता बन गया है।

जब आप यह सफ़र शुरू करें, तो याद रखें कि आपकी प्रार्थनाएँ मायने रखती हैं।

परमेश्वर उन लोगों को खोजता रहता है जो इस कमी को पूरा करेंगे।

यह चालीस दिन का पहरा परमेश्वर के साथ आपके रिश्ते को और गहरा करे, बीच-बचाव के लिए आपके बोझ को मज़बूत करे, और धरती पर उनके मकसद को पूरा करे।

अब, चलिए वॉच शुरू करते हैं।

चालीस-दिवसीय प्रहरी के लिए आधारभूत शास्त्र

हर प्रार्थना का समय परमेश्वर के वचन पर आधारित होना चाहिए। प्रार्थना तब अधिकार पाती है जब वह पवित्र शास्त्र में बताए गए परमेश्वर के वादों, उद्देश्यों और चरित्र के साथ मेल खाती है।

नीचे दिए गए हिस्से चालीस दिन की प्रार्थना के लिए बाइबिल की बुनियाद हैं। ये पवित्र ग्रंथ हमें याद दिलाते हैं कि हम प्रार्थना क्यों करते हैं, कैसे करते हैं, और हमारा मानना है कि भगवान धरती पर क्या पूरा करना चाहते हैं।

जैसे-जैसे आप उपवास और प्रार्थना के दिनों में आगे बढ़ते हैं, इन बातों पर बार-बार ध्यान दें और उन्हें अपने विश्वास को मज़बूत करने और अपनी प्रार्थनाओं को गाइड करने दें।

अंतर में खड़े होने का आह्वान

यहेजकेल 22:30

"मैंने उनमें से एक ऐसे आदमी को ढूंढा जो दीवार बनाए और ज़मीन के लिए मेरे सामने खड़ा हो, ताकि मैं उसे बर्बाद न कर दूं।"

परमेश्वर उन लोगों को खोजता रहता है जो देश की ओर से उसके सामने खड़े होंगे।

चौकीदार की ज़िम्मेदारी

यहेजकेल 3:18–19

"जब मैं बुरे से कहता हूँ, 'तुम्हें ज़रूर मरना होगा,' और तुम उसे कोई चेतावनी नहीं देते... तो मैं तुम्हारे हाथ से उसका खून लूँगा। फिर भी अगर तुम बुरे को चेतावनी देते हो... तो तुमने अपनी जान बचा ली है।"

मध्यस्थता में आध्यात्मिक रूप से सावधान रहने की ज़िम्मेदारी होती है।

प्रार्थना के घर के रूप में परमेश्वर का घर

मत्ती 21:13

"मेरे घर को प्रार्थना का घर कहा जाएगा।"

यशायाह 56:7

"मेरा घर सब देशों के लिए प्रार्थना का घर कहलाएगा।"

परमेश्वर की इच्छा है कि उसके लोग एक प्रार्थना करने वाला समुदाय बनें जो राष्ट्रों का उसकी उपस्थिति में स्वागत करे।

निरंतर प्रार्थना का आह्वान

लूका 18:1

"इंसानों को हमेशा प्रार्थना करनी चाहिए और हिम्मत नहीं हारनी चाहिए।"

मत्ती 26:41

"जागते रहो और प्रार्थना करो, कहीं तुम परीक्षा में न पड़ जाओ।"

प्रार्थना के लिए लगन, सावधानी और आध्यात्मिक सावधानी की ज़रूरत होती है।

मध्यस्थता में पवित्र आत्मा की सहायता

रोमियों 8:26

"आत्मा हमारी कमज़ोरियों में भी मदद करती है... आत्मा खुद हमारे लिए ऐसी आहें भरकर प्रार्थना करती है जो बयान नहीं की जा सकतीं।"

रोमियों 8:34

"मसीह... परमेश्वर के दाहिने हाथ पर है, जो हमारे लिए भी विनती करता है।"

बीच-बचाव करने की ताकत हमारे अंदर मौजूद पवित्र आत्मा और मसीह दोनों से मिलती है, जो पिता के सामने हमारे लिए बीच-बचाव करते हैं।

प्रार्थना और सेवकाई में साहस

प्रेरितों के काम 4:29–30

"अपने सेवकों को यह वरदान दे कि वे पूरी हिम्मत के साथ तेरा वचन बोलें... ताकि तेरे पवित्र सेवक यीशु के नाम से चिन्ह और चमत्कार किए जा सकें।"

शुरुआती चर्च ने हिम्मत और उम्मीद के साथ प्रार्थना की।

सामूहिक प्रार्थना की शक्ति

प्रेरितों के काम 12:5

"पीटर को जेल में रखा गया था, लेकिन चर्च द्वारा उसके लिए परमेश्वर से लगातार प्रार्थना की जाती थी।"

कॉर्पोरेट इंटरसेशन ने ईश्वरीय दखल दिया।

प्रार्थना में परमेश्वर की प्रतीक्षा करना

लूका 6:12

"वह प्रार्थना करने के लिए पहाड़ पर गया, और सारी रात परमेश्वर से प्रार्थना करता रहा।"

भजन 37:7

"प्रभु में विश्राम करो, और धैर्यपूर्वक उसका इंतज़ार करो।"

सच्ची प्रार्थना के लिए अक्सर परमेश्वर का इंतज़ार करना पड़ता है।

पश्चाताप और राष्ट्रीय पुनर्स्थापना

दानिय्येल 9:3–4

"मैं अपना मुख प्रभु परमेश्वर की ओर करके उपवास के साथ प्रार्थना और विनती करने लगा।"

2 इतिहास 7:14

"अगर मेरे लोग जो मेरे नाम से पुकारे जाते हैं, खुद को नम्र करेंगे, और प्रार्थना करेंगे... तो मैं स्वर्ग से सुनूंगा और उनकी भूमि को ठीक करूंगा।"
देश की बहाली अक्सर पछतावे और प्रार्थना से शुरू होती है।

आध्यात्मिक युद्ध
इफिसियों 6:18
"हमेशा आत्मा में हर तरह की प्रार्थना और विनती करते रहो।"
प्रार्थना आध्यात्मिक युद्ध में मुख्य हथियारों में से एक है।

नेताओं और राष्ट्रों के लिए प्रार्थना करना
रोमियों 15:30–31
"मेरे लिए भगवान से प्रार्थना करने में मेरे साथ मिलकर कोशिश करो।"
2 **थिस्सलुनीकियों** 3:1
"हमारे लिए प्रार्थना करें, ताकि प्रभु का वचन तेज़ी से फैले और महिमा पाए।"
धर्मग्रंथ बार-बार विश्वासियों को लीडर्स और गॉस्पेल की तरक्की के लिए प्रार्थना करने के लिए कहता है।

परमेश्वर के राज्य के आने के लिए प्रार्थना
मत्ती 6:10
"तेरा राज्य आए । तेरी इच्छा जैसे स्वर्ग में पूरी होती है, वैसे पृथ्वी पर भी हो।"
यह प्रार्थना हर पीढ़ी के लिए बीच-बचाव की मुख्य पुकार बनी हुई है।

परमेश्वर का पुनर्स्थापना का वादा
यिर्मयाह 31:11–12
"प्रभु ने याकूब को छुड़ाया है और उसे छुड़ाया है।"
परमेश्वर के उद्देश्य आखिरकार मुक्ति और बहाली की ओर ले जाते हैं।

राष्ट्रों पर परमेश्वर का अधिकार

यशायाह 9:6–7

"उसकी सरकार और शांति की बढ़ोतरी का कोई अंत नहीं होगा।"

मसीह देशों पर राज करता है, और उसका राज बढ़ता जा रहा है।

धर्मी की विजय

भजन 92:8

"लेकिन हे प्रभु, आप तो सदा ऊँचे पर हैं।"

आखिरी जीत भगवान की है।

मध्यस्थता का आह्वान

अब्राहम के शहरों के लिए विनती करने से लेकर, मूसा के इज़राइल के लिए खड़े होने तक, डैनियल के फिर से बसाने के लिए प्रार्थना करने तक, और यीशु और पवित्र आत्मा के विश्वासियों के लिए बीच-बचाव करने तक, पवित्र शास्त्र लगातार प्रार्थना की शक्ति को दिखाता है। प्रार्थना के ये चालीस दिन बाइबिल की परंपरा को जारी रखते हैं। जब आप चर्च, नेताओं और देशों के लिए बीच-बचाव के इस समय में प्रवेश करेंगे, तो ये पवित्र ग्रंथ आपके विश्वास को मज़बूत करें।

40-दिवसीय सामरिक युद्ध प्रार्थना

दिन 1 - मध्यस्थता की वेदी को ऊपर उठाना

पवित्र शास्त्र: यहेजकेल 22:30; लूका 18:1

यहेजकेल 22:30
न्यू किंग जेम्स वर्शन (NKJV)
"और मैंने उनमें से एक आदमी को ढूंढा जो दीवार बनाए और देश की तरफ से मेरे सामने खड़ा हो, ताकि मैं उसे बर्बाद न कर दूं; लेकिन मुझे कोई नहीं मिला।"

संदेश (एमएसजी)
"मैंने किसी ऐसे को ढूंढा जो इन सबके खिलाफ़ मेरे साथ खड़ा हो, शहर की सुरक्षा को ठीक करे, मेरे लिए खड़ा हो और इस ज़मीन की रक्षा के लिए खड़ा हो ताकि मुझे इसे नष्ट न करना पड़े।
मुझे कोई नहीं मिला।"

लूका 18:1
न्यू किंग जेम्स वर्शन (NKJV)
"तब उसने उनसे एक दृष्टान्त कहा, कि मनुष्य को सदा प्रार्थना करते रहना चाहिए और हियाव नहीं छोड़ना चाहिए।"

संदेश (एमएसजी)
"यीशु ने उन्हें एक कहानी सुनाई जिसमें दिखाया गया कि उनके लिए लगातार प्रार्थना करना और कभी हार न मानना ज़रूरी है।"

सुबह 6 बजे हे पिता, मुझे ऐसे इंसान के तौर पर बड़ा करो जो इस उपवास के समय में खाली जगह में खड़ा हो, दरारों को भर सके, और आध्यात्मिक रूप से शांत रहने से मना कर सके।

सुबह 9 बजे मैं अपनी आत्मा, प्राण और शरीर को सावधान मध्यस्थता की सेवा के लिए समर्पित करता हूँ; ध्यान भटकाने वाली हर वेदी गिरा दी जाए।

12pm आपके चर्च में प्रार्थना की आग तब तक जलती रहे जब तक प्रार्थना एक प्रोग्राम न रह जाए और एक जगह न बन जाए।

3pm मैं नींद, बेपरवाही और देरी से समझौता तोड़ता हूँ; मुझे तब तक प्रार्थना करने की ताकत मिलती है जब तक स्वर्ग जवाब नहीं देता।

शाम 6 बजे हे प्रभु, मेरे जीवन को धूप का घर, आने-जाने का दरवाज़ा, और एक कानूनी वेदी बना दो जहाँ आपके मकसद पूरे हों।

9pm मेरे परिवार, चर्च, शहर और देश में हर दरार, भगवान की दया से भर जाए, जब मैं प्रभु के सामने खड़ा हूँ।

रात 12 बजे मैं यह आदेश देता हूँ कि यह उपवास बिना शक्ति के रस्म नहीं होगा; यह आत्मा में हलचल और धरती पर अभिव्यक्ति पैदा करेगा।

3am हे परमेश्वर, मुझमें एक ऐसा मध्यस्थ ढूंढो जो तैयार हो और मेरी आवाज़ को आपके सामने बहाल करने, जगाने और छुटकारा दिलाने के लिए प्रबल होने दो।

दिन 2 - सतर्कता और आत्माओं का बोझ

पवित्र शास्त्र: यहेजकेल 3:18-21; मत्ती 26:41

यहेजकेल 3:18–21
न्यू किंग जेम्स वर्शन (NKJV)
"जब मैं बुरे आदमी से कहूँ, 'तुम्हें ज़रूर मरना होगा,' और तुम उसे कोई चेतावनी न दो, न ही उसे उसके बुरे रास्ते से सावधान करके उसकी जान बचाने के लिए कुछ कहो, तो वही बुरा आदमी अपने गुनाह में मरेगा; लेकिन उसके खून का हिसाब मैं तुमसे लूँगा।
फिर भी, अगर तुम बुरे को चेतावनी दो, और वह अपनी बुराई या अपने बुरे रास्ते से न मुड़े, तो वह अपने पाप में मर जाएगा; लेकिन तुमने अपनी जान बचा ली है।
फिर, जब कोई नेक आदमी अपनी नेकी से फिरकर गलत काम करने लगे, और मैं उसके सामने ठोकर का पत्थर रखूं, तो वह मर जाएगा; क्योंकि तुमने उसे चेतावनी नहीं दी, इसलिए वह अपने पाप में मरेगा, और उसके किए हुए नेकी के काम याद नहीं किए जाएंगे; लेकिन उसके खून का हिसाब मैं तुमसे लूंगा।
फिर भी अगर तुम नेक आदमी को चेतावनी दो कि नेक आदमी पाप न करे, और वह पाप न करे, तो वह ज़रूर ज़िंदा रहेगा क्योंकि उसने चेतावनी मान ली; और तुम अपनी जान भी बचा लोगे।"

संदेश (एमएसजी)
"अगर मैं दुष्ट को चेतावनी दूं, 'तुम मौत के तेज़ी से रास्ते पर हो!' और तुम नहीं बोलोगे और उसे अपने तरीके बदलने के लिए चेतावनी नहीं

दोगे, तो दुष्ट अपने पाप में बिना चेतावनी के मर जाएगा, और मैं तुम्हें ज़िम्मेदार ठहराऊँगा।
लेकिन अगर आप बुरे इंसान को चेतावनी देते हैं और वह अपने तरीके बदलने से मना कर देता है, तो वह अपने पाप में मर जाएगा, लेकिन आप अपनी जान बचा लेंगे।
और अगर कोई अच्छा इंसान अच्छाई से दूर होकर गलत काम करता है, और मैं उसके रास्ते में रुकावट डालता हूँ और वह मर जाता है, तो अगर आपने उसे चेतावनी नहीं दी तो आप ज़िम्मेदार हैं। वह अपने पाप के लिए मरेगा और उसने पहले जो अच्छा किया था, उसका कोई मतलब नहीं होगा—और मैं आपको ज़िम्मेदार ठहराऊँगा।
लेकिन अगर आप अच्छे व्यक्ति को पाप न करने की चेतावनी देते हैं और वह सुनता है और पाप नहीं करता है, तो वह जीवित रहेगा क्योंकि उसने आपकी चेतावनी को गंभीरता से लिया है - और आपने अपना जीवन बचा लिया होगा।

मत्ती 26:41
न्यू किंग जेम्स वर्शन (NKJV)
"जागते रहो और प्रार्थना करो, कहीं तुम लालच में न पड़ जाओ। आत्मा तो तैयार है, पर शरीर कमज़ोर है।"

संदेश (एमएसजी)
"सतर्क रहें; प्रार्थना में लगे रहें ताकि आप लालच में न पड़ें और यह भी न जानें कि आप खतरे में हैं। आपका एक हिस्सा है जो उत्सुक है, भगवान में किसी भी चीज़ के लिए तैयार है, लेकिन एक और हिस्सा है जो आग के पास सो रहे बूढ़े कुत्ते की तरह आलसी है।"

सुबह 6 बजे हे पिता, मुझे एक ऐसा वफ़ादार पहरेदार बनाओ जो तब चुप न रहे जब किस्मत, परिवार और देश अधर में लटके हों।

सुबह 9 बजे मैं प्रार्थना की जगह लापरवाही को नकारता हूँ; मुझे खतरे को सामने आने से पहले ही देखने की समझ मिलती है।

12pm खोए हुए, पीछे हटे हुए और आध्यात्मिक रूप से घायल लोगों का बोझ पवित्र भार के साथ मुझ पर आ जाए।

3pm प्रार्थना न करने की हर भावना मेरी निगरानी को कमज़ोर करने के लिए है, अपनी पकड़ खो दो और यीशु मसीह की प्रभुता के आगे झुक जाओ।

शाम 6 बजे मैं यह आदेश देता हूँ कि मेरी आँखें खुली रहेंगी, मेरे कान प्रशिक्षित रहेंगे, और मेरी आत्मा ईश्वरीय चेतावनियों के प्रति सचेत रहेगी।

रात 9 बजे प्रभु, इस समय अपने चर्च को समझौते, बहकावे और शैतानी घुसपैठ के खिलाफ़ सावधान रखें।

रात 12 बजे मैं संतों पर किए गए अंधेरे के हर हमले के खिलाफ खड़ा हूं, और छिपी हुई साज़िशों के खिलाफ भगवान से मदद मांगता हूं।

सुबह 3 बजे हे पिता, इस उपवास से मेरा पहरेदार का चोगा और पक्का हो जाए, जब तक मैं सही, अधिकार और मज़बूती से प्रार्थना न करूँ।

तीसरा दिन - प्रार्थना घर का जीर्णोद्धार

पवित्र शास्त्र: मत्ती 21:13; यशायाह 56:7

मत्ती 21:13
न्यू किंग जेम्स वर्शन (NKJV)
"और उसने उनसे कहा,
'लिखा है, *मेरा घर प्रार्थना का घर कहलाएगा,* पर तुम ने उसे चोरों का अड्डा बना दिया है।'"

संदेश (एमएसजी)
उन्होंने कहा, "पवित्र शास्त्र में लिखा है,
मेरा घर प्रार्थना का घर कहलाएगा।
तुमने इसे चोरों का अड्डा बना दिया है।"

यशायाह 56:7
न्यू किंग जेम्स वर्शन (NKJV)
"मैं उन्हें अपने पवित्र पहाड़ पर ले आऊँगा,
और अपने प्रार्थना के घर में उन्हें खुश करूँगा। उनके होमबलि और उनके बलिदान मेरी वेदी पर स्वीकार किए जाएँगे; क्योंकि मेरा घर सभी राष्ट्रों के लिए प्रार्थना का घर कहलाएगा।"

संदेश (एमएसजी)
"मैं उन्हें अपने पवित्र पर्वत पर लाऊँगा
और अपने प्रार्थना घर में उन्हें आनन्द दूँगा। उनका आराधना करने में स्वागत होगा—भीतर के लोगों की तरह, वे मेरी वेदी पर होमबलि और बलिदान लाएँगे।

हाँ, मेरा पूजा घर
सभी लोगों के लिए प्रार्थना घर के रूप में जाना जाएगा ।

सुबह 6 बजे प्रभु, अपने घर को साफ़ करें और सच्ची प्रार्थना, पवित्रता और शक्ति के खिलाफ़ लड़ने वाली हर गंदगी को दूर करें।

सुबह 9 बजे, यीशु के नाम पर, आध्यात्मिक भूख के हर चोर को मेरे जीवन, मेरे घर और चर्च से बाहर निकाल दिया जाए।

12pm मैं आदेश देता हूँ कि परमेश्वर द्वारा नियुक्त हर मण्डली, सेवकाई और घर में प्रार्थना की वेदी उठेगी।

3pm हर बेचने वाली आत्मा जो पूजा को खराब करती है और पवित्र चीज़ों को अपवित्र करती है, उसका परमेश्वर की आग से न्याय किया जाएगा।

शाम 6 बजे हे पिता, अपने लोगों के पवित्र स्थान में आदर, टूटन और प्रभु का भय फिर से जगाओ।

रात 9 बजे प्रार्थना कक्ष, मंच और घर महिमा के द्वार बनें जहां मसीह सिंहासन पर विराजमान हों और शरीर वश में हो।

12am मैं एक ऐसी पीढ़ी को बुलाता हूँ जो परफॉर्मेंस से ज़्यादा आपकी मौजूदगी को और तालियों से ज़्यादा आपकी आवाज़ को पसंद करती है।

3am हे प्रभु, अपने चर्च को सभी देशों के लिए प्रार्थना का घर बनाओ, और वेदी से नई जान आने दो।

दिन 4 - कराहना जो हावी है

धर्मग्रंथ: रोमियों 8:26,34; लूका 6:12

रोमियों 8:26
न्यू किंग जेम्स वर्शन (NKJV)
" इसी तरह आत्मा भी हमारी कमज़ोरियों में मदद करती है। क्योंकि हम नहीं जानते कि हमें किस चीज़ के लिए प्रार्थना करनी चाहिए, लेकिन आत्मा खुद हमारे लिए ऐसी आहें भरकर विनती करती है जो बयान नहीं की जा सकतीं।"

संदेश (एमएसजी)
"इस बीच, जिस पल हम इंतज़ार करते-करते थक जाते हैं, भगवान की आत्मा हमारी मदद करने के लिए हमारे साथ होती है। अगर हमें नहीं पता कि कैसे या क्या प्रार्थना करनी है, तो कोई बात नहीं। वह हमारे अंदर और हमारे लिए प्रार्थना करता है, हमारी बिना शब्दों वाली आहों, हमारी दर्द भरी आहों को प्रार्थना बनाता है।"

रोमियों 8:34
न्यू किंग जेम्स वर्शन (NKJV)
"कौन है जो सज़ा देता है? यह मसीह है जो मर गया, और फिर जी भी उठा, जो परमेश्वर के दाहिने हाथ पर है, और हमारे लिए भी प्रार्थना करता है।"

संदेश (एमएसजी)
31-39 तो, आपको क्या लगता है? जब भगवान इस तरह हमारे साथ हैं, तो हम कैसे हार सकते हैं? अगर भगवान ने हमारे लिए सब कुछ दांव पर

लगाने में कोई हिचकिचाहट नहीं दिखाई, हमारी हालत को अपनाया और अपने बेटे को भेजकर खुद को सबसे बुरे हालात में डाल दिया, तो क्या ऐसा कुछ और है जो वह खुशी-खुशी और आज़ादी से हमारे लिए नहीं करेंगे? और कौन भगवान के चुने हुए लोगों में से किसी के साथ पंगा लेकर भगवान से उलझने की हिम्मत करेगा? कौन उंगली उठाने की भी हिम्मत करेगा? जो हमारे लिए मरा—जो हमारे लिए ज़िंदा हुआ!—वह इस समय भगवान के सामने हमारे साथ खड़ा है। क्या आपको लगता है कि कोई हमारे और क्राइस्ट के हमारे लिए प्यार के बीच दरार डाल पाएगा? कोई रास्ता नहीं है! न मुसीबत, न मुश्किल समय, न नफ़रत, न भूख, न बेघर होना, न डराने-धमकाने की धमकियाँ, न पीठ पीछे वार करना, यहाँ तक कि धर्मग्रंथ में लिखे सबसे बुरे पाप भी नहीं:

वे हमें बेरहमी से मारते हैं क्योंकि वे तुमसे नफ़रत करते हैं।
हम शिकार हैं; वे हमें एक-एक करके मारते हैं।

इनमें से कोई भी बात हमें परेशान नहीं करती क्योंकि यीशु हमसे प्यार करते हैं। मुझे पूरा यकीन है कि कुछ भी नहीं—चाहे ज़िंदा हो या मरा हुआ, फरिश्ता हो या शैतानी, आज हो या कल, ऊंचा हो या नीचा, सोचने लायक हो या न सोचने लायक—बिल्कुल *कुछ भी* हमारे और भगवान के प्यार के बीच नहीं आ सकता, क्योंकि हमारे मालिक यीशु ने हमें जिस तरह अपनाया है।

सुबह 6 बजे पवित्र आत्मा, मेरी कमज़ोरियों में मदद करो और मुझे इंसानी सीमाओं, इमोशनल थकान और दिमागी कमज़ोरी से परे प्रार्थना करना सिखाओ।

सुबह 9 बजे मसीह की दुआ मेरी दुआओं को तब तक मज़बूत करे जब तक मेरी दुआएं परमेश्वर की मर्ज़ी के साथ एक न हो जाएं।

12pm मुझे तब तक प्रार्थना में बने रहने की कृपा मिलती है जब तक आत्मा में दिव्य लेन-देन पूरा नहीं हो जाता।

3pm मेरी प्रार्थना की ज़िंदगी के खिलाफ़ दुश्मन का हर इल्ज़ाम परमेश्वर के दाहिने हाथ से यीशु की दखलअंदाज़ी से रद्द हो जाता है।

शाम 6 बजे हे प्रभु, मेरी आहों, मेरे आंसुओं और मेरी कराहों को अपने सिंहासन के सामने असरदार मध्यस्थता में बदल दो।

9pm मैं ऊपरी प्रार्थना को मना करता हूँ; मैं मुश्किलों की गहराई में जाता हूँ जहाँ राज बदलते हैं और बंदी आज़ाद होते हैं।

12am हर बंद दरवाज़े का विरोध करने वाले जवाब मिलने लगें, क्योंकि आत्मा मेरे ज़रिए बीच-बचाव करती है।

सुबह 3 बजे हे पिता, मुझे हमेशा चलने वाली प्रार्थना के रहस्य सिखाओ, जब तक कि मैं स्वर्ग का बोझ स्वर्ग की भाषा में न उठा लूं।

दिन 5 - दबाव में साहस

पवित्र शास्त्र: प्रेरितों के काम 4:29-30; 2 थिस्सलुनीकियों 3:1-2

प्रेरितों के काम 4:29–30
न्यू किंग जेम्स वर्शन (NKJV)
"अब, हे प्रभु, उनकी धमकियों को देख, और अपने सेवकों को यह वरदान दे कि वे पूरी हिम्मत के साथ तेरा वचन बोलें,
और चंगा करने के लिए अपना हाथ बढ़ाएँ, और तेरे पवित्र सेवक यीशु के नाम से चिन्ह और चमत्कार किए जाएँ।"

संदेश (एमएसजी)
प्रेरितों के काम 4:29–31 (स्पष्टता के लिए संदर्भ)
"और अब वे फिर से वही कर रहे हैं! उनकी धमकियों से सावधान रहें और अपने सेवकों को अपना संदेश प्रचार करने में निडर आत्मविश्वास दें,
क्योंकि आप अपने पवित्र सेवक यीशु के नाम पर चंगाई, चमत्कार और चमत्कार करके हमारी ओर अपना हाथ बढ़ाते हैं।"
जब वे प्रार्थना कर रहे थे, तो जिस जगह वे मिल रहे थे, वह जगह कांप रही थी और हिल रही थी। वे सभी पवित्र आत्मा से भर गए और बिना डरे विश्वास के साथ परमेश्वर का वचन बोलते रहे।

2 **थिस्सलुनीकियों** 3:1–2
न्यू किंग जेम्स वर्शन (NKJV)
"आखिर में, भाइयो, हमारे लिए प्रार्थना करो, कि प्रभु का वचन तेज़ी से फैले और महिमा पाए, जैसा तुम्हारे साथ हुआ,

और हम बेवकूफ़ और बुरे लोगों से बच सकें; क्योंकि सभी में विश्वास नहीं होता।"

संदेश (एमएसजी)

2 थिस्सलुनीकियों 3:1–3 (स्पष्टता के लिए संदर्भ)

"दोस्तों, एक और बात: हमारे लिए प्रार्थना करें। प्रार्थना करें कि गुरु का वचन पूरे देश में फैल जाए और लोगों की प्रतिक्रिया बढ़े, जैसा कि आपके बीच हुआ। और प्रार्थना करें कि हम इन बदमाशों से बच जाएं जो हमें नुकसान पहुंचाने की कोशिश कर रहे हैं। हर किसी में ऐसा करने की हिम्मत नहीं होती।

लेकिन गुरु हमें कभी निराश नहीं करते। वह आपके साथ रहेंगे और आपको बुराई से बचाएंगे।"

सुबह 6 बजे हे प्रभु, दुश्मन की धमकियों को देखो और अपने सेवकों को बिना डरे बोलने, प्रार्थना करने और काम करने की हिम्मत दो।

सुबह 9 बजे मैं यह फैसला करता हूँ कि डराने-धमकाने से मैं चुप नहीं हो पाऊँगा, और विरोध से मैं कमज़ोर नहीं पड़ पाऊँगा।

12pm यीशु मसीह की बड़ाई करने वाले संकेतों से अपने हाथ आगे बढ़ाकर उसे ठीक करो, छुड़ाओ और अपने वचन को पक्का करो।

3pm प्रभु का वचन हमारे चर्चों, शहरों और देशों में तेज़ी से फैले और हर शैतानी रुकावट को तोड़ दे।

शाम 6 बजे अपने लोगों को गलत और बुरे लोगों से बचाओ जो सच्चाई, नेकी और न्याय के खिलाफ लड़ते हैं।

रात 9 बजे मैं डर की कमर तोड़ता हूँ और मसीह के शरीर में हिम्मत, साफ़गोई और प्रेरितों का अधिकार जगाने का आदेश देता हूँ।

12am राज्य की तरक्की के खिलाफ़ अंधेरे की हर सलाह परमेश्वर की सांस से बिखर जाती है।

3am हे पिता, विरोध को अपनी महिमा के लिए एक मंच बनाओ और ज़ुल्म को सुसमाचार फैलाने का काम बनाओ।

दिन 6 - स्वर्गदूतों का हस्तक्षेप और अलौकिक मुक्ति

पवित्र शास्त्र: प्रेरितों के काम 12:5-9; लूका 10:19

प्रेरितों के काम 12:5–9
न्यू किंग जेम्स वर्शन (NKJV)
इसलिए पीटर को जेल में रखा गया, लेकिन चर्च की ओर से उसके लिए परमेश्वर से लगातार प्रार्थना की जाती रही।
और जब हेरोदेस उसे बाहर लाने वाला था, तो उस रात पतरस दो सिपाहियों के बीच दो ज़ंजीरों से बंधा हुआ सो रहा था; और दरवाज़े के सामने पहरेदार जेल की रखवाली कर रहे थे।
अब देखो, प्रभु का एक स्वर्गदूत उसके पास खड़ा था, और जेल में रोशनी चमकी; और उसने पतरस की बगल पर मारा और उसे उठाते हुए कहा, "जल्दी उठो!" और उसके हाथों से ज़ंजीरें गिर गईं।
तब स्वर्गदूत ने उससे कहा, "अपनी कमर कस लो और अपने जूते पहन लो"; और उसने वैसा ही किया। फिर स्वर्गदूत ने उससे कहा, "अपना कपड़ा पहन लो और मेरे पीछे आओ।"
इसलिए वह बाहर गया और उसके पीछे चला गया, और यह नहीं जानता था कि स्वर्गदूत जो कर रहा था वह सच था, बल्कि उसने सोचा कि वह कोई दर्शन देख रहा है।

संदेश (एमएसजी)
प्रेरितों के काम 12:5–11 (स्पष्टता के लिए संदर्भ)
जब तक पीटर जेल में कड़ी सुरक्षा में था, चर्च ने उसके लिए बहुत ज़ोर-शोर से प्रार्थना की।

फिर हेरोदेस के लिए उसे सबके सामने पेश करने का समय आ गया। उस रात भले ही पीटर को दो सैनिकों से बांध दिया गया था, एक दोनों तरफ, और दरवाज़े पर पहरेदार उस जगह पर नज़र रखे हुए थे, पीटर एक बच्चे की तरह सो गया।

अचानक एक देवदूत उसके पास आ गया और कमरे में रोशनी फैल गई। देवदूत ने पीटर को हिलाया और उसे उठाया। उसने कहा, "जल्दी करो!"

उसकी हथकड़ी खुल गई।

देवदूत ने कहा, "कपड़े पहनो। अपने जूते पहनो।"

पीटर ने ऐसा किया।

"अपना कोट कंधों पर डालो और मेरे पीछे आओ।"

पीटर ने उसका पीछा किया, लेकिन उसे यकीन नहीं हुआ कि वह सच में एक फरिश्ता था। उसे लगा कि वह कुछ देख रहा है।

लूका 10:19

न्यू किंग जेम्स वर्शन (NKJV)

"देखो, मैं तुम्हें साँपों और बिच्छुओं को रौंदने का, और दुश्मन की सारी ताकत पर अधिकार देता हूँ, और कुछ भी तुम्हें किसी भी तरह से नुकसान नहीं पहुँचाएगा।"

संदेश (एमएसजी)

लूका 10:18–20 (स्पष्टता के लिए संदर्भ)

यीशु ने कहा, "मुझे पता है। मैंने शैतान को गिरते देखा, आसमान से बिजली की एक चमक।

देखो मैंने तुम्हें क्या दिया है? सांप और बिच्छुओं पर चलते हुए सुरक्षित रास्ता, और दुश्मन के हर हमले से सुरक्षा। तुम्हें कुछ भी नुकसान नहीं पहुंचाएगा।

फिर भी, बड़ी जीत बुराई पर आपके अधिकार में नहीं है, बल्कि आप पर परमेश्वर के अधिकार और आपके साथ होने में है। आप परमेश्वर के लिए क्या करते हैं, यह नहीं, बल्कि परमेश्वर आपके लिए क्या करता है—यही खुशी मनाने का एजेंडा है।"

सुबह 6 बजे प्रभु, जैसे पतरस के लिए सच्ची प्रार्थना की गई थी, वैसे ही राज्य के लिए नियुक्त हर बंदी से ज़ंजीरें गिर जाएं।

सुबह 9 बजे मैं डर, नशे की लत, जादू-टोना, गलती और आध्यात्मिक ज़ुल्म की वजह से कैद लोगों को सुपरनैचुरल रिहाई का हुक्म देता हूँ।

12pm उन हालात में स्वर्गदूतों की मदद आने दें जहाँ इंसानी मदद काम नहीं कर रही है और अंधेरा सोचता है कि वह हावी हो गया है।
3pm भगवान की तरक्की को रोकने वाले लोहे के हर दरवाज़े को, भगवान की शक्ति के सामने अपनी मर्ज़ी से खोलो।

शाम 6 बजे मैं साँपों, बिच्छुओं और दुश्मन की सारी ताकत को रौंद दूँगा; परमेश्वर के हुक्म के आगे कुछ भी नहीं टिकेगा।

रात 9 बजे हे पिता, सोई हुई किस्मत को जगाओ और अपने लोगों को अनदेखी जेलों से आज़ादी और काम की तरफ ले चलो।

12am मेरे, मेरे परिवार और चर्च के खिलाफ गुप्त जगहों पर बनाई गई हर जंजीर, अब यीशु के नाम पर टूट जाए।

3am चमत्कारी छुटकारा की गवाही बढ़े, और चर्च को स्वर्गदूतों की मदद की सेवा फिर से पता चले।

दिन 7 - इंतज़ार करते लोग, जलते हुए दीये

पवित्र शास्त्र: लूका 2:25-38; भजन 37:7

लूका 2:25–38
न्यू किंग जेम्स वर्शन (NKJV)
और देखो, यरूशलेम में शिमोन नाम का एक आदमी था, और वह आदमी नेक और भक्त था, और इस्राएल की शांति का इंतज़ार कर रहा था, और पवित्र आत्मा उस पर था।
और पवित्र आत्मा ने उसे बताया था कि जब तक वह प्रभु के मसीह को नहीं देख लेगा, तब तक वह मौत को नहीं देखेगा।
तो वह आत्मा के द्वारा मंदिर में आया। और जब माता-पिता बालक यीशु को व्यवस्था के रीति-रिवाज के अनुसार उसके लिए करने के लिए लाए, तो उसने उसे अपनी गोद में उठा लिया और परमेश्वर को धन्यवाद देते हुए कहा:
"हे प्रभु, अब आप अपने सेवक को अपने वचन के अनुसार शांति से विदा कर रहे हैं
; क्योंकि मेरी आँखों ने आपका उद्धार देखा है जिसे आपने सभी लोगों के सामने तैयार किया है, अन्यजातियों को प्रकाश देने के लिए एक रोशनी, और आपके लोगों इस्राएल की महिमा।"
और यूसुफ और उसकी माँ उन बातों से हैरान हुए जो उसके बारे में कही गई थीं।
तब शिमोन ने उन्हें आशीर्वाद दिया, और उसकी माँ मरियम से कहा, "देखो, यह बच्चा इस्राएल में बहुतों के पतन और उत्थान के लिए, और एक ऐसे चिन्ह के लिए बना है जिसके खिलाफ़ बात की जाएगी (हाँ,

एक तलवार तुम्हारी आत्मा को भी छेद देगी), ताकि बहुतों के दिलों के विचार प्रकट हो सकें।"

अब एक औरत थी, अन्ना, जो आशेर के गोत्र के फनूएल की बेटी थी, एक नबिया थी। वह बहुत बूढ़ी थी, और अपनी वर्जिनिटी से सात साल तक अपने पति के साथ रही थी; और यह औरत लगभग चौरासी साल की विधवा थी, जो मंदिर से बाहर नहीं जाती थी, बल्कि रात-दिन उपवास और प्रार्थना करके भगवान की सेवा करती थी।

और उसी पल वह वहाँ आकर प्रभु को धन्यवाद देने लगी, और यरूशलेम में जो लोग मुक्ति की उम्मीद कर रहे थे, उनसे उसके बारे में बात करने लगी।

संदेश (एमएसजी)

लूका 2:25–38 (प्रवाह के लिए संदर्भ के अनुसार अनुवाद)

उस समय यरूशलेम में शिमोन नाम का एक आदमी था। वह एक अच्छा आदमी था, प्रार्थना करने वाला आदमी था, जो इस्राएल के लिए मदद का इंतज़ार कर रहा था। पवित्र आत्मा उस पर था।

पवित्र आत्मा ने उसे दिखाया था कि मरने से पहले वह परमेश्वर के मसीहा को देखेगा। आत्मा के मार्गदर्शन में, वह मंदिर में दाखिल हुआ। जब बच्चे यीशु के माता-पिता उसे कानून की रस्में पूरी करने के लिए लाए, तो शिमोन ने उसे अपनी बाहों में ले लिया और परमेश्वर को धन्यवाद दिया:

"हे परमेश्वर, अब आप अपने सेवक को रिहा कर सकते हैं;

जैसा आपने वादा किया था, मुझे शांति से रिहा करें। मैंने अपनी आँखों से आपका उद्धार देखा है: यह अब सबके देखने के लिए सबके सामने है—गैर-यहूदी देशों के लिए परमेश्वर को दिखाने वाली रोशनी, और आपके लोगों इस्राएल के लिए महिमा की बात है।"

यीशु के माता-पिता ये बातें सुनकर आश्चर्य से चुप हो गए।

शिमोन ने उन्हें आशीर्वाद दिया और अपनी माँ मरियम से कहा:
"यह बच्चा इज़राइल में कई लोगों की नाकामी और सुधार, दोनों को दिखाता है, एक ऐसा इंसान जिसे गलत समझा गया और गलत साबित किया गया—तुम्हें तलवार से घायल करने का दर्द—लेकिन यह ठुकराया जाना ईमानदारी को बढ़ावा देगा, क्योंकि भगवान उन्हें बताएँगे कि वे असल में कौन हैं।"
अन्ना नाम की नबिया भी वहाँ थी, जो आशेर के कबीले के फनूएल की बेटी थी। वह अब बहुत बूढ़ी हो चुकी थी। उसकी शादी को सात साल हो गए थे और फिर वह चौरासी साल से विधवा थी।
वह कभी मंदिर के इलाके से बाहर नहीं जाती थीं, रात-दिन व्रत और प्रार्थना के साथ पूजा करती थीं।
ठीक उसी समय जब शिमोन प्रार्थना कर रहा था, वह वहाँ आई, परमेश्वर की स्तुति में भजन गाने लगी, और उन सभी से बच्चे के बारे में बात की जो यरूशलेम के आज़ाद होने का बेसब्री से इंतज़ार कर रहे थे।

भजन 37:7
न्यू किंग जेम्स वर्शन (NKJV)
प्रभु में विश्राम करो, और धीरज से उसका इंतज़ार करो;
उसके कारण मत घबराओ जो अपने मार्ग में सफल होता है,उस मनुष्य के कारण जो बुरी साज़िशें रचता है।

संदेश (एमएसजी)
भजन 37:7–9 (संदर्भ प्रवाह)
परमेश्वर के सामने शांत रहो,
उसके सामने प्रार्थना करते रहो।
उन लोगों से परेशान मत हो जो सीढ़ी चढ़ते हैं,
जो कोहनी मारकर ऊपर तक पहुँचते हैं।

अपने गुस्से पर काबू रखें, अपने गुस्से को शांत करें;
अपनी बातें शांत करें—इससे हालात और बिगड़ेंगे।
जल्द ही बदमाश दिवालिया हो जाएंगे;
भगवान-निवेशक जल्द ही दुकान के मालिक बन जाएंगे।

सुबह 6 बजे हे पिता, मुझे शिमोन और अन्ना जैसा बनाओ, इंतज़ार में पक्का, उम्मीद में पवित्र, और भक्ति में वफ़ादार।

सुबह 9 बजे मैं बेचैन अविश्वास को अस्वीकार करता हूँ; मुझे बिना थके, शिकायत किए या पीछे हटे प्रभु का इंतज़ार करने की कृपा मिलती है।

12pm मेरे जीवन, मेरे घराने और आपके चर्च पर किया गया हर वादा, प्रकट होने के समय तक सुरक्षित रहे।

3pm हे प्रभु, उन मध्यस्थों को सहारा दो जिन्होंने लंबे समय तक इंतज़ार किया है; उनकी आँखों को वह सांत्वना देखने दो जिसका तुमने वादा किया था।

शाम 6 बजे मैं आदेश देता हूँ कि देरी से शक पैदा नहीं होगा, और प्रोसेस से भविष्यवाणी खत्म नहीं होगी।

रात 9 बजे , समय से पहले हार मानने वाली हर आत्मा, संतों और इस पीढ़ी पर अपना काम छोड़ दे।

12am हे पिता, रात-दिन खोजने वालों को पक्की मुलाकातों, पूरे हुए वादे और भविष्यवाणी की साफ़ बात का इनाम दो।

3am सब्र से की गई प्रार्थना खुले दिल से मिलने में बदल जाए, और इंतज़ार कर रही कोख से भगवान का मकसद निकले।

दिन 8 - गेथसेमेन अलाइनमेंट

पवित्र शास्त्र: मत्ती 26:36-46; मत्ती 6:10

मत्ती 26:36-46
न्यू किंग जेम्स संस्करण
बगीचे में प्रार्थना
36 फिर यीशु उनके साथ गतसमनी नाम की जगह पर आया और चेलों
से कहा, "मैं वहाँ जाकर प्रार्थना करूँगा, यहीं बैठो।" 37 और वह पतरस
और ज़ेबेदी के दोनों बेटों को अपने साथ ले गया, और वह बहुत दुखी
और परेशान होने लगा। 38 फिर उसने उनसे कहा, "मेरा मन बहुत दुखी
है, यहाँ तक कि मरने वाला है। यहीं रुको और मेरे साथ जागते रहो।"
39 वह थोड़ा और आगे गया और मुँह के बल गिरकर प्रार्थना करने लगा,
"हे मेरे पिता, अगर हो सके तो यह प्याला मुझसे टल जाए; फिर भी,
जैसा मैं चाहता हूँ वैसा नहीं, बल्कि जैसा तू *चाहता है वैसा हो।*"
40 फिर वह चेलों के पास आया और उन्हें सोते हुए पाया, और पतरस से
कहा, "क्या! तुम मेरे साथ एक घंटा भी जाग नहीं सकते? 41 जागते रहो
और प्रार्थना करो, ताकि तुम लालच में न पड़ो। आत्मा तो तैयार *है*,
लेकिन शरीर कमज़ोर *है*।"
42 फिर दूसरी बार वह गया और प्रार्थना करते हुए कहा, "हे मेरे पिता,
अगर यह प्याला मेरे पास से तब तक नहीं हट सकता जब तक मैं इसे न पी लूँ, तो तेरी
मर्ज़ी पूरी हो।" 43 और वह आया और उन्हें फिर से सोते हुए पाया, क्योंकि
उनकी आँखें भारी थीं।
44 तब वह उन्हें छोड़कर फिर चला गया, और तीसरी बार वही बातें
दोहराते हुए प्रार्थना की। 45 फिर वह अपने चेलों के पास आया और
उनसे कहा, "क्या *तुम* अभी भी सो रहे हो और आराम कर रहे हो? देखो,
वह समय [b] आ पहुँचा है, और मनुष्य का पुत्र पापियों के हाथों में

पकड़वाया जा रहा है। 46 उठो, चलें। देखो, मेरा पकड़वाने वाला आ पहुँचा है।"

मत्ती 26:36-46

संदेश

36-38 फिर यीशु उनके साथ गेथसेमेन नाम के एक बगीचे में गया और अपने चेलों से कहा, "जब तक मैं वहाँ जाकर प्रार्थना करता हूँ, तुम यहीं रुको।" पीटर और ज़ेबेदी के दोनों बेटों को साथ लेकर वह बहुत ज़्यादा दुख में डूब गया। फिर उसने कहा, "यह दुख मेरी ज़िंदगी को कुचल रहा है। यहीं रुको और मेरे साथ जागते रहो।"

39 थोड़ा आगे जाकर वह मुँह के बल गिरकर प्रार्थना करने लगा, "हे मेरे पिता, अगर कोई रास्ता है, तो मुझे इससे बाहर निकालो। लेकिन प्लीज़, वह नहीं जो मैं चाहता हूँ। आप, *आप क्या* चाहते हैं?"

40-41 जब वह अपने चेलों के पास वापस आया, तो उसने उन्हें गहरी नींद में पाया। उसने पीटर से कहा, "क्या तुम मेरे साथ एक घंटा भी नहीं रह सकते? सावधान रहो; प्रार्थना में रहो ताकि तुम लालच में न पड़ो, यह जाने बिना कि तुम खतरे में हो। तुम्हारा एक हिस्सा है जो उत्सुक है, भगवान में किसी भी चीज़ के लिए तैयार है। लेकिन एक और हिस्सा है जो आग के पास सो रहे बूढ़े कुत्ते की तरह आलसी है।"

42 फिर वह दूसरी बार उनके पास से चला गया। उसने फिर प्रार्थना की, "हे मेरे पिता, अगर इसके अलावा कोई और रास्ता नहीं है, तो मैं इस प्याले को पूरा पीने के लिए तैयार हूँ। जैसा आप चाहें वैसा करें।"

43-44 जब वह वापस आया, तो उसने उन्हें फिर से गहरी नींद में पाया। वे अपनी आँखें नहीं खोल पा रहे थे। इस बार उसने उन्हें सोने दिया, और तीसरी बार प्रार्थना करने के लिए वापस गया, और आखिरी बार उसी ज़मीन पर गया।

45-46 जब वह अगली बार वापस आया, तो उसने कहा, "क्या तुम सोकर रात गुज़ारोगे? मेरा समय पूरा हो गया है, इंसान का बेटा पापियों के

हाथों में सौंपा जाने वाला है। उठो! चलो चलें! मेरा धोखा देने वाला यहाँ है।”

मत्ती 6:10
न्यू किंग जेम्स संस्करण
10 तेरा राज्य आए।
तेरी इच्छा जैसे स्वर्ग में पूरी होती *है, वैसे ही पृथ्वी पर भी हो।*

मत्ती 6:10-13
संदेश
7-13 “दुनिया तथाकथित प्रार्थना योद्धाओं से भरी है जिन्हें प्रार्थना के बारे में कुछ नहीं पता। वे फ़ॉर्मूले, प्रोग्राम और सलाह से भरे हुए हैं, जो भगवान से आप जो चाहते हैं उसे पाने के तरीके बताते हैं। इस बकवास में मत पड़ो। यह तुम्हारे पिता हैं जिनसे तुम निपट रहे हो, और वह तुमसे बेहतर जानते हैं कि तुम्हें क्या चाहिए। ऐसे भगवान के साथ जो तुमसे प्यार करते हैं, तुम बहुत आसानी से प्रार्थना कर सकते हो। इस तरह:
स्वर्ग में रहने वाले हमारे पिता,
बताओ कि तुम कौन हो। दुनिया को ठीक करो; जो सबसे अच्छा है वो करो— जैसा ऊपर, वैसा नीचे। हमें तीन टाइम के खाने से ज़िंदा रखो। हमें अपने साथ माफ़ रखो और दूसरों को भी माफ़ करो। हमें खुद से और शैतान से बचाओ। तुम इंचार्ज हो! तुम जो चाहो कर सकते हो! तुम खूबसूरती से जलते हो! हाँ। हाँ। हाँ।

सुबह 6 बजे हे पिता, इस स्ट्रेटेजिक समय में हमारी नहीं, बल्कि आपकी इच्छा हम में, हमारे ज़रिए, और आपके चर्च के ज़रिए पूरी हो।

9am हर सांसारिक काम को वेदी पर तब तक मरने दो जब तक प्रभु की सलाह सबसे ऊपर न हो।

12pm मुझे दुख, दबाव और विरोध के बावजूद आज्ञा मानना छोड़े बिना प्रार्थना करने की ताकत मिलती है।

3pm हर दुख का प्याला जो आपकी तरफ़ से नहीं है, उसे गुज़र जाने दो; हर काम जो आपकी तरफ़ से है, उसे पूरा करने के लिए कृपा मिले।

शाम 6 बजे हे प्रभु, हमारी इच्छाओं, फैसलों और घोषणाओं को स्वर्ग के पैटर्न के साथ एक जैसा कर दो।

रात 9 बजे मैं हर उस आवाज़ को चुप करा देता हूँ जो सरेंडर, पवित्रता और महंगी बात मानने के खिलाफ़ आवाज़ उठाती है।

12am चर्च को गेथसेमेन से पक्के समर्पण और पक्के इरादे के साथ बाहर आने दें।

3am हे पिता, मुझे समर्पण में बपतिस्मा दो जब तक कि प्रार्थना आपके हमेशा के मकसद से सहमत न हो जाए।

दिन 9 - खाई में मूसा

पवित्र शास्त्र: निर्गमन 32:11-14; निर्गमन 32:30-33

निर्गमन 32:11-14
न्यू किंग जेम्स संस्करण
[11]तब मूसा ने अपने परमेश्वर यहोवा से विनती की, और कहा: "हे प्रभु,
तेरा गुस्सा अपने लोगों पर क्यों भड़क रहा है, जिन्हें तूने बड़ी ताकत
और बड़े हाथ से मिस्र देश से बाहर निकाला है? [12] मिस्र के लोग क्यों कहें,
और कहें, 'वह उन्हें नुकसान पहुँचाने, पहाड़ों में मारने और धरती से
मिटाने के लिए बाहर लाया है'? अपने गुस्से से दूर हो जा, और अपने
लोगों को इस नुकसान से दूर हो जा। [13]अपने सेवकों अब्राहम, इसहाक
और इस्राएल को याद कर, जिनसे तूने अपनी कसम खाई थी, और
उनसे कहा था, 'मैं तुम्हारे वंश को आसमान के तारों जितना बढ़ा दूँगा;
और यह सारी ज़मीन जिसके बारे में मैंने कहा है, मैं तेरे वंश को दूँगा,
और वे हमेशा *इसके वारिस रहेंगे।* ' " [14]इसलिए यहोवा ने अपने लोगों
को जो नुकसान पहुँचाने की बात कही थी, उससे वह पछताया।

निर्गमन 32:11-14
संदेश
[11-13]मूसा ने अपने भगवान को शांत करने की कोशिश की। उसने कहा, "हे भगवान, आप अपने लोगों पर गुस्सा क्यों करते हैं? क्यों, आप उन्हें मिस्र से बाहर निकालकर अपनी ताकत और ताकत का ज़बरदस्त प्रदर्शन करते हैं। मिस्रियों को यह कहने क्यों देते हैं, 'उसने उनसे बदला लिया था—वह उन्हें इसलिए बाहर लाया ताकि वह उन्हें पहाड़ों में मार सके, उन्हें धरती से मिटा सके।' अपना गुस्सा बंद करो। अपने लोगों के

खिलाफ बुराई करने से पहले दो बार सोचो! अब्राहम, इसहाक और इज़राइल के बारे में सोचो, तुम्हारे सेवक जिनसे तुमने वादा किया था, 'मैं तुम्हें बहुत सारे बच्चे दूँगा, जितने आसमान के तारे हैं, और मैं यह ज़मीन तुम्हारे बच्चों को हमेशा के लिए उनकी ज़मीन के तौर पर दूँगा।'"
14 और परमेश्वर ने दो बार सोचा। उसने अपने लोगों के खिलाफ़ जो बुराई करने की धमकी दी थी, उसे न करने का फ़ैसला किया।

निर्गमन 32:30-33
न्यू किंग जेम्स संस्करण
30 अगले दिन मूसा ने लोगों से कहा, "तुमने बहुत बड़ा पाप किया है।
इसलिए अब मैं यहोवा के पास जाऊँगा; शायद मैं तुम्हारे पाप का
प्रायश्चित कर सकूँ।" 31 तब मूसा यहोवा के पास लौटा और कहा,
"ओह, इन लोगों ने बहुत बड़ा पाप किया है, और अपने लिए सोने का
देवता बना लिया है! 32 फिर भी, अगर तुम उनके पाप को माफ़ करोगे—
लेकिन अगर नहीं, तो मैं प्रार्थना करता हूँ, मुझे अपनी लिखी हुई किताब
से मिटा दो।"
33 और यहोवा ने मूसा से कहा, "जिसने मेरे खिलाफ़ पाप किया है, मैं
उसे अपनी किताब से मिटा दूँगा।

निर्गमन 32:30-34
संदेश
30 अगले दिन मूसा ने लोगों से कहा: "तुमने बहुत बड़ा पाप किया है!
लेकिन मैं परमेश्वर के पास जा रहा हूँ; शायद मैं तुम्हें तुम्हारे पाप से
मुक्त कर सकूँ।"
31-32 मूसा परमेश्वर के पास वापस गया और कहा, "यह बहुत बुरा है।
इन लोगों ने पाप किया है—यह बहुत बड़ा पाप है! उन्होंने अपने लिए

सोने के देवता बनाए हैं। और अब, अगर आप उनके पाप को माफ़ कर
दें ... . . लेकिन अगर नहीं, तो मुझे अपनी लिखी किताब से मिटा दो।”
33-34 परमेश्वर ने मूसा से कहा, “मैं अपनी किताब से सिर्फ़ उन लोगों को
मिटाऊँगा जो मेरे खिलाफ़ पाप करते हैं। अभी, तुम जाओ और लोगों
को वहाँ ले जाओ जहाँ मैंने तुम्हें बताया था। देखो, मेरा फ़रिश्ता तुम्हारे
आगे-आगे जा रहा है। लेकिन, जिस दिन मैं हिसाब चुकाऊँगा, उनके
पाप ज़रूर हिसाब का हिस्सा होंगे।”

सुबह 6 बजे हे प्रभु, मुझे अपने वादे, अपने नाम और अपने छुड़ाने के इरादे के आधार पर बीच-बचाव करना सिखाओ ।

सुबह 9 बजे मैं अपने घर, अपने शहर और चर्च के लिए खड़ा हूँ, और जहाँ इंसाफ़ मिलना चाहिए वहाँ दया की भीख माँग रहा हूँ।

12pm क्रोध को दया से कम करें और पश्चाताप से हमारे देश में सुधार का रास्ता खुले।

3pm हे पिता, अपने वादों को याद रखें और उन जगहों पर विनाश को खत्म करने के लिए वाचा को अपनाएं जो दिव्य रिकवरी के लिए तय हैं।

शाम 6 बजे मैं आपके सामने मौजूद लोगों से अपनी पहचान बनाता हूँ; मैं मतलबी आध्यात्मिकता को नकारता हूँ और एक कॉर्पोरेट बोझ लेता हूँ।

9pm हर आरोप जो कहता है कि लोग इतने चले गए हैं कि वे ठीक नहीं हो पाएंगे, भगवान की दया से चुप हो जाएं।

12am हे प्रभु, राष्ट्रों के बीच अपनी गवाही को सुरक्षित रखें और अपने महान कार्यों से अपनी वफ़ादारी को फिर से प्रकट करें।

सुबह 3 बजे ऐसे लोगों को इकट्ठा करें जो विनती कर सकें, डटे रहें और तब तक जीत सकें जब तक पूरे समुदाय को बख्श न दिया जाए।

दिन 10 - उपस्थिति, अनुग्रह और विशिष्टता

पवित्र शास्त्र: निर्गमन 33:13-16; इब्रानियों 4:14-16

निर्गमन 33:13-16
न्यू किंग जेम्स संस्करण
[13] इसलिए अब मैं प्रार्थना करता हूँ, अगर मुझे आपकी नज़र में कृपा
मिली है, तो मुझे अपना रास्ता दिखाइए, ताकि मैं आपको जान सकूँ
और आपकी नज़र में कृपा पा सकूँ। और ध्यान रखें कि यह देश आपके
लोग *हैं।"*
14 तब उसने कहा, "मैं *तुम्हारे साथ* चलूँगा , और तुम्हें विश्राम दूँगा।"
15 तब उसने उससे कहा, "अगर आप *हमारे साथ* नहीं चलेंगे , तो हमें यहाँ से मत ले
जाइए। [16] क्योंकि अगर आप हमारे साथ नहीं चलेंगे, तो यह कैसे पता
चलेगा कि आपके लोगों और मुझ पर आपकी कृपा है? इस तरह हम,
आपके लोग और मैं, धरती पर रहने *वाले* सभी लोगों से अलग रहेंगे ।"

निर्गमन 33:13-16
संदेश
[12-13] मूसा ने परमेश्वर से कहा, "देखो, तुम मुझसे कहते हो, 'इन लोगों
को लीड करो,' लेकिन तुम मुझे यह नहीं बताते कि तुम मेरे साथ किसे
भेजोगे। तुम मुझसे कहते हो, 'मैं तुम्हें अच्छी तरह जानता हूँ और तुम मेरे
लिए खास हो।' अगर मैं तुम्हारे लिए इतना खास हूँ, तो मुझे अपनी
योजनाओं के बारे में बताओ। इस तरह, मैं तुम्हारे लिए खास बना
रहूँगा। मत भूलो, ये *तुम्हारे* लोग हैं, तुम्हारी ज़िम्मेदारी है।"

[14] परमेश्वर ने कहा, "मैं तुम्हारे साथ चलूँगा। मैं अंत तक तुम्हारी यात्रा देखूँगा।"
[15-16] मूसा ने कहा, "अगर आपकी मौजूदगी यहाँ लीड नहीं करती है, तो अभी यह ट्रिप रोक दो। वरना यह कैसे पता चलेगा कि आप इसमें मेरे साथ हैं, मेरे और आपके लोगों के साथ? क्या आप हमारे साथ ट्रैवल कर रहे हैं या नहीं? वरना हमें कैसे पता चलेगा कि हम खास हैं, मैं और आपके लोग, इस धरती पर बाकी सभी लोगों के बीच?"

इब्रानियों 4:14-16
न्यू किंग जेम्स संस्करण
हमारे दयालु महायाजक
[14] तो जब हमारा एक महान हाई प्रीस्ट है जो स्वर्ग से गुज़रा है, यानी परमेश्वर का बेटा यीशु, तो आओ हम *अपने* कबूलनामे को मज़बूती से थामे रहें। [15] क्योंकि हमारा ऐसा हाई प्रीस्ट नहीं है जो हमारी
कमज़ोरियों में हमदर्दी न रख सके, बल्कि वह भी हर *तरह से हमारी* तरह आज़माया गया था। *फिर भी* पाप रहित। [16] इसलिए आओ हम
कृपा के सिंहासन के पास साहस के साथ चलें, ताकि हमें दया मिले और ज़रूरत के समय मदद के लिए कृपा मिले।

इब्रानियों 4:14-16
संदेश
महायाजक जो दर्द से चिल्लाया
[14-16] अब जब हम जानते हैं कि हमारे पास क्या है—यीशु, यह महान हाई प्रीस्ट जो परमेश्वर तक आसानी से पहुँच सकता है—तो इसे हाथ से जाने न दें। हमारे पास ऐसा कोई प्रीस्ट नहीं है जो हमारी असलियत से अनजान हो। वह कमज़ोरी और टेस्ट से गुज़रा है, उसने सब कुछ अनुभव किया है—पाप को छोड़कर सब कुछ। तो चलिए सीधे उसके

पास जाएँ और वह लें जो वह देने के लिए तैयार है। दया लें, मदद स्वीकार करें।

सुबह 6 बजे हे पिता, अगर आपकी मौजूदगी हमारे साथ नहीं है, तो हमें आगे न बढ़ने दें; हमें अपनी नज़दीकी से पहचानें, इंसानी ताकत से नहीं।

सुबह 9 बजे मुझे दया और कृपा मिली, ताकि मैं अपने लिए, चर्च के लिए और देशों के लिए इस ज़रूरत के समय में मदद कर सकूँ।

12pm ईश्वरीय उपस्थिति आपके लोगों को हर नकली सिस्टम और कमज़ोर धर्म से अलग करे।

3pm मिनिस्ट्री और पर्सनल लाइफ में भगवान की मौजूदगी की हर जगह को सामने लाया जाए और हटाया जाए।

शाम 6 बजे हे प्रभु, हमें अपने मार्ग दिखाओ, ताकि हम तुम्हें जान सकें और तुम्हारी कृपा में चल सकें।

रात 9 बजे मैं यह आदेश देता हूँ कि ईश्वर के साथ मेल-जोल बचे हुए लोगों की ताकत, खूबसूरती और बचाव बनेगा।

12am घरों, चर्चों और इलाकों का माहौल बदल जाए क्योंकि आपकी मौजूदगी वहां बस गई है।

सुबह 3 बजे हे पिता, हमें पवित्र उपस्थिति का वाहक बनाओ जो अंधकार को दूर करे और सही पहचान स्थापित करे।

दिन 11 - चर्च माउंटेन: पवित्रता और आग

पवित्र शास्त्र: 2 इतिहास 7:13-16; इफिसियों 6:10-18

2 इतिहास 7:13-16
न्यू किंग जेम्स संस्करण
13 जब मैं आसमान बंद कर दूँ और बारिश न हो, या टिड्डियों को ज़मीन
खाने का हुक्म दूँ, या अपने लोगों में महामारी भेजूँ, 14 अगर मेरे लोग जो
मेरे नाम से जाने जाते हैं, खुद को नम्र करें, और प्रार्थना करें और मेरा
चेहरा ढूँढ़ें, और अपने बुरे कामों से फिरें, तो मैं आसमान से सुनूँगा, और
उनके पाप माफ़ करूँगा और उनकी ज़मीन को ठीक करूँगा। 15 अब मेरी
आँखें खुली रहेंगी और मेरे कान इस जगह *की गई प्रार्थना पर ध्यान*
देंगे। 16 **क्योंकि अब मैंने** इस घर को चुना है और [a] पवित्र किया है, ताकि मेरा नाम हमेशा के
लिए वहाँ रहे; और [b] मेरी आँखें और [c] मेरा दिल हमेशा वहाँ रहेगा।

इफिसियों 6:10-18
न्यू किंग जेम्स संस्करण
परमेश्वर का सम्पूर्ण कवच
10 आखिर में, मेरे भाइयो, प्रभु में और उसकी शक्ति में मज़बूत बनो। 11
परमेश्वर के सारे हथियार पहन लो, ताकि तुम शैतान की चालों का
सामना कर सको। 12 क्योंकि **हम मांस और** खून से नहीं, बल्कि राज करने वालों से, ताकतों से, इस
ज़माने के अंधेरे के शासकों से , *और* आसमान में दुष्टता की रूहानी *सेनाओं से*
लड़ते हैं। 13 इसलिए परमेश्वर के सारे हथियार बाँध लो, ताकि तुम बुरे
दिन में डटे रह सको, और सब कुछ करके खड़े रह सको।

[14] इसलिए सच्चाई से अपनी कमर कसकर, नेकी का कवच पहनकर, [15]
और शांति की खुशखबरी की तैयारी के जूते पहनकर खड़े रहो; [16] और
सबसे बढ़कर, विश्वास की ढाल लो जिससे तुम उस दुष्ट के सभी आग
के तीरों को बुझा सको। [17] और मुक्ति का टोप और आत्मा की तलवार
लो, जो परमेश्वर का वचन है; [18] और हमेशा आत्मा में हर तरह की प्रार्थना
और विनती करते रहो, और इसी मकसद से सभी पवित्र लोगों के लिए
पूरी लगन और विनती के साथ जागते रहो—

2 इतिहास 7:13-18
संदेश
[12-18] उसी रात भगवान सोलोमन के सामने आए और कहा, "मैं तुम्हारी प्रार्थना स्वीकार करता हूँ; हाँ, मैंने इस जगह को बलि के लिए एक मंदिर, एक पूजा घर के तौर पर चुना है। अगर मैं कभी आसमान से बारिश की सप्लाई बंद कर दूँ या टिड्डियों को फसल खाने का आदेश दूँ या अपने लोगों पर कोई मुसीबत भेजूँ, और मेरे लोग, मेरे भगवान के ठहराए हुए लोग, खुद को नम्र करके, प्रार्थना करके, मेरी मौजूदगी की तलाश करके, और अपनी बुरी ज़िंदगी से मुँह मोड़कर जवाब दें, तो मैं तुम्हारे लिए वहाँ तैयार रहूँगा: मैं स्वर्ग से सुनूँगा, उनके पाप माफ़ करूँगा, और उनकी ज़मीन को ठीक कर दूँगा। अब से मैं इस जगह पर की जाने वाली प्रार्थनाओं के लिए दिन-रात चौकन्ना रहूँगा। मेरा विश्वास करो, मैंने इस मंदिर को चुना है और पवित्र किया है जिसे तुमने बनाया है: मेरा नाम इस पर हमेशा के लिए लिखा है; मेरी आँखें इस पर हैं और मेरा दिल हमेशा इसमें है। जहाँ तक तुम्हारी बात है, अगर तुम मेरे साथ वैसे ही रहते हो जैसे तुम्हारे पिता डेविड रहते थे, दिल और कामों से शुद्ध, वैसी ज़िंदगी जीते हो जैसी मैंने तुम्हारे लिए तय की है, मेरे निर्देशों और फैसलों को ध्यान से मानते हुए, तो मैं तुम्हारा साथ दूँगा। इस्राएल पर राज करो—इसे एक पक्की नींव पर पक्का बनाओ। वही वादा जो मैंने तुम्हारे पिता दाऊद को दिया था, वही मैं

तुम्हें दे रहा हूँ, यानी, 'तुम भरोसा कर सकते हो कि इस्राएल की राजगद्दी पर हमेशा तुम्हारा कोई वंशज होगा।'

इफिसियों 6:10-18

संदेश

अंत तक की लड़ाई

10-12 और बस इतना ही। भगवान ताकतवर हैं, और वह चाहते हैं कि आप भी ताकतवर हों। इसलिए मालिक ने आपके लिए जो कुछ भी रखा है, सबसे अच्छे मटीरियल से बने अच्छे हथियार, सब ले लो। और उनका इस्तेमाल करो ताकि तुम शैतान की हर बात का सामना कर सको। यह कोई वीकेंड की लड़ाई नहीं है जिसे हम कुछ घंटों में छोड़कर भूल जाएंगे। यह हमेशा के लिए है, शैतान और उसके सभी फरिश्तों के खिलाफ आखिर तक जीने-मरने की लड़ाई।

13-18 तैयार रहें। आप अकेले जितना संभाल सकते हैं, उससे कहीं ज़्यादा मुश्किलों का सामना कर रहे हैं। जितनी मदद मिल सके, भगवान का दिया हर हथियार लें, ताकि जब सब कुछ खत्म हो जाए, सिवाय चिल्लाने के, तो भी आप अपने पैरों पर खड़े रहें। सच, नेकी, शांति, विश्वास और मुक्ति सिर्फ़ शब्दों से कहीं ज़्यादा हैं। इन्हें इस्तेमाल करना सीखें। आपको ज़िंदगी भर इनकी ज़रूरत पड़ेगी। भगवान का वचन एक *ज़रूरी* हथियार है। इसी तरह, इस चल रही लड़ाई में प्रार्थना ज़रूरी है। खूब मेहनत और देर तक प्रार्थना करें। अपने भाई-बहनों के लिए प्रार्थना करें। अपनी आँखें खुली रखें। एक-दूसरे का हौसला बनाए रखें ताकि कोई पीछे न रह जाए या पीछे न हट जाए।

सुबह 6 बजे प्रभु, अपने चर्च को विनम्र करें, हमें प्रार्थना के लिए वापस बुलाएं, और जब हम पश्चाताप करें और वापस लौटें तो देश को ठीक करें।

सुबह 9 बजे मैंने परमेश्वर के सारे कवच पहन लिए और दुनियावी हथियारों से आध्यात्मिक लड़ाई लड़ने से मना कर दिया।

12pm पुरोहिताई में हर गंदगी पवित्र आग और प्रभु के डर से साफ हो जाए।

3pm चर्च पहाड़ के खिलाफ लड़ने वाले नरक के हर दरवाज़े को यीशु मसीह के अधिकार से तोड़ दिया जाएगा।

शाम 6 बजे हे पिता, अपने घर में अनुशासन, सिद्धांत, पवित्रता और शक्ति बहाल करें।

9pm हर सोए हुए पहरेदार को जगाओ और हर खराब वेदी को साफ़ करो।

रात 12 बजे मैं आदेश देता हूँ कि चर्च मुक्ति, शिष्य बनाने, ठीक होने और देश में बदलाव के सेंटर बनेंगे।

सुबह 3 बजे हे ईश्वर, एक प्रार्थना करने वाला, पवित्र और जोशीला चर्च उठ खड़ा हो और अंधेरे के राज्य को परेशान करे।

दिन 12 - चर्च माउंटेन: अपोस्टोलिक अथॉरिटी

पवित्र शास्त्र: प्रेरितों के काम 4:29-30; इफिसियों 6:19-20

प्रेरितों के काम 4:29-30
संदेश
29-30 "और अब वे फिर से वही कर रहे हैं! उनकी धमकियों से सावधान
रहें और अपने सेवकों को अपने संदेश का प्रचार करने में निडर
आत्मविश्वास दें, क्योंकि आप अपने पवित्र सेवक यीशु के नाम पर
चंगाई, चमत्कार और चमत्कार करने के लिए अपना हाथ हमारी ओर
बढ़ाते हैं।"

इफिसियों 6:19-20
संदेश
19-20 और मेरे लिए प्रार्थना करना मत भूलना। प्रार्थना करो कि मुझे पता
हो कि क्या कहना है और सही समय पर कहने की हिम्मत मिले, सबको
रहस्य बता सकूँ, वह संदेश जिसे बाहर निकालने की ज़िम्मेदारी मुझ
जेल में बंद उपदेशक की है।

प्रेरितों के काम 4:29-30
न्यू किंग जेम्स संस्करण
29 अब, हे प्रभु, उनकी धमकियों को देख, और अपने सेवकों को यह
वरदान दे कि वे पूरी हिम्मत के साथ तेरा वचन बोलें, 30 कि चंगा करने
के लिए अपना हाथ बढ़ा, और तेरे पवित्र सेवक यीशु के नाम से चिन्ह
और चमत्कार किए जाएं।"

इफिसियों 6:19-20
न्यू किंग जेम्स संस्करण
[19] और मेरे लिए, ताकि मुझे बोलने का मौका दिया जाए, ताकि मैं
हिम्मत से अपना मुँह खोलकर खुशखबरी का राज़ बता सकूँ, [20] जिसके
लिए मैं ज़ंजीरों में जकड़ा हुआ एक राजदूत हूँ; ताकि मैं उसमें हिम्मत से
बोल सकूँ, जैसा मुझे बोलना चाहिए।

सुबह 6 बजे हे पिता, अपने चर्च को हिम्मत दें ताकि वह सबके सामने, सही-सही और बिना किसी माफ़ी के मसीह का प्रचार कर सके।

सुबह 9 बजे इस समय प्रेरितों, भविष्यद्वक्ताओं, सुसमाचार प्रचारकों, पादरियों, शिक्षकों और मध्यस्थों को बोलने दिया जाए।

12pm मैं शर्मिंदगी, डर और समझौते की भावना को तोड़ता हूँ जो राज्य की गवाही को कमज़ोर करती है।

3pm हे प्रभु, संकेतों, चमत्कारों, विश्वास और बदलाव लाने वाली मुलाकातों के साथ सुसमाचार के प्रचार का समर्थन करें।

शाम 6 बजे प्रेरितों के आंदोलन पर लगी हर रोक प्रभु के हाथ से हटा दी जाएगी।

रात 9 बजे मैं आदेश देता हूँ कि चर्च दबाव में पीछे नहीं हटेगा, बल्कि समझदारी और ताकत के साथ आगे बढ़ेगा।

12am युवा विश्वासियों, बुज़ुर्गों और नेताओं पर पवित्र साहस बरसने दें।

3am हे पिता, एक ऐसा चर्च बनाओ जो प्रार्थना में कानून बनाए और धरती पर आपकी सलाह पर अमल करे।

दिन 13 - फ़ैमिली माउंटेन: दरार को ठीक करना

पवित्र शास्त्र: मलाकी 4:5-6; निर्गमन 20:12

मलाकी 4:5-6
न्यू किंग जेम्स संस्करण
5 देखो, मैं प्रभु के बड़े और भयानक दिन के आने से पहले
तुम्हारे पास एलिय्याह नबी को भेजूंगा ।
6 और वह पिताओं के दिलों को बच्चों की तरफ़ और बच्चों के दिलों को
उनके पिताओं की तरफ़ मोड़ देगा
, कहीं ऐसा न हो कि मैं आकर धरती को श्राप से मार डालूं।"

निर्गमन 20:12
न्यू किंग जेम्स संस्करण
12 "अपने पिता और अपनी माता का आदर करना, ताकि जो देश
तुम्हारा परमेश्वर यहोवा तुम्हें दे रहा है, उसमें तुम लंबे समय तक रह
सको।

मलाकी 4:5-6
संदेश
5-6 "लेकिन आगे भी देखो: मैं एलिय्याह नबी को भगवान के बड़े दिन—
निर्णायक न्याय के दिन—के लिए रास्ता साफ करने के लिए भेज रहा
हूँ! वह माता-पिता को अपने बच्चों की देखभाल करने और बच्चों को
अपने माता-पिता का आदर करने के लिए मनाएगा। अगर वे मना करते
हैं, तो मैं आऊँगा और देश को श्राप के अधीन कर दूँगा।"

निर्गमन 20:12
संदेश
[12] अपने पिता और माता का आदर करो, ताकि तुम उस देश में लंबे समय तक रह सको जो तुम्हारा परमेश्वर तुम्हें दे रहा है।

सुबह 6 बजे पिता, पिताओं का दिल बच्चों की तरफ और बच्चों का दिल पिताओं की तरफ मोड़ो, और परिवारों में विरासत में मिली दरारों को ठीक करो।

सुबह 9 बजे मैं घरों में चल रही कड़वाहट, अकेलापन, गाली-गलौज और पुरानी गलतफहमियों के पैटर्न को तोड़ता हूँ।

12pm यीशु का खून शादियों, भाई-बहनों, माता-पिता और बच्चों पर शांति की बात करे।

3pm हर पीढ़ी की वेदी जो बगावत, देरी, बंजरपन और कन्फ्यूजन को बढ़ावा देती है, अब आग पकड़ लेगी।

शाम 6 बजे हे प्रभु, ईसाई घरों में सम्मान, कोमलता, अनुशासन, सच्चाई और आपसी समर्पण को फिर से स्थापित करें।

रात 9 बजे मैं यह आदेश देता हूँ कि परिवार नेकी की ट्रेनिंग की जगह और किस्मत के इन्क्यूबेटर बनेंगे।

12am भटके हुए लोग वापस आएं, घायल सदस्य ठीक हों, और मनमुटाव पर सुलह हो।

3am हे पिता, अपनी महिमा के लिए परिवार के पहाड़ को सुरक्षित करो और करार वाले घरों के खिलाफ हर साज़िश को खत्म कर दो।

दिन 14 - फ़ैमिली माउंटेन: बच्चे और वाचा के बीज

पवित्र शास्त्र: यशायाह 54:13; भजन 127:3-5; इफिसियों 6:1

यशायाह 54:13
न्यू किंग जेम्स संस्करण
13 तेरे सब बच्चे यहोवा से सिखलाए
जाएंगे, और तेरे बच्चों को बड़ी शांति *मिलेगी*।

भजन 127:3-5
न्यू किंग जेम्स संस्करण
3 देखो, बच्चे प्रभु की विरासत
हैं, गर्भ का फल इनाम
है। 4 जैसे योद्धा के हाथ में तीर होते हैं,
वैसे ही जवानी के बच्चे होते
हैं। 5 खुश *है* वह आदमी जिसका तरकश उनसे भरा हो;
वे शर्मिंदा नहीं होंगे, बल्कि फाटक पर अपने दुश्मनों से बात करेंगे।

इफिसियों 6:1
न्यू किंग जेम्स संस्करण
बच्चे और माता-पिता
6 हे बच्चों, प्रभु में अपने माता-पिता की आज्ञा मानो, क्योंकि यह उचित है।

यशायाह 54:13-17
संदेश

11-17 "दुखी शहर, तूफ़ान से तबाह, बेदर्द:
मैं तुम्हें फ़िरोज़ी पत्थरों से फिर से बनाऊँगा, तुम्हारी नींव नीलम से रखूँगा, तुम्हारी मीनारें माणिकों से बनाऊँगा, तुम्हारे दरवाज़े रत्नों से, और तुम्हारी सभी दीवारें कीमती पत्थरों से बनाऊँगा। तुम्हारे सभी बच्चों के लिए भगवान उनके टीचर होंगे—
तुम्हारे बच्चों के लिए क्या ही गुरु हैं!
तुम मज़बूत बनोगे, नेकी की नींव पर, किसी भी मुसीबत से दूर—डरने की कोई बात नहीं! डर से दूर—यह पास भी नहीं आएगा! अगर कोई तुम पर हमला करे, तो एक पल के लिए भी यह मत सोचना कि मैंने उन्हें भेजा है, और अगर कोई हमला करे, तो कुछ नहीं होगा। मैं लोहार बनाता हूँ जो अपनी भट्ठी जलाता है और मारने के लिए हथियार बनाता है। मैं विनाशक भी बनाता हूँ— लेकिन तुम्हें चोट पहुँचाने वाला कोई हथियार कभी नहीं बनाया गया है। कोई भी आरोप लगाने वाला जो तुम्हें कोर्ट ले जाएगा, उसे झूठा कहकर बरी कर दिया जाएगा। भगवान के सेवक यही उम्मीद कर सकते हैं। मैं यह देखूँगा कि सब कुछ सबसे अच्छा हो।" परमेश्वर का आदेश।

भजन 127:3-5
संदेश
3-5 क्या तुम नहीं देखते कि बच्चे भगवान का सबसे अच्छा तोहफ़ा हैं? कोख का फल उसकी उदार विरासत है? जैसे एक योद्धा की मुट्ठी भर तीर एक जोशीले जवान के बच्चे होते हैं। ओह, तुम माता-पिता कितने खुशकिस्मत हो, जिनके तरकश बच्चों से भरे हैं! तुम्हारे दुश्मनों के पास तुम्हारे सामने टिकने का कोई मौका नहीं है; तुम उन्हें अपने दरवाज़े से ही मिटा दोगे।

इफिसियों 6:1-3

संदेश

6 [1-3] बच्चों, वही करो जो तुम्हारे माता-पिता तुमसे कहते हैं। यही सही है। "अपने पिता और माता का आदर करो" यह पहली आज्ञा है जिसके साथ एक वादा जुड़ा है, यानी, "ताकि तुम अच्छी तरह जियो और लंबी उम्र पाओ।"

सुबह 6 बजे हे प्रभु, अपनी आत्मा से हमारे बच्चों को सिखाओ और उनके जीवन में बड़ी शांति स्थापित करो।

सुबह 9 बजे मैं बच्चों, युवाओं और जवान लोगों को भ्रष्टाचार, हिंसा और लालच से बचाने के लिए भगवान की सुरक्षा देता हूँ।

12pm वाचा के बीजों पर हर शैतानी दावा, यीशु के खून से रद्द हो जाएगा।

3pm बच्चों को ताकतवर के हाथ में तीर की तरह उठना चाहिए, जो राज्य के मकसद के लिए सही निशाने पर हों।

शाम 6 बजे पिता, इस पीढ़ी से नशे की लत, पहचान की उलझन, रहस्यमयी जिज्ञासा और साथियों के बंधन को तोड़ो।

रात 9 बजे मैं आदेश देता हूँ कि हमारे बेटे और बेटियाँ ज्ञान, पवित्रता, साहस और भविष्य बताने वाली स्पष्टता लेकर चलें।

12am स्कूल, घर और चर्च ऐसी जगह बनें जहां युवा जीवन ईश्वर से गहराई से मिल सकें।

3am हे प्रभु, अगली पीढ़ी को विनाश से बचाओ और उन्हें अपने राज्य के लिए चिन्हों और चमत्कारों में बदल दो।

दिन 15 - गवर्नमेंट माउंटेन: नेक राज

पवित्र शास्त्र: यशायाह 9:6-7; 1 तीमुथियुस 2:1-2

यशायाह 9:6-7
न्यू किंग जेम्स संस्करण
6 क्योंकि हमारे लिए एक बच्चा पैदा हुआ है,
हमें एक बेटा दिया गया है; और राज उसके कंधों पर होगा। और उसका
नाम रखा जाएगा: अद्भुत, सलाहकार, ताकतवर परमेश्वर, हमेशा रहने
वाला पिता, शांति का राजकुमार।
7 *उसकी* राजगद्दी और शांति का
कभी अंत नहीं होगा ,
दाऊद की राजगद्दी पर और उसके राज्य पर, ताकि वह उसे न्याय और
इंसाफ़ से चलाए और मज़बूत करे, उस समय से लेकर हमेशा के लिए।
सेनाओं के यहोवा का जोश यह करेगा।

1 तीमुथियुस 2:1-2
न्यू किंग जेम्स संस्करण
सभी मनुष्यों के लिए प्रार्थना करें
2 इसलिये मैं [a] सब से पहले यह आग्रह करता हूँ कि विनती, प्रार्थना,
निवेदन *और* धन्यवाद सभी मनुष्यों के लिये किया जाए। 2 राजाओं और
सभी अधिकारियों के लिये [b] ताकि हम सारी भक्ति और [c] श्रद्धा के साथ शांत
और चैन से जीवन बिता सकें ।

यशायाह 9:6-7
संदेश

[2-7] जो लोग अंधेरे में चलते थे
उन्होंने एक बड़ी रोशनी देखी है। जो लोग गहरी छाया वाली ज़मीन में रहते थे— रोशनी! सूरज की रोशनी के सूरज!
आपने देश को फिर से आबाद किया,
आपने इसकी खुशी को बढ़ाया। ओह, वे आपकी मौजूदगी में कितने खुश हैं! त्योहार की खुशी! एक बड़े जश्न की खुशी, अच्छे तोहफ़े और गर्मजोशी से भरी बधाई देना। ज़ालिमों का बुरा बर्ताव और ज़ालिमों की बेरहमी—उनके सारे कोड़े, डंडे और श्राप—खत्म हो गए हैं, खत्म हो गए हैं, एक ऐसी राहत जो मिद्यान पर गिदोन की पुरानी जीत जितनी हैरान करने वाली और अचानक हुई थी। उन सभी हमलावर फौजियों के जूते, और बेगुनाहों के खून से सनी उनकी कमीज़ें, एक ढेर में जमा करके जला दी जाएँगी, एक ऐसी आग जो कई दिनों तक जलती रहेगी!
क्योंकि हमारे लिए एक बच्चा पैदा हुआ है! हमारे लिए एक बेटे का तोहफ़ा! वह दुनिया को चलाने का काम अपने हाथ में ले लेगा। उसके नाम होंगे: कमाल का सलाहकार, मज़बूत भगवान, हमेशा रहने वाला पिता, पूरी तरह से राजकुमार। उसका राज करने का अधिकार बढ़ेगा, और वह जो पूरी तरह से लाएगा उसकी कोई सीमा नहीं होगी। वह उस वादे किए गए राज्य पर ऐतिहासिक डेविड सिंहासन से राज करेगा। वह उस राज्य को मज़बूती देगा और उसे सही व्यवहार और सही ज़िंदगी के साथ, अभी से शुरू होकर हमेशा तक बनाए रखेगा। देवदूतों की सेनाओं के भगवान का जोश यह सब करेगा।

1 तीमुथियुस 2:1-3
संदेश

सरल विश्वास और स्पष्ट सत्य

2 [1-3] सबसे पहले मैं चाहता हूँ कि आप प्रार्थना करें। हर तरह से प्रार्थना करें, जिस तरह से आप जानते हैं, हर उस व्यक्ति के लिए जिसे आप जानते हैं। खासकर शासकों और उनकी सरकारों के लिए प्रार्थना करें

कि वे अच्छा शासन करें ताकि हम शांति से सादगी से, विनम्र सोच-विचार के साथ अपना जीवन जी सकें। हमारे उद्धारकर्ता परमेश्वर चाहते हैं कि हम इसी तरह जिएं।

सुबह 6 बजे हे पिता, मसीह के राज में हमारे देशों में नेक सरकार बढ़े और शांति कायम हो।

सुबह 9 बजे हम राजाओं, राष्ट्रपतियों, गवर्नरों, विधायकों, जजों और नागरिक नेताओं को बुद्धि और संयम के लिए आपके सामने लाते हैं।

12pm भ्रष्टाचार, खून-खराबे, ज़ुल्म और गलत इरादे के हर एजेंडे को सामने लाया जाए और पलट दिया जाए।

3pm ईमानदार सलाहकार और भगवान से डरने वाले पुरुष और महिलाएं असरदार जगहों पर उठें।

शाम 6 बजे मैं आदेश देता हूँ कि बुरा कानून नहीं चलेगा, और सही न्याय कायम रहेगा।

रात 9 बजे हे पिता, पब्लिक लीडरशिप के पीछे जादू-टोना, रिश्वत और हेरफेर के छिपे हुए राज को खत्म करो।

रात 12 बजे सरकारी सिस्टम को भगवान के डर से रोका जाए और न्याय की ओर मोड़ा जाए।

3am हे प्रभु, हमारी ज़मीन को हिंसक शासकों और ऐसे नेताओं से बचाओ जो जीवन, सच्चाई और आज़ादी की रक्षा करेंगे।

दिन 16 - गवर्नमेंट माउंटेन: न्याय और मुक्ति

पवित्र शास्त्र: भजन 72:14 भजन 82:1-8

भजन 72:14
न्यू किंग जेम्स संस्करण
[14] वह उनके जीवन को ज़ुल्म और हिंसा से छुड़ाएगा;
और उनका खून उसकी नज़र में कीमती होगा।

भजन 82
न्यू किंग जेम्स संस्करण
न्याय के लिए एक गुहार
आसाफ़ का एक भजन।
82 **परमेश्वर** [a] ताकतवरों
की सभा में खड़ा है ; वह [b] देवताओं के बीच न्याय करता है।
[2] तुम कब तक अन्याय से न्याय करते रहोगे,
और दुष्टों का पक्ष लेते रहोगे? *सेला*
[3] [c] गरीबों और अनाथों की रक्षा करो;
दुखी और ज़रूरतमंदों के साथ न्याय करो।
[4] गरीबों और ज़रूरतमंदों को छुड़ाओ;
उन्हें दुष्टों के हाथ से आज़ाद करो ।
[5] वे न तो कुछ जानते हैं, न कुछ समझते हैं;
वे अन्धकार में चलते हैं; पृथ्वी की सारी नींव डगमगाती है ⊥

6 मैंने कहा, " *तुम*[ई] देवता,
और तुम सब परमप्रधान की सन्तान
हो । 7 परन्तु तुम मनुष्यों की नाईं मरोगे,
और राजकुमारों में से किसी एक के समान गिरोगे।"
8 हे परमेश्वर, उठ, पृथ्वी का न्याय कर;
क्योंकि तू ही सब जातियों का अधिकारी होगा।

भजन 72:14

संदेश

9-14 दुश्मन भगवान के सामने घुटनों के बल गिरेंगे,
उसके दुश्मन धूल चाटेंगे। दूर-दराज के और मशहूर राजा उसे
श्रद्धांजलि देंगे, अमीर और शानदार राजा अपनी दौलत सौंप देंगे। सभी
राजा झुककर पूजा करेंगे, और नास्तिक देश उसकी सेवा करने के लिए
तैयार हो जाएंगे, क्योंकि वह ज़रूरत के पहले संकेत पर गरीबों को
बचाता है, उन बेसहारा लोगों को जिनकी किस्मत खराब हो गई है। वह
अपने दिल में निराश्रित लोगों के लिए जगह बनाता है, वह धरती के
दुखी लोगों को ठीक करता है। वह उन्हें ज़ुल्म और तकलीफ़ से आज़ाद
करता है— जब वे खून बहाते हैं, तो वह खून बहाता है; जब वे मरते हैं,
तो वह मर जाता है।

भजन 82

संदेश

82 परमेश्वर जजों को अपनी अदालत में बुलाता है,
वह सभी जजों को कटघरे में खड़ा करता है।
2-4 "बस! आपने बहुत समय से न्याय को खराब कर दिया है,
आपने बुरे लोगों को हत्या करके भी बचने दिया है। आप यहाँ बेसहारा
लोगों की रक्षा करने के लिए हैं, यह पक्का करने के लिए कि कमज़ोर

लोगों को भी बराबर का मौका मिले; आपका काम है कमज़ोर लोगों के लिए खड़े होना, और उन सभी पर मुकदमा चलाना जो उनका शोषण करते हैं।"

5 अनजान जज! सिर छिपाने वाले जज!
उन्हें कोई अंदाज़ा नहीं है कि क्या हो रहा है। और अब सब कुछ बिखर रहा है, दुनिया बिखर रही है।

6-7 "मैंने तुममें से हर एक को जज बनाया था, जो
सबसे ऊँचे भगवान के प्रतिनिधि थे, लेकिन तुमने अपने काम से धोखा किया और अब तुम्हें तुम्हारे पद से हटा दिया गया है, तुम्हें पकड़ लिया गया है।"

8 हे परमेश्वर, उन्हें वह दे जो उन्हें मिलना चाहिए!
पूरी दुनिया आपके हाथ में है!

सुबह 6 बजे हे प्रभु, दुष्टों को उनके खोदे हुए गड्ढे में गिरने दो और शिकारी सिस्टम को उनके अपने ही इरादों के तहत गिरने दो।

सुबह 9 बजे गरीबों, कमज़ोर और बेज़ुबानों की आत्माओं को धोखे और हिंसा से आज़ाद करें।

12pm बेगुनाहों का खून चूसने वाली हर नाइंसाफ़ी की मशीनरी का नेक भगवान इंसाफ़ करे।

3pm तस्करों, हिंसक साजिश करने वालों और संस्थागत अत्याचारियों को अपने नेटवर्क, फंडिंग और कवर खोने दें।

शाम 6 बजे मैं यह आदेश देता हूं कि हमारे देश में बेगुनाहों का खून अब सस्ता नहीं होगा।

रात 9 बजे हे पिता, ऐसे नेक जज, इन्वेस्टिगेटर, वकील और सुधारक तैयार करो जो दबाव में न झुकें।

रात 12 बजे छिपे हुए सबूत सामने आने दें और सच को हर बनावटी झूठ को तोड़कर सामने आने दें।

3am हे न्याय के परमेश्वर, दुखियों के लिए उठो और देशों की अदालतों और काउंसिल में अपनी शक्ति दिखाओ।

दिन 17 - एजुकेशन माउंटेन: सत्य और विवेक

शास्त्र: दानिय्येल 1:9-21: याकूब 1:5

दानिय्येल 1:9-21

न्यू किंग जेम्स संस्करण

9 अब परमेश्वर ने दानिय्येल को खोजों के सरदार का अनुग्रह और अच्छाई दिला दी
थी ⊥10 और खोजों के सरदार ने दानिय्येल से कहा, "मैं अपने प्रभु राजा से डरता हूँ, जिन्होंने तुम्हारे खाने-पीने का
इंतज़ाम किया है। क्योंकि वह तुम्हारे चेहरे को *तुम्हारी उम्र* के जवानों से भी बदतर क्यों
देखें ? नहीं तो तुम राजा के सामने मेरे सिर को खतरे में डालोगे।"
11 तब दानिय्येल ने उस मैनेजर से कहा जिसे खोजों के सरदार ने दानिय्येल,
हनन्याह, मीशाएल और अजर्याह पर रखा था ' 12 " प्लीज़ अपने सेवकों
को दस दिन तक परखें, और उन्हें हमें खाने के लिए सब्ज़ियाँ और पीने
के लिए पानी देने दें। 13 फिर हमारे और राजा के खाने का हिस्सा खाने
वाले जवानों के रूप-रंग की तुम्हारे सामने जाँच की जाए; और जैसा
तुम्हें ठीक लगे, अपने सेवकों के साथ *वैसा ही करना।*" 14 इसलिए उसने
इस मामले में उनकी बात मान ली, और दस दिन तक उन्हें परखा।
15 और दस दिन के आखिर में उनके चेहरे की बनावट उन सभी जवानों से
बेहतर और मांसल हो गई, जिन्होंने राजा के खाने का हिस्सा खाया था।
16 इसलिए मैनेजर ने उनके खाने का हिस्सा और पीने के लिए शराब ले ली, और
उन्हें सब्ज़ियाँ दीं।
17 इन चार जवानों को परमेश्वर ने हर तरह की किताबों और ज्ञान में
ज्ञान और हुनर दिया; और दानिय्येल को हर तरह के दर्शन और सपनों
की समझ थी।

18 अब उन दिनों के आखिर में, जब राजा ने कहा कि उन्हें अंदर लाया जाए, तो खोजों के सरदार ने
उन्हें नबूकदनेस्सर के सामने पेश किया। [19] तब राजा ने उनसे पूछा , और उन सब में
दानिय्येल, हनन्याह, मीशाएल और अजर्याह जैसा कोई नहीं मिला ; इसलिए वे
राजा के सामने सेवा करने लगे। [20] और राजा ने जिन भी समझदारी
और ज्ञान के मामलों में उनसे पूछा, उनमें उसने उन्हें अपने राज्य के सभी
जादूगरों और ज्योतिषियों से दस गुना बेहतर पाया। *21* इस *तरह*
दानिय्येल राजा कुस्रू के पहले साल तक राज करता रहा।

याकूब 1:5

न्यू किंग जेम्स संस्करण

[5] अगर तुम में से किसी को बुद्धि की कमी हो, तो वह परमेश्वर से मांगे,
जो सबको उदारता से और बिना बुराई किए देता है, और उसे दी
जाएगी।

दानिय्येल 1:9-21

संदेश

[8-10] लेकिन डैनियल ने तय किया कि वह राजा का खाना खाकर या
उसकी शराब पीकर खुद को गंदा नहीं करेगा, इसलिए उसने महल के
स्टाफ़ के हेड से कहा कि उसे शाही खाने से छूट दे दी जाए। भगवान
की कृपा से, महल के स्टाफ़ के हेड को डैनियल पसंद आया, लेकिन
उसने उसे चेतावनी दी, "मुझे डर है कि मेरे मालिक राजा क्या करेंगे।
उन्होंने ही यह खाना तय किया है और अगर उन्हें लगा कि तुम बाकियों
जितने हेल्दी नहीं हो, तो वह मेरा सिर काट देंगे।"
[11-13] लेकिन दानिय्येल ने एक मैनेजर से कहा, जिसे महल के स्टाफ़ के
हेड ने दानिय्येल, हनन्याह, मीशाएल और अज़र्याह की देखभाल करने
के लिए रखा था: "हमें दस दिन तक साग-सब्ज़ियों और पानी पर
परखकर देखो। फिर हमारी तुलना उन जवानों से करो जो शाही खाने

की चीज़ों से खाते हैं। जो तुम देखोगे, उसके आधार पर अपना फ़ैसला करो।"
14-16 प्रबंधक ऐसा करने के लिए तैयार हो गया और उसने उन्हें दस दिनों तक सब्ज़ियाँ और पानी दिया। दस
दिनों के आखिर में वे बाकी सभी लोगों से बेहतर और ज़्यादा मज़बूत दिखने लगे जो शाही मेन्यू से खा रहे थे। इसलिए प्रबंधक ने उन्हें शाही मेन्यू के खाने-पीने से छूट देना जारी रखा और उन्हें सिर्फ़ सब्ज़ियाँ परोसीं।
17-19 परमेश्वर ने इन चार नौजवानों को किताबों और ज़िंदगी, दोनों में ज्ञान और हुनर दिया। इसके अलावा, दानिय्येल को हर तरह के नज़ारे और सपने समझने का हुनर था। राजा ने उनकी ट्रेनिंग के लिए जो समय तय किया था, उसके खत्म होने पर, शाही स्टाफ़ का मुखिया उन्हें नबूकदनेस्सर के पास ले गया। जब राजा ने उनसे पूछा, तो उसने पाया कि वे बाकी सभी नौजवानों से कहीं बेहतर थे। कोई भी दानिय्येल, हनन्याह, मीशाएल और अजर्याह का मुकाबला नहीं कर सकता था।
19-20 और इस तरह वे राजा की सेवा में अपनी जगह बनाने लगे। जब भी राजा उनसे किसी भी चीज़ के बारे में, किताबों या ज़िंदगी के बारे में सलाह लेता, तो वह उन्हें अपने राज्य के सभी जादूगरों और जादूगरों से दस गुना बेहतर पाता।
21 दानिय्येल राजा कुस्रू के राज के पहले साल तक राजा की सेवा में रहा।

याकूब 1:5-8
संदेश
5-8 अगर आपको नहीं पता कि आप क्या कर रहे हैं, तो पिता से प्रार्थना करें। उन्हें मदद करना पसंद है। आपको उनकी मदद मिलेगी, और जब आप मदद मांगेंगे तो वे आपको नीचा नहीं दिखाएंगे। बिना सोचे-समझे, हिम्मत से, विश्वास के साथ मांगें। जो लोग "अपनी प्रार्थनाओं की चिंता करते हैं" वे हवा से उड़ती लहरों की तरह होते हैं। यह मत सोचिए

कि इस तरह आपको मालिक से कुछ मिलेगा, समुद्र में बहते हुए, अपने सारे ऑप्शन खुले रखते हुए।

सुबह 6 बजे हे पिता, प्रभु का भय स्कूलों, यूनिवर्सिटी और ट्रेनिंग सेंटर में सीखने की नींव बन जाए।

सुबह 9 बजे मैं ऐसे सिस्टम को मना करता हूँ जो सच्चाई, पहचान, नैतिकता और भगवान के ज्ञान के खिलाफ हैं।

12pm डेनियल्स और एस्थर को एकेडमिक स्पेस में समझदारी, बेहतरीन काम और पक्के यकीन के साथ आगे बढ़ाएं।

3pm हर करिकुलम अंधेरे और कन्फ्यूजन को नॉर्मल बनाने के लिए बनाया गया है, जिसका सामना सच्चाई और सही विरोध से हो।

शाम 6 बजे हे प्रभु, ऐसे टीचरों, लेक्चरर, रिसर्चर और एडमिनिस्ट्रेटर को चुनिए जो ईमानदारी से असर डालेंगे।

रात 9 बजे मैं स्टूडेंट्स के बीच अच्छी पढ़ाई, डिसिप्लिन्ड सोच और स्पिरिचुअल समझ को फिर से शुरू करने का आदेश देता हूँ।

12am कैंपस को मसीह के तहत जागृति, पश्चाताप और बौद्धिक नवीनीकरण का केंद्र बनने दें।

3am पिता, शिक्षा के पहाड़ पर कब्ज़ा करो और इसे धोखे से सच्चाई में बदल दो।

दिन 18 - एजुकेशन माउंटेन: कॉवेनेंट इंटेलिजेंस

शास्त्र: यशायाह 54:13; व्यवस्थाविवरण 6:7;

यशायाह 54:13
न्यू किंग जेम्स संस्करण
13 तेरे सब बच्चे यहोवा से सिखलाए
जाएंगे, और तेरे बच्चों को बड़ी शांति *मिलेगी।*

व्यवस्थाविवरण 6:7
न्यू किंग जेम्स संस्करण
7 तुम इन्हें अपने बच्चों को ध्यान से सिखाना, और घर में बैठते, रास्ते पर चलते, लेटते, उठते, इनकी चर्चा करना।

यशायाह 54:13-17
संदेश
11-17 "दुखी शहर, तूफ़ान से तबाह, बेदर्द:
मैं तुम्हें फ़िरोज़ी पत्थरों से फिर से बनाऊँगा, तुम्हारी नींव नीलम से रखूँगा, तुम्हारी मीनारें माणिकों से बनाऊँगा, तुम्हारे दरवाज़े रत्नों से, और तुम्हारी सभी दीवारें कीमती पत्थरों से बनाऊँगा। तुम्हारे सभी बच्चों के लिए भगवान उनके टीचर होंगे— तुम्हारे बच्चों के लिए क्या ही गुरु हैं! तुम मज़बूत बनोगे, नेकी की नींव पर, किसी भी परेशानी से दूर— डरने की कोई बात नहीं! डर से दूर—यह पास भी नहीं आएगा! अगर कोई तुम पर हमला करे, तो एक पल के लिए भी यह मत सोचना कि मैंने उन्हें भेजा है, और अगर कोई हमला करे, तो कुछ नहीं होगा।

मैं लोहार बनाता हूँ
जो अपनी भट्टी जलाता है और मारने के लिए हथियार बनाता है। मैं विनाशक भी बनाता हूँ— लेकिन तुम्हें चोट पहुँचाने वाला कोई हथियार कभी नहीं बनाया गया है। कोई भी आरोप लगाने वाला जो तुम्हें कोर्ट ले जाएगा, उसे झूठा कहकर बरी कर दिया जाएगा। भगवान के सेवक यही उम्मीद कर सकते हैं। मैं यह देखूँगा कि सब कुछ सबसे अच्छा हो।" परमेश्वर का आदेश।

व्यवस्थाविवरण 6:7-9
संदेश
6-9 ये आज्ञाएँ जो मैंने आज तुम्हें दी हैं, उन्हें अपने दिलों पर लिख लो। इन्हें अपने अंदर रखो और फिर अपने बच्चों के अंदर डालो। तुम जहाँ भी हो, घर पर बैठे हो या सड़क पर चल रहे हो, इनके बारे में बात करो; सुबह उठने से लेकर रात को सोने तक इनके बारे में बात करो। इन्हें याद दिलाने के लिए अपने हाथों और माथे पर बाँध लो; इन्हें अपने घरों के दरवाज़ों और अपने शहर के दरवाज़ों पर लिख लो।

सुबह 6 बजे हे प्रभु, अपनी रोशनी स्टूडेंट्स और सोचने वालों पर तब तक चमकने दो जब तक कि बेहतरीन होना भगवान की समझ का सबूत न बन जाए।

सुबह 9 बजे मैं एकेडेमिया, पॉलिसी और रिसर्च में काम करने वाले हर विश्वासी के लिए बिना किसी बुराई के ज्ञान की प्रार्थना करता हूँ।

12pm मन पर से हर पर्दा हट जाए; सच का विरोध करने वाली हर बौद्धिक कैद टूट जाए।

3pm समाज में बदलाव और राज्य की गवाही के लिए संतों तक इनोवेशन, खोज और समझ को बहने दें।

शाम 6 बजे हे पिता, हमारे बच्चों और नेताओं को विनम्रता और पवित्रता के साथ बेहतर समझ दें।

रात 9 बजे मैं यह आदेश देता हूँ कि कन्फ्यूजन, औसत दर्जे का होना और पढ़ाई में रुकावट इस पीढ़ी की पहचान नहीं होगी।

12am लाइब्रेरी, लैब और लेक्चर हॉल को ईश्वरीय मुलाकात और सही असर की जगह बनने दें।

3am हे परमेश्वर, ऐसी वाचा की जानकारी दो जो ज़रूरी समस्याओं का जवाब देगी और देशों में मसीह की महिमा करेगी।

दिन 19 - मीडिया माउंटेन: एयरवेव्स को शुद्ध करना

धर्मग्रंथ: फिलिप्पियों 4:8; मत्ती 12:36-37

फिलिप्पियों 4:8
न्यू किंग जेम्स संस्करण
इन बातों पर ध्यान करें
8 आखिर में, भाइयो, जो भी बातें सच्ची हैं, जो भी बातें नेक *हैं, जो भी*
*बातें*सही *हैं, जो भी बातें पवित्र हैं*, जो भी बातें प्यारी *हैं, जो भी बातें*
अच्छी प्रतिष्ठा वाली *हैं, अगर कोई सद्गुण है* और अगर कोई तारीफ़ के
लायक बात *है*—इन बातों पर ध्यान दो।

मत्ती 12:36-37
न्यू किंग जेम्स संस्करण
36 लेकिन मैं तुमसे कहता हूँ कि लोग जो भी बेकार की बातें कहेंगे, उन्हें
न्याय के दिन उसका हिसाब देना होगा। 37 क्योंकि तुम्हारी बातों से तुम्हें
सही ठहराया जाएगा, और तुम्हारी बातों से तुम्हें सज़ा भी मिलेगी।"

फिलिप्पियों 4:8-9
संदेश
8-9 कुल मिलाकर, दोस्तों, मैं कहूंगा कि आप अपने मन को सच्ची,
अच्छी, इज्ज़तदार, असली, दिलचस्प, अच्छी चीज़ों से भरकर और उन
पर ध्यान लगाकर सबसे अच्छा करेंगे—सबसे अच्छी, सबसे बुरी नहीं;
सुंदर, बदसूरत नहीं; तारीफ़ करने लायक चीज़ें, गाली देने लायक नहीं।
जो आपने मुझसे सीखा, जो आपने सुना, देखा और महसूस किया, उसे

अमल में लाएं। ऐसा करें, और भगवान, जो सब कुछ एक साथ काम करते हैं, आपको अपने सबसे अच्छे तालमेल में काम करेंगे।

मत्ती 12:36-37
संदेश
34-37 "तुम्हारा दिमाग साँप के बिल जैसा है! जब तुम इतने गंदे दिमाग के
हो तो तुम जो कहते हो उसका कोई मतलब कैसे है? तुम्हारी बातों को
मतलब तुम्हारा दिल देता है, डिक्शनरी नहीं। एक अच्छा इंसान हर
मौसम में अच्छे काम और बातें करता है। एक बुरा इंसान बगीचे पर
एक दाग है। मैं तुम्हें कुछ बताता हूँ: ये हर लापरवाही भरी बात तुम्हें
परेशान करेगी। हिसाब-किताब का समय आएगा। शब्दों में ताकत
होती है; उन्हें गंभीरता से लो। शब्द तुम्हारी मुक्ति बन सकते हैं। शब्द
तुम्हारी बर्बादी भी बन सकते हैं।"

सुबह 6 बजे हे पिता, झूठ, लालच और हिंसा से गंदी हुई हवा, प्लेटफॉर्म और कम्युनिकेशन चैनल को शुद्ध करें।

सुबह 9 बजे मैं शैतानी कहानियों को रोकता हूँ जो बुराई को नॉर्मल बनाती हैं और लोगों को पाप के प्रति असंवेदनशील बनाती हैं।

12pm सच्चाई और नेकी के खिलाफ बनाए गए हर हथियारबंद मीडिया एजेंडा को खत्म कर दिया जाए।

3pm ऐसे पत्रकारों, ब्रॉडकास्टर्स, लेखकों, एडिटर्स और क्रिएटर्स को आगे बढ़ाएं जो भगवान से डरते हैं और सच्चाई का सम्मान करते हैं।

शाम 6 बजे मैं आदेश देता हूं कि झूठे गवाह, तोड़-मरोड़कर पेश की गई रिपोर्ट और प्रोपेगैंडा का पर्दाफाश किया जाएगा और उसे पलट दिया जाएगा।

9pm हे प्रभु, अपने लोगों को यह समझने की बुद्धि दो कि वे क्या खाते हैं, क्या शेयर करते हैं, क्या बढ़ाते हैं और क्या मनाते हैं।

12am मीडिया माउंटेन को सच्चाई, सुंदरता, साहस और मुक्ति के गवाह का चैनल बनने दें।

3am हे ईश्वर, झूठ बोलने वाली ज़बान को चुप कराओ और ऐसी आवाज़ें बुलंद करो जो देशों को ठीक करेंगी, रोशन करेंगी और जगाएंगी।

दिन 20 - मीडिया माउंटेन: किंगडम मैसेजिंग

पवित्र शास्त्र: भजन 68:11; 2 थिस्सलुनीकियों 3:1

भजन 68:11
न्यू किंग जेम्स संस्करण
11 यहोवा ने वचन दिया;
और उसका *प्रचार* करनेवालों का दल बड़ा *था*।

2 थिस्सलुनीकियों 3:1
न्यू किंग जेम्स संस्करण
हमारे लिए प्रार्थना करें
3 आखिर में, भाइयो, हमारे लिए प्रार्थना करो, कि प्रभु का वचन *तेज़ी से फैले* और महिमा पाए, जैसा तुम्हारे साथ *हुआ है*।

भजन 68:11-14
संदेश
11-14 प्रभु ने संदेश दिया;
हज़ारों लोगों ने खुशखबरी सुनाई: "सेनाओं के राजा भाग रहे हैं, भाग रहे हैं!" जबकि घर की औरतें, सही-सलामत घर वापस आकर, लूट का माल, कनानी लोगों का सोना-चांदी बाँट रही थीं। जिस दिन शद्दाई ने राजाओं को तितर-बितर किया, उस दिन ब्लैक माउंटेन पर बर्फ़ गिरी।

2 थिस्सलुनीकियों 3:1-3
संदेश
जो आलसी हैं

3 [1-3] एक और बात, दोस्तों: हमारे लिए प्रार्थना करें। प्रार्थना करें कि गुरु का वचन पूरे देश में फैल जाए और लोगों की प्रतिक्रिया बढ़े, जैसा कि आपके बीच हुआ। और प्रार्थना करें कि हम इन परेशान करने वालों से बच जाएं जो हमें फंसाने की कोशिश कर रहे हैं। मुझे लग रहा है कि सभी "विश्वासी" विश्वासी नहीं होते। लेकिन गुरु हमें कभी निराश नहीं करते। वह आपके साथ रहेंगे और आपको बुराई से बचाएंगे।

सुबह 6 बजे प्रभु, प्रभु का वचन शक्ति के साथ जारी करो और अपने लोगों को जीत की भाषा दो।

सुबह 9 बजे: सच के संदेशवाहकों को हर उपलब्ध प्लेटफ़ॉर्म पर सही बातें फैलाने के लिए मज़बूत बनाया जाए।

12pm मैं आदेश देता हूँ कि सुसमाचार डिजिटल, प्रिंट, विज़ुअल और वर्बल चैनलों के ज़रिए तेज़ी से चलेगा।

3pm सच्चाई के लिए हर एल्गोरिदम वाला विरोध और नेकी के खिलाफ हर छिपा हुआ भेदभाव, भगवान खत्म कर दें।

शाम 6 बजे हे पिता, हमें ऐसी स्ट्रेटेजिक बातचीत दीजिए जो धोखे को भेद सके और दिलों तक सही तरीके से पहुँच सके।

9pm इस सीज़न में गवाही, सिद्धांत, भविष्यवाणी और बाइबिल की स्पष्टता को खास पहचान मिलनी चाहिए।

रात 12 बजे मैं क्रिएटिव, डिसिप्लिन्ड और निडर कम्युनिकेटर्स को बुलाता हूँ जो इस ज़माने की भावना के आगे नहीं झुकेंगे।

3am हे प्रभु, मीडिया पर्वत पर अधिकार करो और इसे जागृति, न्याय और मसीह के राज्य की उन्नति के लिए काम में लाओ।

दिन 21 - बिज़नेस माउंटेन: मकसद के साथ दौलत

धर्मग्रंथ: व्यवस्थाविवरण 8:18; व्यवस्थाविवरण 32:13

व्यवस्थाविवरण 8:18
न्यू किंग जेम्स संस्करण
18 "और तुम अपने परमेश्वर यहोवा को स्मरण रखना, क्योंकि वही *है*
जो तुम्हें धन प्राप्त करने की शक्ति देता है, ताकि वह अपनी वाचा को पूर्ण करे,
जिसे उसने तुम्हारे पूर्वजों से शपथ खाकर बाँधी थी, जैसा कि आज
प्रकट है ।

व्यवस्थाविवरण 32:13
न्यू किंग जेम्स संस्करण
13 "उसने उसे धरती की ऊँचाइयों पर घुमाया,
ताकि वह खेतों की उपज खाए; उसने उसे चट्टान से शहद और चकमक पत्थर से तेल निकालने दिया;

व्यवस्थाविवरण 8:18
संदेश
17-18 अगर आप खुद से सोचने लगें, "यह सब मैंने किया है। और वो भी
अकेले। मैं अमीर हूँ। यह सब मेरा है!"—तो फिर से सोचें। याद रखें कि
भगवान, आपके भगवान ने आपको यह सारी दौलत बनाने की ताकत
दी है ताकि आप उस वादे को पक्का कर सकें जो उन्होंने आपके पूर्वजों
से किया था—जैसा कि आज है।

व्यवस्थाविवरण 32:13-14

संदेश

10-14 उसने उसे जंगल में,
एक खाली, हवा से भरे बंजर इलाके में पाया। उसने उसे अपनी बाहों में भर लिया, उस पर बहुत ध्यान दिया, उसे अपनी आँखों के तारे की तरह संभाला। वह एक बाज़ की तरह था जो अपने घोंसले पर मंडराता था,
अपने बच्चों को देखता था,
फिर अपने पंख फैलाकर उन्हें हवा में उठाता था,
उन्हें उड़ना सिखाता था। सिर्फ़ भगवान ने उसे रास्ता दिखाया; कोई दूसरा भगवान नज़र नहीं आ रहा था। भगवान ने उसे पहाड़ियों की चोटियों पर चढ़ाया, ताकि वह खेतों में फ़सल खा सके। उसने उसे चट्टान से शहद, ग्रेनाइट की चट्टानों से तेल, मवेशियों का दही और भेड़ों का दूध, मेमनों और बकरियों के बढ़िया टुकड़े, बढ़िया बाशान के मेढ़े, अच्छी क्वालिटी का गेहूँ, और अंगूरों का खून खिलाया: तुमने अच्छी वाइन पी!

सुबह 6 बजे हे पिता, अपने वादे को याद रखें और अपने लोगों को राज्य के मकसद के लिए दौलत बनाने की ताकत दें।

सुबह 9 बजे मैं दबे हुए रिसोर्स, नज़रअंदाज़ किए गए मौकों और भगवान की कृपा से बढ़ने के कानूनी दरवाज़ों को खोलने का आदेश देता हूँ।

12pm हर भक्षक जो नेक काम के खिलाफ़ है, उसे यीशु के नाम पर डांटा जाए।

3pm ऊंचाइयों के खजाने और धरती की छिपी हुई चीज़ों को राज के कामों के लिए जारी किया जाए।

शाम 6 बजे हे प्रभु, व्यापार के पहाड़ से लालच, धोखाधड़ी, समझौता और शोषण को दूर भगाओ।

रात 9 बजे मैं आदेश देता हूँ कि कॉमर्स में विश्वास करने वाले लोग नेकी, उदारता और स्ट्रेटेजिक मैनेजमेंट में तरक्की करेंगे।

रात 12 बजे स्वर्ग से जुड़े बिज़नेस को आगे बढ़ने, स्थिर होने, बढ़ने और रोज़गार और दया का ज़रिया बनने दें।

3am हे भगवान, रिसोर्स को बंधन से निकालकर मकसद की ओर ले जाओ और दौलत को अपने एजेंडा के हिसाब से बनाओ।

दिन 22 - बिज़नेस माउंटेन: अभिषिक्त सप्लाई लाइनें

पवित्र शास्त्र: यिर्मयाह 31:11-14; अय्यूब 29:6

यिर्मयाह 31:11-14
न्यू किंग जेम्स संस्करण
11 क्योंकि यहोवा ने याकूब को छुड़ाया है,
और उसे उससे ताकतवर के हाथ से छुड़ाया है।
12 इसलिए वे सिय्योन की ऊंचाइयों पर आकर गाएंगे,
यहोवा की अच्छाई के लिए बहते हुए—गेहूँ, नई शराब और तेल के
लिए, झुंड और गाय के बच्चों के लिए; उनकी आत्माएँ पानी से सींचे
हुए बगीचे की तरह होंगी, और वे फिर कभी दुखी नहीं होंगे।
13 "तब कुंवारी लड़कियां नाचते हुए खुश होंगी,
और जवान और बूढ़े एक साथ; क्योंकि मैं उनके दुख को खुशी में बदल
दूंगा, उन्हें दिलासा दूंगा, और दुख के बजाय उन्हें खुश करूंगा।
14 मैं याजकों के मन को भरपूर भोजन से तृप्त करूंगा , और मेरे लोग
मेरी अच्छाई से संतुष्ट होंगे, यहोवा कहता है।"

अय्यूब 29:6
न्यू किंग जेम्स संस्करण
6 **जब मेरे कदम** मलाई से नहाए गए ,
और चट्टान ने मेरे लिए तेल की नदियाँ बहा दीं।

यिर्मयाह 31:11-14
संदेश

10-14 "हे राष्ट्रों, यह सुनो! परमेश्वर का संदेश!
इसे पूरी दुनिया में फैलाओ! उनसे कहो, 'जिसने इस्राएल को तितर-बितर किया था, वही
उन्हें फिर से इकट्ठा करेगा।
अब से वह उन पर ध्यान रखेगा, जैसे एक चरवाहा अपने झुंड पर नज़र रखता है।' मैं, परमेश्वर, याकूब के लिए भारी फिरौती की कीमत चुकाऊंगा; मैं उसे बेबीलोन के गुंडे के चंगुल से आज़ाद कराऊंगा। लोग खुशी से चिल्लाते हुए सिय्योन की ढलानों पर चढ़ेंगे, उनके चेहरे परमेश्वर की उदारता—अनाज और शराब और तेल, भेड़ों के झुंड, मवेशियों के झुंड की वजह से खिल उठेंगे। उनकी ज़िंदगी एक ऐसे बगीचे की तरह होगी जिसे पानी से सींचा गया हो, जो फिर कभी सूखने नहीं देगा। जवान औरतें नाचेंगी और खुश होंगी, जवान और बूढ़े इसमें शामिल होंगे। मैं उनके रोने को हंसी में बदल दूंगा, उन्हें दिलासा दूंगा, उनके दुख में खुशी भर दूंगा। मैं यह पक्का करूंगा कि उनके पुजारियों को दिन में तीन समय का खाना मिले और मेरे लोगों के पास ज़रूरत से ज़्यादा हो।'" परमेश्वर का आदेश।

अय्यूब 29:6
संदेश
जब भगवान अभी भी मेरे साथ थे
29 1-6 अब अय्यूब ने अपना जवाब फिर से शुरू किया:
"ओह, मैं उन अच्छे पुराने दिनों को कितना याद करता हूँ,
जब भगवान मेरा बहुत अच्छे से ख्याल रखते थे। वह हमेशा मेरे सामने एक दीया रखते थे और मैं उसकी रोशनी में अंधेरे में चलता था। ओह, मैं उन सुनहरे सालों को कितना याद करता हूँ जब भगवान की दोस्ती मेरे घर में थी, जब भगवान अभी भी मेरे साथ थे और मेरे बच्चे मेरे चारों ओर थे, जब सब कुछ मेरे हिसाब से चल रहा था, और कुछ भी मुश्किल नहीं लगता था।

सुबह 6 बजे हे प्रभु, अपने लोगों को छुड़ाओ और उन्हें भरपूर करो और सूखे और अनिश्चितता के मौसम में उन्हें अच्छाई से संतुष्ट करो।

सुबह 9 बजे मैं मिनिस्ट्रीज़, परिवारों, मिशन और किंगडम प्रोजेक्ट्स पर सुपरनैचुरल सप्लाई का आदेश देता हूँ।

12pm नुकसान, लीकेज और लगभग ब्रेकथ्रू गिरने के हर चक्र को भगवान के हाथ से रोका जाए।

3pm जहां बंजरपन बहुत समय से है, वहां खुशहाली आने दो, और नेक काम का पूरा फल मिले।

शाम 6 बजे हे पिता, अपने लोगों के लिए साफ़ सप्लाई लाइन, ईमानदार पार्टनरशिप और सुरक्षित लेन-देन शुरू करें।

9pm मैं ईश्वरीय तेज़ी के लिए रास्ते में आने के लिए इंतज़ाम के दरवाज़े पर देरी करने का हुक्म देता हूँ।

12am हमारी मंज़िलों में उदारता, मिशन और राज्य को बढ़ाने के लिए ज़रूरी चीज़ें भर जाएं।

3am हे प्रभु, कमी को गवाही में बदल दो और अपने लोगों को वाचा की सप्लाई का साफ़ सबूत दो।

दिन 23 - आर्ट्स माउंटेन: समर्पित क्रिएटिविटी

पवित्र शास्त्र: निर्गमन 31:1-5; भजन 150:1-6

निर्गमन 31:1-5
न्यू किंग जेम्स संस्करण
तम्बू बनाने के लिए कारीगर
31 फिर यहोवा ने मूसा से कहा: [2] "देख, मैंने यहूदा के गोत्र के बसलेल
को, जो ऊरी का बेटा और हूर का बेटा है, नाम से बुलाया है। [3] और मैंने
उसे परमेश्वर की आत्मा से, बुद्धि, समझ, ज्ञान और हर *तरह की*
कारीगरी से भर दिया है, [4] ताकि वह कलात्मक कामों का डिज़ाइन बना
सके, सोने, चाँदी, काँसे में काम कर सके, [5] जड़ने के लिए जवाहरात
तराश सके, लकड़ी तराश सके, और हर *तरह की* कारीगरी कर सके।

भजन 150
न्यू किंग जेम्स संस्करण
सब कुछ प्रभु की स्तुति करे
150 [यहोवा की] स्तुति [हो]!
उसके पवित्र स्थान में परमेश्वर की स्तुति करो;
उसके पराक्रमी [b] आकाश में उसकी स्तुति करो!
[2] उसके बड़े कामों के लिए उसकी तारीफ़ करो;
उसकी महानता के अनुसार उसकी तारीफ़ करो!
[3] [तुरही] बजाकर उसकी स्तुति करो ;
[वीणा और सारंगी] बजाकर उसकी स्तुति करो!
[4] डफ और नाचकर उसकी स्तुति करो;

सारंगी और बांसुरी बजाकर उसकी स्तुति करो!
5 ऊंची झांझ बजाकर उसकी स्तुति करो;
झनझनाती झांझों से उसकी स्तुति करो!
6 सब कुछ जो साँस लेता है, यहोवा की स्तुति करे।
[घ] यहोवा की स्तुति हो!

निर्गमन 31:1-5

संदेश

बसलेल और ओहोलीआब

31 1-5 परमेश्वर ने मूसा से कहा: "देखो मैंने क्या किया है; मैंने खुद यहूदा के कबीले के ऊरी के बेटे बसलेल को चुना है, जो हूर का बेटा है। मैंने उसे परमेश्वर की आत्मा से भर दिया है, और उसे हर तरह के शिल्प में हुनर, जानकारी और महारत दी है ताकि वह सोने, चांदी और कांसे में डिज़ाइन बना सके और काम कर सके; रत्नों को काट सके और जड़ सके; लकड़ी तराश सके—वह एक हर तरह का कारीगर है।

भजन 150

संदेश

150 1-6 हालेलुया!

भगवान की पूजा के पवित्र घर में उनकी तारीफ़ करो, खुले आसमान के नीचे उनकी तारीफ़ करो; उनके ताकतवर कामों के लिए उनकी तारीफ़ करो, उनकी शानदार महानता के लिए उनकी तारीफ़ करो; तुरही बजाकर उनकी तारीफ़ करो, हल्के तारों को झंकृत करके उनकी तारीफ़ करो; कैस्टनेट और डांस के साथ उनकी तारीफ़ करो, बैंजो और बांसुरी से उनकी तारीफ़ करो; झांझ और बड़े बेस ड्रम से उनकी तारीफ़ करो, फिडल और मैंडोलिन से उनकी तारीफ़ करो। हर जीता-जागता, सांस लेता प्राणी भगवान की तारीफ़ करे! हालेलुया!

सुबह 6 बजे पिता, अपनी महिमा के लिए क्रिएटिविटी, कलाकारी और कल्पना को वापस लाओ, बगावत के लिए नहीं।

सुबह 9 बजे मैं म्यूज़िक, फ़िल्म, फ़ैशन, कहानी सुनाने और परफ़ॉर्मेंस पर अंधेरे के लुभाने वाले असर को तोड़ता हूँ।

12pm स्किल, समझदारी, खूबसूरती और पवित्र हिम्मत से भरे हुए कलाकारों को सम्मानित करें।

3pm हर वो वेदी जो बुराई, हिंसा और मूर्ति पूजा को बढ़ावा देने के लिए क्रिएटिविटी का इस्तेमाल करती है, उसे उखाड़ फेंका जाए।

शाम 6 बजे हे प्रभु, गीत, चित्र, कहानियाँ और प्रदर्शन सत्य और विश्वास के वाहक बनें।

रात 9 बजे मैं आदेश देता हूँ कि आर्ट्स माउंटेन अब दुश्मन के लिए सरेंडर किया हुआ इलाका नहीं रहेगा।

12am भक्तों, लेखकों, डिज़ाइनरों, एक्टरों और म्यूज़िशियन को ईश्वर से गहराई से मिलने दें और भरपूर चीज़ों से कुछ नया बनाने दें।

3am हे ईश्वर, क्रिएटिव क्षेत्र में सच्चाई से जुड़ी सुंदरता और पवित्रता से जुड़ी उत्कृष्टता को मुक्त करो।

दिन 24 - आर्ट्स माउंटेन: संस्कृति का उद्धार

पवित्र शास्त्र: यशायाह प्रकाशितवाक्य 21:24-26; उत्पत्ति 1:26-27; भजन 96:1-3

प्रकाशितवाक्य 21:24-26
न्यू किंग जेम्स संस्करण
24 और जो राष्ट्र [a] बचाए गए हैं वे उसके प्रकाश में चलेंगे, और पृथ्वी
के राजा अपनी महिमा और सम्मान [b] उसमें लाएंगे। 25 उसके द्वार दिन
में कभी बंद नहीं होंगे (वहाँ रात नहीं होगी)। 26 और वे राष्ट्रों की महिमा
और सम्मान [c] उसमें लाएंगे।

उत्पत्ति 1:26-27
न्यू किंग जेम्स संस्करण
26 फिर परमेश्वर ने कहा, "हम इंसान को अपने स्वरूप के अनुसार,
अपनी समानता में बनाएँ; वे समुद्र की मछलियों, आकाश के पक्षियों,
और घरेलू पशुओं, और सारी पृथ्वी पर और पृथ्वी पर रेंगने वाले हर
जीव पर अधिकार रखें।" 27 इसलिए **परमेश्वर** ने इंसान को *अपने* स्वरूप में
बनाया; अपने स्वरूप के अनुसार परमेश्वर ने उसे बनाया; नर और नारी
करके उसने उन्हें बनाया।

भजन 96:1-3
न्यू किंग जेम्स संस्करण
न्याय के समय आने वाले परमेश्वर के लिए स्तुति का गीत

96 ओह, प्रभु के लिए एक नया गीत गाओ!
हे सारी धरती के लोगों, प्रभु के लिए गाओ।
2 प्रभु के लिए गाओ, उसके नाम को धन्य कहो;
दिन-प्रतिदिन उसके उद्धार का सुसमाचार सुनाओ।
3 राष्ट्रों के बीच उसकी महिमा का
,
सभी लोगों के बीच उसके अजूबों का ऐलान करो।

प्रकाशितवाक्य 21:24-27

संदेश

15-21 मुझसे बात करने वाले देवदूत के पास शहर , उसके गेट और उसकी
दीवार को नापने के लिए सोने की एक नापने वाली छड़ी थी। शहर
एकदम चौकोर बना हुआ था। उसने नापने वाली छड़ी से शहर को नापा
: पंद्रह सौ मील, उसकी लंबाई, चौड़ाई और ऊंचाई सब बराबर थी।
स्टैंडर्ड नाप का इस्तेमाल करके, देवदूत ने उसकी दीवार की मोटाई
नापी: बहत्तर गज। दीवार जैस्पर की थी, जो ग्लोरी के रंग का था, और
शहर शुद्ध सोने का था, जो कांच की तरह पारदर्शी था। शहर की
दीवारों की नींव हर उस कीमती रत्न से सजी हुई थी जिसकी कल्पना
की जा सकती है: पहली नींव जैस्पर, दूसरी नीलम, तीसरी अगेट, चौथी
पन्ना, पांचवीं गोमेद, छठी कार्नेलियन, सातवीं क्राइसोलाइट, आठवीं
बेरिल, नौवीं पुखराज, दसवीं क्राइसोप्रेज, ग्यारहवीं जैसिंथ, बारहवीं
एमेथिस्ट। बारह गेट बारह मोती थे, हर गेट एक मोती था।
21-27 शहर की मेन सड़क एकदम सोने की थी, कांच की तरह पारदर्शी।
लेकिन मंदिर का कोई निशान नहीं था, क्योंकि प्रभु परमेश्वर—जो
सबसे ताकतवर है—और मेमना ही मंदिर हैं। शहर को रोशनी के लिए
सूरज या चांद की ज़रूरत नहीं है। परमेश्वर की महिमा ही इसकी
रोशनी है, मेमना इसका दीया है! देश इसकी रोशनी में चलेंगे और धरती
के राजा अपनी शान लाएंगे। इसके दरवाज़े दिन में कभी बंद नहीं होंगे,

और रात भी नहीं होगी। वे देशों की शान और इज़्ज़त शहर में लाएंगे। शहर में कोई भी गंदी या खराब चीज़ नहीं आएगी , और कोई भी जो गंदा करता है या धोखा देता है, वह अंदर नहीं जाएगा। सिर्फ़ वही लोग अंदर जा पाएंगे जिनके नाम मेमने की जीवन की किताब में लिखे हैं।

उत्पत्ति 1:26-28

संदेश

26-28 भगवान ने कहा: "हम इंसानों को अपनी छवि में बनाएं, उन्हें अपना स्वभाव दिखाएं ताकि वे समुद्र की मछलियों, हवा में रहने वाले पक्षियों, मवेशियों, और हाँ, धरती और धरती पर चलने वाले हर जानवर के लिए ज़िम्मेदार हो सकें।"

भगवान ने इंसानों को बनाया;

उन्होंने उन्हें भगवान जैसा बनाया, भगवान के स्वभाव को दिखाते हुए।

उन्होंने उन्हें नर और मादा बनाया। भगवान ने उन्हें आशीर्वाद दिया: "

फलो-फूलो! बच्चे पैदा करो! धरती को भर दो! ज़िम्मेदारी लो!

समुद्र की मछलियों और हवा में रहने वाले पक्षियों, धरती पर चलने वाले हर जीव के लिए ज़िम्मेदार बनो।"

भजन 96:1-3

संदेश

96 1-2 परमेश्वर के लिए एक नया गीत गाओ!

पृथ्वी और उसमें रहने वाले सभी लोग गाओ! परमेश्वर के लिए गाओ—

परमेश्वर की *आराधना करो*!

2-3 समुद्र से समुद्र तक उसकी जीत की खबर सुनाओ,

खोए हुओं तक उसकी महिमा की खबर पहुँचाओ, उसके अजूबों की खबर सबको सुनाओ!

सुबह 6 बजे प्रभु, संस्कृति का धन, ध्यान और प्रभाव उस ओर मोड़ें जो आपको सम्मान देता है।

सुबह 9 बजे मैं एक नई आवाज़ और एक नया गवाह बुलाता हूँ जो राष्ट्रों के बीच आपकी महिमा का ऐलान करता है।

12pm हर कल्चरल कैद जो अंधेरे को नॉर्मल बना रही है, अब परमेश्वर के राज्य की बड़ी शक्ति के तहत टूट जाएगी।

3pm: राज के पक्के यकीन वाले क्रिएटर्स को स्टेज, स्टूडियो, गैलरी और थिएटर में अधिकार के साथ आने दें।

शाम 6 बजे पिताजी, जनता की पसंद, सबकी सोच और देश की भूख को भ्रष्टाचार से बचाइए।

9pm मैं यह आदेश देता हूँ कि सुंदरता को अब सच्चाई से अलग नहीं किया जाएगा और क्रिएटिविटी को अब विवेक से अलग नहीं किया जाएगा।

12am कला को दिव्य मुलाकात का मैदान बनने दो जहाँ भटके हुए लोग मुड़ें और चाहने वाले आपकी महिमा देखें।

सुबह 3 बजे हे प्रभु, पवित्र चमक के साथ संस्कृति पर हमला करो और देशों को जागृति की आवाज़ सुनाओ।

दिन 25 - धर्म और चर्च: रिवाइवल फायर

पवित्र शास्त्र: 2 इतिहास 7:14; रोमियों 15:30-32

2 इतिहास 7:14
न्यू किंग जेम्स संस्करण
14 अगर मेरे लोग जो मेरे नाम से जाने जाते हैं, खुद को नम्र करेंगे, और
प्रार्थना करेंगे और मेरा चेहरा ढूंढेंगे, और अपने बुरे कामों से दूर हो
जाएंगे, तो मैं स्वर्ग से सुनूंगा, और उनके पाप माफ कर दूंगा और उनकी
ज़मीन को ठीक कर दूंगा।

रोमियों 15:30-32
न्यू किंग जेम्स संस्करण
30 अब हे भाइयो, मैं प्रभु यीशु मसीह और पवित्र आत्मा के प्यार के
ज़रिए तुमसे गुज़ारिश करता हूँ कि तुम मेरे लिए परमेश्वर से प्रार्थना
करने में मेरे साथ कोशिश करो। 31 ताकि मैं यहूदिया में उन लोगों से बच
सकूँ जो विश्वास नहीं करते , और यरूशलेम के लिए मेरी सेवा पवित्र लोगों को
मंज़ूर हो। 32 ताकि मैं परमेश्वर की मर्ज़ी से खुशी के साथ तुम्हारे पास
आ सकूँ, और तुम्हारे साथ तरोताज़ा हो सकूँ।

2 इतिहास 7:14-18
संदेश
12-18 उसी रात भगवान सोलोमन के सामने आए और कहा, "मैं तुम्हारी
प्रार्थना स्वीकार करता हूँ; हाँ, मैंने इस जगह को बलि के लिए एक
मंदिर, एक पूजा घर के तौर पर चुना है। अगर मैं कभी आसमान से

बारिश की सप्लाई बंद कर दूँ या टिड्डियों को फसल खाने का आदेश दूँ या अपने लोगों पर कोई मुसीबत भेजूँ, और मेरे लोग, मेरे भगवान के ठहराए हुए लोग, खुद को नम्र करके, प्रार्थना करके, मेरी मौजूदगी की तलाश करके, और अपनी बुरी ज़िंदगी से मुँह मोड़कर जवाब दें, तो मैं तुम्हारे लिए वहाँ तैयार रहूँगा: मैं स्वर्ग से सुनूँगा, उनके पाप माफ़ करूँगा, और उनकी ज़मीन को ठीक कर दूँगा। अब से मैं इस जगह पर की जाने वाली प्रार्थनाओं के लिए दिन-रात चौकन्ना रहूँगा। मेरा विश्वास करो, मैंने इस मंदिर को चुना है और पवित्र किया है जिसे तुमने बनाया है: मेरा नाम इस पर हमेशा के लिए लिखा है; मेरी आँखें इस पर हैं और मेरा दिल हमेशा इसमें है। जहाँ तक तुम्हारी बात है, अगर तुम मेरे साथ वैसे ही रहते हो जैसे तुम्हारे पिता डेविड रहते थे, दिल और कामों से शुद्ध, वैसी ज़िंदगी जीते हो जैसी मैंने तुम्हारे लिए तय की है, मेरे निर्देशों और फैसलों को ध्यान से मानते हुए, तो मैं तुम्हारा साथ दूँगा। इस्राएल पर राज करो—इसे एक पक्की नींव पर पक्का बनाओ। वही वादा जो मैंने तुम्हारे पिता दाऊद को दिया था, वही मैं तुम्हें दे रहा हूँ, यानी, 'तुम भरोसा कर सकते हो कि इस्राएल की राजगद्दी पर हमेशा तुम्हारा कोई वंशज होगा।'

रोमियों 15:30-33
संदेश
30-33 प्यारे दोस्तों, मेरी एक गुज़ारिश है: मेरे लिए प्रार्थना करो। मेरे साथ और मेरे लिए—परमेश्वर पिता से, हमारे मालिक यीशु की शक्ति से, आत्मा के प्यार से—पूरी लगन से प्रार्थना करो कि मुझे यहूदिया में अविश्वासियों की शेरों की मांद से छुटकारा मिल जाए। यह भी प्रार्थना करो कि यरूशलेम के विश्वासियों के लिए मेरी राहत की भेंट उसी भावना से स्वीकार की जाए जिसमें वह दी गई है। फिर, भगवान की मर्ज़ी से, मैं एक हल्के और उत्सुक दिल के साथ तुम्हारे पास जाऊँगा,

तुम्हारी संगति से तरोताज़ा होने का इंतज़ार करते हुए। भगवान की शांति तुम सबके साथ हो। ओह, हाँ!

सुबह 6 बजे हे पिता, अपने चर्च को विनम्रता, पश्चाताप और वाचा की प्रार्थना की ओर वापस ले आओ।

सुबह 9 बजे मैं संतों के साथ प्रार्थना में नई जान, पवित्रता और पवित्र आत्मा के नए रूप के लिए कोशिश करता हूँ।

12pm सोई हुई मंडलियों को जगाओ और सूखी वेदियों को फिर से जलने दो।

3pm गर्व, परंपरा और छिपे हुए पाप में निहित रिवाइवल के हर विरोध को तोड़ा जाए।

शाम 6 बजे प्रभु, पवित्र अग्नि के साथ संप्रदायों, फेलोशिप, मिनिस्ट्री और प्रार्थना नेटवर्क पर जाएँ।

रात 9 बजे मैं वचन, आराधना, पवित्रता और सुसमाचार के बोझ के लिए भूख के एक नए बपतिस्मा का आदेश देता हूँ।

12am चमत्कार, विश्वास, मेल-मिलाप और मुक्ति चर्च जीवन के केंद्र में लौट आएं।

3am हे ईश्वर, इन सालों के बीच अपने काम को फिर से शुरू करें और चर्च को फिर से बदलाव की ताकत बनने दें।

दिन 26 - धर्म और चर्च: बचे हुए लोगों की सुरक्षा

पवित्र शास्त्र: भजन 92:8,14; मत्ती 26:41

भजन 92:8
न्यू किंग जेम्स संस्करण
[8] परन्तु हे यहोवा, तू तो सदा ऊँचे पर *है* ।

भजन 92:14
न्यू किंग जेम्स संस्करण
[14] वे बुढ़ापे में भी फलते रहेंगे;
वे [a] ताजे और [b] लहलहाते रहेंगे,

मत्ती 26:41
न्यू किंग जेम्स संस्करण
[41] जागते रहो और प्रार्थना करो, ताकि तुम परीक्षा में न पड़ो। आत्मा तो तैयार *है*, पर शरीर कमज़ोर *है*।"

भजन 92:8-9
संदेश
[4-9] हे भगवान, आपने मुझे बहुत खुश किया।
मैंने आपका काम देखा और मैं खुशी से चिल्लाया। हे भगवान, आपका काम कितना शानदार है! आपके विचार कितने गहरे हैं! बेवकूफ लोग कभी ध्यान नहीं देते कि आप क्या करते हैं; बेवकूफ लोग कभी नहीं समझते। जब बुरे लोग घास-फूस की तरह उग आए और सभी बुरे पुरुषों और महिलाओं ने कब्ज़ा कर लिया, तो आपने उन्हें काट डाला,

उन्हें हमेशा के लिए खत्म कर दिया। हे भगवान, आप ऊंचे और हमेशा रहने वाले हैं। अपने दुश्मनों को देखो, भगवान!
अपने दुश्मनों को देखो—बर्बाद हो गए!
हवा में बिखर गए, वे सभी बुरे किराए के लोग!

भजन 92:14
संदेश
10-14 लेकिन तुमने मुझे एक हमलावर बाइसन की तरह मज़बूत बनाया है, तुमने मुझे एक जश्न की परेड से सम्मानित किया है। मेरी बुराई करने वालों का हारना अभी भी ताज़ा है, मेरे बुरे आलोचकों का हारना। मेरे कान वादे की आवाज़ों से भरे हुए हैं: " अच्छे लोग खजूर के पेड़ों की तरह फलेंगे-
फूलेंगे, लेबनान के देवदारों की तरह ऊँचे होंगे; भगवान के आँगन में लगाए जाने पर, वे भगवान की मौजूदगी में ऊँचे होंगे, लचीले और हरे-भरे, बुढ़ापे में भी मज़बूत।"
मत्ती 26:41
संदेश
40-41 जब वह अपने चेलों के पास वापस आया, तो उसने उन्हें गहरी नींद में पाया। उसने पीटर से कहा, "क्या तुम मेरे साथ एक घंटा भी नहीं रह सकते? सावधान रहो; प्रार्थना में रहो ताकि तुम लालच में न पड़ो, यह जाने बिना कि तुम खतरे में हो। तुम्हारा एक हिस्सा है जो उत्सुक है, भगवान में किसी भी चीज़ के लिए तैयार है। लेकिन एक और हिस्सा है जो आग के पास सो रहे बूढ़े कुत्ते की तरह आलसी है।"

सुबह 6 बजे हे प्रभु, नेक लोगों की रक्षा करो और बचे हुए लोगों को पुराने और मुश्किल समय में फलने-फूलने, ताज़े और फलने-फूलने दो।

सुबह 9 बजे मुझे जागते रहने और प्रार्थना करने की कृपा मिलती है ताकि लालच मुझ पर या संतों पर हावी न हो।

12pm मध्यस्थों, नेताओं और विश्वासियों को थका देने की हर साज़िश, यीशु के नाम पर नाकाम हो जाती है।

3pm नेक लोगों की जड़ें गहरी हों और उनकी गवाही हरी-भरी और ज़िंदा रहे।

शाम 6 बजे हे पिता, अपने सेवकों को बदनामी, थकान, निराशा और आध्यात्मिक हमले से बचाइए।

रात 9 बजे मैं आदेश देता हूँ कि जो बचा है, उसे खत्म नहीं किया जाएगा; दबाव में यह और मज़बूत होगा।

12am छिपे हुए वफ़ादार लोगों को स्वर्ग से ताज़गी मिले और हमेशा रहने वाले तेल से मज़बूत किया जाए।

सुबह 3 बजे हे ईश्वर, प्रार्थना करने वाले बचे हुए लोगों को तब तक सहारा दें जब तक देश और पीढ़ी में कोई बड़ी सफलता न मिल जाए।

दिन 27 - फ़ैमिली माउंटेन: शादी खतरे में

पवित्र शास्त्र: मत्ती 19:6; सभोपदेशक 4:12

मत्ती 19:6
न्यू किंग जेम्स संस्करण
[6]तो फिर वे अब दो नहीं रहे, बल्कि एक तन हैं। इसलिए जिसे परमेश्वर ने जोड़ा है, उसे इंसान अलग न करे।"

सभोपदेशक 4:12
न्यू किंग जेम्स संस्करण
[12]चाहे एक दूसरे से दब भी जाए, तो भी दो उसका सामना कर सकते हैं।
और तीन तागे की डोरी जल्दी नहीं टूटती।

मत्ती 19:6
संदेश
[4-6]उसने जवाब दिया, "क्या तुमने अपनी बाइबल में नहीं पढ़ा कि बनाने वाले ने शुरू में आदमी और औरत को एक-दूसरे के लिए बनाया था, नर और मादा? और इसी वजह से, एक आदमी अपने माता-पिता को छोड़कर अपनी पत्नी के साथ मज़बूती से जुड़ जाता है, एक तन बन जाता है—अब दो शरीर नहीं बल्कि एक। क्योंकि भगवान ने दो लिंगों का यह ऑर्गेनिक मिलन बनाया है, इसलिए किसी को भी उन्हें अलग करके उनकी कला को अपवित्र नहीं करना चाहिए।"

सभोपदेशक 4:12
संदेश

[12] अकेले आप असुरक्षित हैं।
एक दोस्त के साथ आप सबसे बुरे हालात का सामना कर सकते हैं। क्या आप किसी तीसरे को बुला सकते हैं? तीन धागों वाली रस्सी आसानी से नहीं टूटती।

सुबह 6 बजे हे पिता, जिसे आपने जोड़ा है, उसे नरक, शरीर या संस्कृति की कोई ताकत न तोड़ पाए।

सुबह 9 बजे मैं शादियों पर हमला करने वाले बंटवारे, धोखे, इमोशनल दूरी और अनसुलझे गुस्से की भावना को तोड़ता हूँ।

12pm तनाव में रहने वाले घरों में प्यार, सच्चाई, सब्र और आपसी सम्मान वापस आ जाए।

3pm ईश्वरीय एकता के साथ मुकाबला करने वाली हर अजीब आवाज़ को यीशु मसीह के अधिकार से चुप करा दिया जाएगा।

शाम 6 बजे हे प्रभु, भरोसा ठीक करो, बातचीत ठीक करो, और पति-पत्नी के बीच आध्यात्मिक साझेदारी फिर से बनाओ।

रात 9 बजे मैं यह आदेश देता हूँ कि शादियाँ समझौते की वेदी और किस्मत का इंजन बनेंगी, न कि बर्बादी का मैदान।

12am: वाचा के घरों के खिलाफ दुश्मन की हर छिपी हुई साज़िश का पर्दाफाश हो और उसे खत्म कर दिया जाए।

3am हे परमेश्वर, विवाह को कृपा, पवित्रता और उस त्रिगुणात्मक डोरी से मजबूत करो जिसे तोड़ा नहीं जा सकता।

दिन 28 - गवर्नमेंट माउंटेन: गेट्स और शहर

पवित्र शास्त्र: उत्पत्ति 18:16-33; नीतिवचन 29:2

उत्पत्ति 18:16-33
न्यू किंग जेम्स संस्करण
अब्राहम ने सदोम के लिए मध्यस्थता की
[16] तब वे लोग वहाँ से उठे और सदोम की तरफ़ देखने लगे, और अब्राहम
उनके साथ उन्हें विदा करने चला गया। [17] और प्रभु ने कहा, "क्या मैं
अब्राहम से छिपाऊँ कि मैं क्या कर रहा हूँ, [18] क्योंकि अब्राहम ज़रूर एक
बड़ा और ताकतवर देश बनेगा, और दुनिया के सभी देश उसके ज़रिए
आशीर्वाद पाएँगे? [19] क्योंकि मैं उसे जानता हूँ, ताकि वह अपने बच्चों
और अपने घराने को हुक्म दे कि वे प्रभु के रास्ते पर चलें, नेकी और
इंसाफ़ करें, ताकि प्रभु अब्राहम को वह दे जो उसने उससे कहा है।" [20]
और प्रभु ने कहा, "क्योंकि सदोम और अमोरा के खिलाफ़ बहुत ज़्यादा
रोना-धोना है, और क्योंकि उनका पाप बहुत गंभीर है, [21] इसलिए मैं अब
नीचे जाकर देखूँगा कि क्या उन्होंने ठीक वैसा ही किया है जैसा रोना-
धोना मेरे पास पहुँचा है; और अगर नहीं, तो मैं जान जाऊँगा।"
[22] तब वे लोग वहाँ से मुड़े और सदोम की तरफ़ चले गए, लेकिन
अब्राहम अभी भी यहोवा के सामने खड़ा था। [23] और अब्राहम पास
आया और बोला, "क्या तुम बुरे लोगों के साथ अच्छे लोगों को भी खत्म
कर दोगे? [24] मान लो कि शहर में पचास अच्छे लोग होते; तो क्या तुम
उस जगह को भी खत्म कर देते और उसमें रहने वाले पचास अच्छे लोगों
के लिए *उसे नहीं छोड़ते?* [25] ऐसा करना तुमसे दूर रहे, कि अच्छे लोगों
को बुरे लोगों के साथ मार डालो, ताकि अच्छे लोग बुरे लोगों के बराबर

हो जाएं; यह तुमसे दूर रहे! क्या सारी धरती का जज अच्छा काम नहीं
करेगा ? ”
[26] तब यहोवा ने कहा, “अगर मुझे सदोम शहर में पचास नेक लोग मिलें,
तो मैं उनकी खातिर उस पूरे शहर को छोड़ दूँगा।”
[27] तब अब्राहम ने उत्तर दिया, “वास्तव में, मैं *जो लेकिन* धूल और राख ने
मुझे प्रभु से बात करने का मौका दिया है: [28] अगर पचास नेक लोगों से
पाँच कम होते, तो क्या तुम पाँच *की कमी के कारण पूरे शहर को खत्म
कर देते?*”
इसलिए उसने कहा, “अगर मुझे वहाँ पैंतालीस मिलें, तो भी मैं *उसे नष्ट
नहीं करूँगा।* ”
[29] फिर उसने उससे फिर पूछा, “क्या वहाँ चालीस मिलें?”
इसलिए उसने कहा, "मैं चालीस के लिए भी *ऐसा* नहीं करूँगा ।"
[30] तब उसने कहा, “प्रभु नाराज़ न हों, और मैं कहूँगा: क्या पता वहाँ तीस
मिलें?”
इसलिये उसने कहा, “यदि मुझे वहां तीस मिलें तो भी मैं *ऐसा* नहीं
करूंगा ।”
[31] तब उसने कहा, “अब मैंने खुद ही प्रभु से बात करने का फैसला किया
है: क्या वहां बीस मिल जाएं?”
इसलिए उसने कहा, "मैं बीस के खातिर *इसे* नष्ट नहीं करूँगा ।"
[32] तब उसने कहा, “प्रभु नाराज़ न हों, और मैं एक बार फिर कहूँगा: अगर
वहाँ दस मिलें तो?”
दस के कारण भी *इसे* नष्ट नहीं करूँगा ।” [33] इसलिए जैसे ही प्रभु ने
अब्राहम से बात खत्म की, वह चला गया; और अब्राहम अपनी जगह पर
लौट आया।

नीतिवचन 29:2
न्यू किंग जेम्स संस्करण

2 जब नेक लोग राज करते हैं, तो लोग खुश होते हैं;
लेकिन जब कोई बुरा *आदमी राज करता है,* तो लोग कराहते हैं।

उत्पत्ति 18:16-33

संदेश

16 जब वे लोग जाने के लिए उठे, तो वे सदोम के लिए चल पड़े। अब्राहम उन्हें अलविदा कहने के लिए उनके साथ चला।

17-19 तब परमेश्वर ने कहा, "क्या मैं अब्राहम से वह बात छिपाऊँ जो मैं करने वाला हूँ? अब्राहम एक बड़ा और मज़बूत देश बनेगा; दुनिया के सभी देश उसके ज़रिए खुद को धन्य पाएँगे। हाँ, मैंने उसे चुना है कि वह अपने बच्चों और आने वाले परिवार को परमेश्वर के जीवन के तरीके को मानना, दयालुता, उदारता और निष्पक्षता से जीना सिखाए, ताकि परमेश्वर अब्राहम में वह पूरा कर सके जिसका उसने उससे वादा किया था।"

20-21 परमेश्वर ने आगे कहा, "सदोम और अमोरा में पीड़ितों की चीखें बहरी कर देने वाली हैं; उन शहरों का पाप बहुत ज़्यादा है। मैं खुद नीचे जाकर देखूंगा कि वे जो कर रहे हैं, क्या वह उतना ही बुरा है जितना सुनने में लगता है। तब मुझे पता चलेगा।"

22 वे लोग सदोम के लिए निकले, लेकिन अब्राहम परमेश्वर के रास्ते में खड़ा होकर उसका रास्ता रोक रहा था।

23-25 अब्राहम ने उससे कहा, "क्या तुम सीरियस हो? क्या तुम बुरे लोगों के साथ अच्छे लोगों को भी खत्म करने का प्लान बना रहे हो? क्या होगा अगर शहर में पचास अच्छे लोग बचे; क्या तुम अच्छे लोगों को बुरे लोगों के साथ मिलाकर सबको खत्म कर दोगे? क्या तुम उन पचास बेगुनाहों की खातिर शहर को नहीं छोड़ोगे? मुझे यकीन नहीं होता कि तुम ऐसा करोगे, अच्छे और बुरे दोनों को एक जैसा मार डालोगे जैसे उनमें कोई फ़र्क ही न हो। क्या पूरी धरती का जज इंसाफ़ नहीं करता?"

[26] परमेश्वर ने कहा, “अगर मुझे सदोम शहर में पचास अच्छे लोग मिलें,
तो मैं उनके लिए जगह छोड़ दूँगा।”
[27-28] अब्राहम ने जवाब दिया, “क्या मैं, जो मुट्ठी भर मिट्टी से बना एक
मामूली इंसान हूँ, अपने मालिक के सामने फिर से अपना मुँह खोलने
की हिम्मत कर सकता हूँ? अगर पचास में से पाँच कम पड़ जाएँ—तो
क्या आप उन पाँच कम होने की वजह से शहर को तबाह कर देंगे?”
उन्होंने कहा, "यदि इनकी संख्या पैंतालीस भी हो तो भी मैं इसे नष्ट नहीं
करूंगा।"
[29] अब्राहम ने फिर कहा, “यदि तुम्हें केवल चालीस मिलें तो?”
“न ही मैं इसे चालीस के लिए नष्ट करूँगा।”
[30] उसने कहा, “हे स्वामी, मुझ पर नाराज़ मत होइए, लेकिन अगर सिर्फ़
तीस ही मिलें तो?”
"नहीं, अगर मुझे तीस मिल भी जाएं तो मैं ऐसा नहीं करूंगा।"
[31] उसने आगे कहा, “मुझे पता है कि मैं आपके धैर्य की परीक्षा ले रहा हूँ,
मालिक, लेकिन बीस के लिए क्या कहेंगे?”
“मैं इसे बीस के लिए नष्ट नहीं करूँगा।”
[32] वह रुका नहीं, “गुस्सा मत होइए, मास्टर—यह आखिरी बार है। क्या
होगा अगर आप सिर्फ़ दस ही बना पाए?”
"केवल दस के लिए, मैं शहर को नष्ट नहीं करूंगा।"
[33] जब परमेश्वर ने अब्राहम से बात खत्म की, तो वह चला गया। और
अब्राहम अपने घर चला गया।

नीतिवचन 29:2
संदेश
[2] जब अच्छे लोग काम चलाते हैं, तो सब खुश होते हैं,
लेकिन जब शासक बुरा होता है, तो सब दुखी होते हैं।

6 बजे प्रभु, हम अपने शहरों के लिए संघर्ष करते हैं जैसे अब्राहम ने मध्यस्थता की थी;
दया के लिए चुने गए समुदायों को बचाना, ठीक करना और बदलना।

सुबह 9 बजे जब नेक लोग सत्ता में हों, तो लोग खुश हों; ज़ुल्म करने वाले राज और बुरे राज को हटा दो।

12pm शहर के दरवाज़ों पर खून-खराबे, लालच और इलाके की बुराई वाला हर वादा टूट जाए।

3pm फादर, काउंसिल, म्युनिसिपैलिटी और रीजनल स्ट्रक्चर में नेक गेटकीपर तैयार करें।

शाम 6 बजे मैं आदेश देता हूँ कि हमारे शहरों को हिंसा, भ्रष्टाचार और नैतिक पतन के हवाले नहीं किया जाएगा।

9pm प्रार्थना को दरवाज़ों पर कब्ज़ा करने दें और लोकल और नेशनल लेवल पर समझदारी वाली लीडरशिप को उभरने दें।

रात 12 बजे आस-पड़ोस, संस्थाओं और खास इलाकों पर हर शैतानी दावे को रद्द कर दिया जाएगा।

3am हे परमेश्वर, न्याय करते समय दया को याद रखना और शहरों को तबाही के बजाय ईश्वरीय दर्शन का अनुभव होने देना।

दिन 29 - एजुकेशन माउंटेन: मन की कैद से मुक्ति

पवित्र शास्त्र: 2 कुरिन्थियों 10:4-5; रोमियों 12:2

2 कुरिन्थियों 10:4-5
न्यू किंग जेम्स संस्करण
[4] क्योंकि हमारी लड़ाई के हथियार शारीरिक नहीं -बल्कि मज़बूत गढ़ों को गिराने के लिए परमेश्वर में ताकतवर *हैं*। [5] हम दलीलों को और हर उस ऊँची बात को जो परमेश्वर की पहचान के खिलाफ खुद को बड़ा समझती है, गिरा देते हैं। हम हर सोच को मसीह की आज्ञा मानने के लिए कैद कर लेते हैं।

रोमियों 12:2
न्यू किंग जेम्स संस्करण
[2] और इस दुनिया के जैसे मत बनो, बल्कि अपने मन को नया करके बदलते जाओ, ताकि तुम परमेश्वर की अच्छी, स्वीकार्य और पूरी इच्छा को *साबित कर सको*।

2 कुरिन्थियों 10:4-6
संदेश
[3-6] दुनिया में कोई उसूल नहीं हैं। बाहर सब कुछ एक जैसा है! दुनिया में कोई सही नहीं लड़ता। लेकिन हम इस तरह से नहीं जीते या अपनी लड़ाइयाँ नहीं लड़ते—कभी नहीं लड़े और न ही कभी लड़ेंगे। हमारे काम के औज़ार मार्केटिंग या मैनिपुलेशन के लिए नहीं हैं, बल्कि वे उस पूरी बहुत ज़्यादा करप्ट कल्चर को खत्म करने के लिए हैं। हम अपने

ताकतवर भगवान के औज़ारों का इस्तेमाल बिगड़ी हुई सोच को तोड़ने, भगवान की सच्चाई के खिलाफ खड़ी रुकावटों को तोड़ने, हर ढीले-ढाले विचार, भावना और आवेग को मसीह के बनाए जीवन के स्ट्रक्चर में फिट करने के लिए करते हैं। हमारे औज़ार हर रुकावट को दूर करने और आज्ञा मानने वाली ज़िंदगी को मैच्योरिटी में बदलने के लिए तैयार हैं।

रोमियों 12:2
संदेश
अपना जीवन परमेश्वर के सामने रखो
12 [1-2] तो मैं चाहता हूँ कि आप करें, भगवान आपकी मदद करें: अपनी रोज़मर्रा की, आम ज़िंदगी—आपका सोना, खाना, काम पर जाना, और घूमना-फिरना—और इसे भगवान के सामने एक भेंट के तौर पर रखें। भगवान आपके लिए जो करते हैं, उसे अपनाना ही उनके लिए सबसे अच्छी चीज़ है जो आप कर सकते हैं। अपने कल्चर में इतने घुल-मिल न जाएं कि बिना सोचे-समझे उसमें फिट हो जाएं। इसके बजाय, अपना ध्यान भगवान पर लगाएं। आप अंदर से बाहर तक बदल जाएंगे। आसानी से पहचानें कि वह आपसे क्या चाहते हैं, और तुरंत उस पर रिस्पॉन्ड करें। आपके आस-पास के कल्चर के उलट, जो आपको हमेशा अपनी नासमझी की हद तक नीचे खींचता है, भगवान आपमें से सबसे अच्छा बाहर लाता है, आपमें अच्छी तरह से मैच्योरिटी डेवलप करता है।

सुबह 6 बजे हे पिता, सोच, फ़िलॉसफ़ी और दुनिया को देखने के नज़रिए के उन मज़बूत ठिकानों को गिरा दो जो तुम्हारी सच्चाई के ख़िलाफ़ खुद को बड़ा समझते हैं।

सुबह 9 बजे मैं हर विद्रोही विचार, कल्चरल बहस और मसीह की बात मानने का विरोध करने वाली मानसिक गुलामी को बंदी बना लेता हूँ।

12pm स्टूडेंट्स, टीचर्स और इंस्टीट्यूशन्स में मन को नया करने दें।

3pm हर एकेडमिक घमंड जो भगवान का मज़ाक उड़ाता है और समझ को खराब करता है, उसे भगवान की रोशनी में नम्र होना चाहिए।

शाम 6 बजे हे प्रभु, मन को ट्रॉमा, कन्फ्यूजन, लालच और दिमागी कैद से आज़ाद करो।

रात 9 बजे मैं आदेश देता हूँ कि ईसाई सीखने वाले साफ़, बाइबिल के हिसाब से और हिम्मत से सोचें।

12am क्लासरूम ऐसी जगह बनें जहां सच्चाई धोखे को खत्म करे और मकसद जगाए।

3am हे परमेश्वर, इस पीढ़ी के मन को फिर से अपने वश में कर और उन्हें अपनी बुद्धि के अनुसार कर।

दिन 30 - मीडिया माउंटेन: छिपे हुए कामों का खुलासा

पवित्र शास्त्र: इफिसियों 5:11-14; लूका 8:17

इफिसियों 5:11-14
न्यू किंग जेम्स संस्करण
11 और अंधकार के निष्फल कामों में सहभागी न हो, *परन्तु* उनका पर्दाफ़ाश
करो। 12 क्योंकि जो काम वे चुपके से करते हैं, उनके बारे में बात करना
भी शर्म की बात है। 13 लेकिन जो कुछ भी [b] सामने आता है, वह रोशनी
से ज़ाहिर होता है, क्योंकि जो कुछ ज़ाहिर करता है वह रोशनी ही है। 14
इसलिए वह कहता है:
"हे सोने वालो, जाग जाओ,
मुर्दों में से उठो, और मसीह तुम्हें प्रकाश देगा।"

लूका 8:17
न्यू किंग जेम्स संस्करण
17 क्योंकि कुछ भी ऐसा राज़ नहीं है जो बताया न जाए, और न ही *कुछ*
ऐसा छिपा है जो जाना न जाए और सामने न आए।

इफिसियों 5:11-16
संदेश
11-16 बेकार के काम, सिर्फ़ काम में लगे रहने, अंधेरे के बेकार कामों में अपना समय बर्बाद मत करो। इन चीज़ों को दिखाओ कि ये कितनी झूठी हैं। यह एक शर्म की बात है जब लोग अपनी ज़िंदगी उन चीज़ों में बर्बाद करते हैं जिन्हें उन्हें अंधेरे में करना होता है जहाँ कोई नहीं देखेगा।

उन धोखेबाज़ों का पर्दाफाश करो और देखो कि वे मसीह की रोशनी में कितने आकर्षक लगते हैं।
अपनी नींद से जागो,
अपने ताबूतों से बाहर निकलो; मसीह तुम्हें रोशनी दिखाएगा!
इसलिए अपने कदम संभालकर रखें। अपने दिमाग का इस्तेमाल करें। आपको जो भी मौका मिले, उसका पूरा फ़ायदा उठाएँ। यह मुश्किल समय है!

लूका 8:17-18
संदेश
जो आप सुनते हैं उसमें कंजूसी करते हैं
16-18 "कोई भी दीया जलाकर उसे धोने के टब से ढक नहीं देता या बिस्तर के नीचे नहीं रख देता। नहीं, आप उसे लैंप स्टैंड पर रखते हैं ताकि कमरे में आने वाले लोग उसका रास्ता देख सकें। हम राज़ नहीं रख रहे हैं; हम उन्हें बता रहे हैं। हम चीज़ें छिपा नहीं रहे हैं; हम *सब कुछ* सबके सामने ला रहे हैं। इसलिए सावधान रहें कि आप जो सुनते हैं, उसके कंजूस न बन जाएं। उदारता उदारता को जन्म देती है। कंजूसी गरीबी लाती है।"

सुबह 6 बजे हे पिता, कम्युनिकेशन सिस्टम में छिपे अंधेरे के कामों को अपनी रोशनी से सामने आने दो।

सुबह 9 बजे मैं आदेश देता हूँ कि जनता को गुमराह करने के लिए छिपाई गई कोई भी चीज़ हमेशा छिपी नहीं रहेगी।

12pm गलत जानकारी, भड़काने और भ्रष्टाचार फैलाने वाले हर सीक्रेट अलायंस का पर्दाफाश किया जाए।

3pm हे प्रभु, व्हिसलब्लोअर, सच बताने वालों और सुधारकों को हिम्मत और सुरक्षा देकर जगाओ।

शाम 6 बजे , जो कुछ भी कंफ्यूज करने, कंट्रोल करने और करप्ट करने के लिए अंधेरे में बनाया गया है, उसे खुले फैसले में घसीटा जाए।

9pm मैं इंसानों के डर को नकारता हूँ और मुश्किल धोखे के सामने पवित्र क्लैरिटी के लिए प्रार्थना करता हूँ।

12am मीडिया सिस्टम को तब तक हिलाया जाए जब तक सच सांस न ले सके और नेकी सुनाई न दे।

3am हे परमेश्वर, राज़ खोलने वाले के तौर पर उठो और हर उस छिपे हुए काम को सामने लाओ जो तुम्हारे राज का विरोध करता है।

दिन 31 - बिज़नेस माउंटेन: बढ़त के लिए रुकावट को तोड़ना

पवित्र शास्त्र: उत्पत्ति 50:20; अय्यूब 5:12

उत्पत्ति 50:20
न्यू किंग जेम्स संस्करण
[20] लेकिन तुमने मेरे खिलाफ़ बुरा सोचा था; *लेकिन* भगवान ने उसे अच्छा सोचा, ताकि आज जैसा *हो , वैसा हो, और बहुत से लोगों की जान बच जाए।*

अय्यूब 5:12
न्यू किंग जेम्स संस्करण
[12] वह चालाक लोगों की चालों को नाकाम कर देता है,
ताकि उनके हाथ अपनी योजनाएँ पूरी न कर सकें।

उत्पत्ति 50:20-21
संदेश
[19-21] यूसुफ ने जवाब दिया, "डरो मत। क्या मैं भगवान के लिए काम करता हूँ? क्या तुम नहीं देखते, तुमने मेरे खिलाफ बुराई की योजना बनाई थी लेकिन भगवान ने उन्हीं योजनाओं का इस्तेमाल मेरी भलाई के लिए किया, जैसा कि तुम अभी अपने चारों ओर देख रहे हो—कई लोगों के लिए जीवन। अब आराम करो, तुम्हें डरने की कोई बात नहीं है; मैं तुम्हारा और तुम्हारे बच्चों का ख्याल रखूँगा।" उसने उन्हें भरोसा दिलाया, उनसे दिल से बात की।

अय्यूब 5:12-16

संदेश

जब परमेश्वर आपको सुधारता है तो यह कितना बड़ा आशीर्वाद होता है!

8-16 "यदि मैं आपकी जगह होता, तो मैं सीधे भगवान के पास जाता, मैं खुद को भगवान की दया पर छोड़ देता। आखिरकार, वह महान और अप्रत्याशित कार्यों के लिए प्रसिद्ध है; उसके आश्चर्यों का कोई अंत नहीं है। उदाहरण के लिए, वह विस्तृत पृथ्वी पर वर्षा करता है, खेतों को सींचने के लिए पानी भेजता है।

वह वंचितों को ऊपर उठाता है,

दुःख में डूबे लोगों को मजबूत आधार देता है। वह धूर्त बदमाशों की योजनाओं को विफल कर देता है, ताकि उनकी कोई भी साजिश सफल न हो। वह उनके षड्यंत्रों में सबकुछ जानने वालों को पकड़ता है - कचरे के साथ सारी जटिल साज़िशें बह जाती हैं! अचानक वे भ्रमित हो जाते हैं, अंधेरे में डूब जाते हैं; वे एक पैर को दूसरे के सामने रखने के लिए नहीं देख सकते। लेकिन दलितों को भगवान द्वारा बचाया जाता है, जानलेवा साजिशों से बचाया जाता है, लोहे की मुट्ठी से बचाया जाता है। और इसलिए गरीब आशा करना जारी रखते हैं, जबकि अन्याय बंधा हुआ है और उसका गला घोंट दिया गया है।

सुबह 6 बजे हे पिता, दुश्मन ने फाइनेंस, बिज़नेस और प्रोविज़न में जो बुराई की थी, उसे राज्य की भलाई में बदल दो।

सुबह 9 बजे चालाक लोगों की चालों को नाकाम कर दो ताकि उनके हाथ हमारे खिलाफ अपना काम न कर सकें।

12pm तरक्की के दरवाज़े पर खड़ी हर विरोध की भावना को भगवान की आग से हटा दिया जाए।

3pm मैं देरी, तोड़फोड़, गलत इरादे से रिपोर्टिंग, झूठे आरोप और सही काम के खिलाफ छिपे विरोध को तोड़ता हूं।

शाम 6 बजे हे प्रभु, अपने लोगों को ऐसी कृपा दें जो दुश्मनी भरी आवाज़ों को चुप करा दे और सही रास्ते खोल दे।

रात 9 बजे मैं दुश्मनी के बीच खुशहाली और विरोध के सामने तरक्की का हुक्म देता हूँ।

12am राज्य की तरक्की के लिए छिपा हुआ सहारा, भगवान के साथी, और कानूनी मौके अचानक आएं।

3am हे परमेश्वर, हर संगठित विरोध को अपनी वफ़ादारी और शक्ति की गवाही में बदल दो।

दिन 32 - आर्ट्स माउंटेन: प्रलोभन और मूर्तिपूजा को तोड़ना

पवित्र शास्त्र: भजन 69:22-28; 1 यूहन्ना 5:21

भजन 69:22-28
न्यू किंग जेम्स संस्करण
22 उनकी मेज़ उनके लिए फंदा बन जाए,
और उनकी खुशहाली एक जाल बन जाए।
23 उनकी आँखों पर अँधेरा छा जाए, ताकि वे देख न सकें;
और उनकी कमर लगातार काँपती रहे।
24 उन पर अपना गुस्सा उंडेल दे,
और अपना गुस्सा उन्हें जकड़ ले।
25 उनके रहने की जगह वीरान हो जाए;
कोई भी अपने तंबुओं में न रहे।
26 क्योंकि वे उन *लोगों को सताते हैं जिन्हें* तूने मारा है,
और जिन्हें तूने घायल किया है, उनके दुख की बातें करते हैं।
27 उनके अधर्म पर अधर्म बढ़ा दे,
और उन्हें तेरी नेकी में न आने दे।
28 उन्हें ज़िंदा लोगों की किताब से मिटा दे,
और नेक लोगों के साथ न लिखा जाए।

1 यूहन्ना 5:21
न्यू किंग जेम्स संस्करण
21 हे प्यारे बच्चों, अपने आप को मूर्तियों से दूर रखो। आमीन।

भजन 69:22-28

संदेश

22 उनका खाना ऐसे जाल में चारा बने जो फट जाए;
उनके सबसे अच्छे दोस्त ऐसे जाल बिछाने वाले हों जो उन्हें ज़िंदा ही खाल उतार लें।
23 उन्हें चमगादड़ की तरह अंधा कर दो,
सुबह से रात तक उन्हें हिलाते रहो।
24 उन्हें बता दो कि तुम उनके बारे में क्या सोचते हो,
उन्हें अपने गुस्से से उड़ा दो।
25 उनके घर जला दो,
उन्हें उजाड़ छोड़ दो, घर में कोई न रहे।
26 जिसे तूने सज़ा दी, उसके बारे में उन्होंने गपशप की, और
जिसे परमेश्वर ने चोट पहुँचाई, उसके बारे में कहानियाँ बनाईं।
27 गुनाहों का बोझ बढ़ाओ,
उन्हें बख्शो मत।
28 उनके नाम ज़िंदा लोगों की लिस्ट से काट दो;
नेक लोगों में उनके लिए कोई पत्थर पर खुदी हुई इज्ज़त नहीं होगी।

1 यूहन्ना 5:21

संदेश

18-21 हम जानते हैं कि भगवान से पैदा हुए लोगों में से कोई भी पाप नहीं करता—खतरनाक पाप। भगवान से पैदा हुए लोग भगवान से सुरक्षित भी हैं। शैतान उन पर हाथ नहीं डाल सकता। हम जानते हैं कि भगवान हमें मज़बूती से पकड़े हुए हैं; सिर्फ़ दुनिया के लोग ही शैतान की पकड़ में रहते हैं। और हम जानते हैं कि भगवान का बेटा इसलिए आया ताकि हम भगवान की सच्चाई को पहचान सकें और समझ सकें—क्या तोहफ़ा है!— और हम खुद सच्चाई में, भगवान के बेटे, जीसस क्राइस्ट

में जी रहे हैं। यह जीसस ही सच्चा भगवान और असली ज़िंदगी दोनों हैं। प्यारे बच्चों, सभी चालाक नकलों से सावधान रहना।

सुबह 6 बजे पिता, लालच की हर टेबल और दिलों को फंसाने के लिए संस्कृति के ज़रिए बिछाए गए हर जाल को पलट दो।

सुबह 9 बजे मैं सेलिब्रिटी, घमंड, कामुकता और खुद की बड़ाई की मूर्तियों को छोड़ देता हूँ जो क्रिएटिव जगहों पर हावी हैं।

12pm जादू, अंधेरे का आकर्षण और भ्रष्टाचार की भूख जनता पर अपनी ताकत खो दें।

3pm हर मूर्तिपूजा की पूजा की वेदी जो पूजा को भगवान से दूर ले जाती है, उसे तोड़ दिया जाए।

शाम 6 बजे हे प्रभु, कलाकारों और दर्शकों को मंज़ूरी, ज़्यादा और आध्यात्मिक अंधेपन की गुलामी से बचाओ।

रात 9 बजे मैं यह आदेश देता हूँ कि संस्कृति पर नैतिक सुन्नता का जादू मसीह की रोशनी से टूट जाए।

रात 12 बजे पवित्र विश्वास थिएटर, स्टूडियो, स्टेज और नदियों में जाए जहां अंधेरे का जश्न मनाया गया है।

3am हे ईश्वर, मूर्तियों से कल्पना को वापस लाओ और इच्छा को सत्य, सुंदरता और पूजा की ओर मोड़ो।

दिन 33 - राष्ट्रीय दया और वाचा की बहाली

धर्मग्रंथ: दानिय्येल 9:1-19; 2 इतिहास 7:13-16

दानिय्येल 9:1-19
न्यू किंग जेम्स संस्करण

लोगों के लिए दानिय्येल की प्रार्थना

9 मादियों के वंश के अहशवेरोश के बेटे दारा के राज के पहले साल में,
जिसे कसदियों के राज्य का राजा बनाया गया था— 2 उसके राज के
पहले साल में, मैं, दानिय्येल, किताबों से उन सालों की गिनती समझ
गया जो यहोवा ने यिर्मयाह नबी के ज़रिए *कहे थे*, कि वह यरूशलेम
की वीरानी में सत्तर साल पूरे करेगा।
3 तब मैंने उपवास, टाट और राख के साथ प्रार्थना और विनती करने के
लिए प्रभु परमेश्वर की ओर मुँह किया। 4 और मैंने अपने प्रभु परमेश्वर
से प्रार्थना की, और पाप स्वीकार किया, और कहा, "हे प्रभु, महान और
भयानक परमेश्वर, जो अपने प्रेम करने वालों और अपने आदेशों को
मानने वालों के साथ अपना वादा और दया बनाए रखता है, 5 हमने पाप
किया है और अधर्म किया है, हमने दुष्टता की है और विद्रोह किया है,
यहाँ तक कि आपके उपदेशों और आपके निर्णयों से हटकर। 6 न ही
हमने आपके सेवकों, भविष्यद्वक्ताओं की बात सुनी, जिन्होंने आपके
नाम से हमारे राजाओं और हमारे हाकिमों, हमारे पूर्वजों और देश के
सभी लोगों से बात की थी। 7 हे प्रभु, नेकी तो आपकी *है*, लेकिन हमारे
लिए शर्मिंदगी है, जैसा कि आज *है*—यहूदा के लोगों के लिए,
यरूशलेम के निवासियों के लिए और पूरे इस्राएल के लिए, उन सभी

देशों में पास और दूर के लोगों के लिए जहाँ आपने उन्हें भगा दिया है,
क्योंकि उन्होंने आपके साथ विश्वासघात किया है।
8 "हे प्रभु, हमारे राजाओं, हाकिमों और हमारे पुरखों को शर्मिंदगी उठानी
पड़ेगी, क्योंकि हमने तेरे खिलाफ पाप किया है। 9 हमारे प्रभु परमेश्वर
को दया और माफ़ी *मिलती है*, भले ही हमने उसके खिलाफ बगावत
की हो। 10 हमने अपने प्रभु परमेश्वर की बात नहीं मानी, और न ही उसके
नियमों पर चले, जो उसने अपने सेवकों, नबियों के ज़रिए हमें बताए थे।
11 हाँ, पूरे इस्राएल ने तेरे नियम तोड़े हैं, और तेरी बात नहीं मानी;
इसलिए परमेश्वर के सेवक मूसा के नियम में लिखा श्राप और कसम
हम पर आ पड़ी है, क्योंकि हमने उसके खिलाफ पाप किया है। 12 और
उसने अपने उन शब्दों को, जो उसने हमारे और हमारे न्याय करने वालों
के खिलाफ कहे थे, हम पर एक बड़ी मुसीबत लाकर पक्का कर दिया
है; क्योंकि पूरी धरती पर ऐसा कभी नहीं हुआ जैसा यरूशलेम के साथ
हुआ है।
13 "जैसा मूसा के कानून में लिखा *है, यह सारी मुसीबत हम पर आ पड़ी
है; फिर भी हमने अपने भगवान यहोवा से प्रार्थना नहीं की, ताकि हम
अपने गुनाहों से दूर होकर आपकी सच्चाई को समझ सकें।* 14 इसलिए
भगवान ने मुसीबत को ध्यान में रखा, और हम पर ले आए; क्योंकि
हमारा भगवान यहोवा अपने सभी कामों में नेक *है, हालाँकि हमने
उसकी बात नहीं मानी।* 15 और अब, हे हमारे भगवान यहोवा, जिसने
अपने लोगों को मिस्र देश से अपने बड़े हाथ से निकाला, और अपना
नाम बनाया, जैसा आज *है*—हमने पाप किया है, हमने बुराई की है!
16 "हे प्रभु, अपने सारे धर्म के अनुसार, मैं प्रार्थना करता हूँ कि अपना
क्रोध और जलजलाहट अपने नगर यरूशलेम, अपने पवित्र पर्वत से दूर
कर ले; क्योंकि हमारे पापों और हमारे पूर्वजों के अधर्म के कामों के
कारण यरूशलेम और तेरे लोग हमारे चारों ओर के सब *लोगों* के लिये
नामधराई का कारण हुए हैं / 17 **इसलिये अब हे** हमारे परमेश्वर, अपने दास की
प्रार्थना और गिड़गिड़ाहट सुन, और प्रभु के निमित्त अपने मुख का

प्रकाश अपने उजड़े हुए पवित्र स्थान पर चमका। 18 हे मेरे परमेश्वर, कान
लगाकर सुन; अपनी आँखें खोल और हमारे उजड़े हुए स्थानों और उस
नगर को देख जो तेरे नाम से पुकारा जाता है; क्योंकि हम अपने धर्म के
कामों के कारण नहीं, परन्तु तेरी बड़ी दया के कारण तेरे साम्हने
गिड़गिड़ाते हैं। **19 हे प्रभु, सुन! हे प्रभु, क्षमा कर! हे प्रभु, सुन और काम कर! अपने निमित्त देर न कर, हे मेरे
परमेश्वर, क्योंकि तेरा नगर और तेरे लोग तेरे नाम से पुकारे जाते हैं।"**

2 इतिहास 7:13-16
न्यू किंग जेम्स संस्करण
13 जब मैं आसमान बंद कर दूँ और बारिश न हो, या टिड्डियों को ज़मीन
खाने का हुक्म दूँ, या अपने लोगों में महामारी भेजूँ, 14 अगर मेरे लोग जो
मेरे नाम से जाने जाते हैं, खुद को नम्र करें, और प्रार्थना करें और मेरा
चेहरा ढूँढ़ें, और अपने बुरे कामों से फिरें, तो मैं आसमान से सुनूँगा, और
उनके पाप माफ़ करूँगा और उनकी ज़मीन को ठीक करूँगा। 15 अब मेरी
आँखें खुली रहेंगी और मेरे कान इस जगह *की गई प्रार्थना पर ध्यान
देंगे।* **16 क्योंकि अब मैंने** इस घर को चुना है और [a] पवित्र किया है, ताकि मेरा नाम हमेशा के
लिए वहाँ रहे; और [b] मेरी आँखें और [c] मेरा दिल हमेशा वहाँ रहेगा।

दानिय्येल 9:1-19
संदेश

परमेश्वर की वाचा प्रतिबद्धता

9 1-4 "अहस्यूरस का बेटा दारा, जो एक मादी वंश का था, बेबीलोन देश
का राजा बना। उसके राज के पहले साल में, मैं, दानिय्येल, पवित्र
शास्त्रों पर ध्यान कर रहा था, जिसमें नबी यिर्मयाह को परमेश्वर के
वचन के अनुसार, यरूशलेम के बर्बाद होने के सत्तर साल बताए गए थे।
मैंने जवाब माँगते हुए, मालिक परमेश्वर की ओर रुख किया—दिल से
प्रार्थना की, खाना नहीं खाया, पछतावे का मोटा टाट पहना, और राख में

घुटने टेके। मैंने अपना दिल खोलकर, अपनी आत्मा परमेश्वर, मेरे परमेश्वर के सामने रख दी:

4-8 "हे स्वामी, महान और आदरणीय ईश्वर! आप अपनी वाचा की प्रतिबद्धता में कभी नहीं डगमगाते, उन लोगों को कभी मत छोड़ो जो आपसे प्रेम करते हैं और जो आप कहते हैं वह करते हैं। फिर भी हमने हर संभव तरीके से पाप किया है। हमने बुरे काम किए हैं, विद्रोह किया है, चकमा दिया है और आपके स्पष्ट रूप से चिह्नित मार्गों के चारों ओर चक्कर लगाए हैं। हमने आपके सेवकों नबियों की बात को अनसुना कर दिया, जिन्होंने आपके वचन का प्रचार हमारे राजाओं और नेताओं, हमारे माता-पिता और देश के सभी लोगों से किया। आपने सब कुछ सही किया है, मास्टर, लेकिन हमें अपने जीवन के लिए जो कुछ भी दिखाना है वह है अपराध और शर्म, हममें से पूरे समूह—यहूदा के लोग, यरूशलेम के नागरिक, घर पर इसराइल और उन सभी जगहों से निर्वासन में इसराइल जहां हमें आपके साथ विश्वासघात करने के कारण निर्वासित किया गया है। ओह हाँ, ईश्वर, हम सभी—हमारे राजा, नेता, माता-पिता—पूरी दुनिया के सामने अपनी शर्मिंदगी में उजागर हुए हैं।

9-12 "'करुणा ही हमारी एकमात्र आशा है, आपकी दया, स्वामी, हमारे परमेश्वर, क्योंकि हमारे विद्रोह में हमने अपने अधिकारों को खो दिया है। जब आपने हमें बताया कि कैसे जीना है, वह स्पष्ट शिक्षा जो आपके सेवकों नबियों के माध्यम से आई थी, हमने आपकी ओर कोई ध्यान नहीं दिया। हम सब इस्राएल में आपने जो कहा, उसे अनसुना कर दिया। हमने आपके निर्देशों की अवहेलना की और जो हमने चाहा वही किया। और अब हम इसके लिए भुगतान कर रहे हैं: परमेश्वर के सेवक मूसा को प्रकाशितवाक्य में स्पष्ट रूप से लिखा गया गंभीर अभिशाप अब हमारे बीच अपना काम कर रहा है, आपके खिलाफ हमारे पाप की मजदूरी। आपने हमारे और हमारे शासकों के साथ वही किया जो

आपने कहा था कि आप करेंगे: आप हमारे ऊपर यह भयावह आपदा
लाए, रिकॉर्ड में सबसे बुरी आपदा - और यरूशलेम में!
13-14 "'जैसा कि मूसा को परमेश्वर के संदेश में लिखा था, तबाही पूरी
तरह से हुई। कुछ भी छिपाया नहीं गया। हम पाप करते रहे, हमने
तुम्हारे बारे में दोबारा नहीं सोचा, तुम्हारी साफ़ चेतावनी को नज़रअंदाज़
किया, और इसलिए तुम्हारे पास हम पर पूरी ताकत से मुसीबत आने
देने के अलावा कोई चारा नहीं था। हे हमारे परमेश्वर, तुम्हें ऐसा करने
का पूरा हक़ था क्योंकि हमने लगातार और बेशर्मी से तुम्हें नज़रअंदाज़
किया।
15-17 "'हे स्वामी, आप हमारे परमेश्वर हैं, क्योंकि आपने शक्ति के
प्रदर्शन में अपने लोगों को मिस्र देश से छुड़ाया था—लोग अभी भी
इसके बारे में बात कर रहे हैं! हम स्वीकार करते हैं कि हमने पाप किया
है, हमने बुरा जीवन जिया है। चीजों को सही करने, *लोगों को सही*
करने में आपने हमेशा जो किया है , उसी तर्ज पर चलते हुए, कृपया
अपने बहुत ही शहर, अपने पवित्र पर्वत यरूशलेम पर इतना गुस्सा
करना बंद करें। हम जानते हैं कि यह हमारी गलती है कि ऐसा हुआ है,
सब हमारे पापों और हमारे माता-पिता के पापों के कारण है, और अब
हम अपने आस-पास के सभी लोगों के लिए शर्मिंदगी का कारण हैं।
हम पड़ोस पर एक धब्बा हैं। इसलिए , ईश्वर, अपने सेवक की इस दृढ़
प्रार्थना को सुनिए। अपने बर्बाद अभयारण्य पर दया करें। हम जो हैं
उसके आधार पर कार्य करें, न कि हम जो हैं उसके आधार पर।
18 "हे परमेश्वर, अपने कान हमारी तरफ़ लगाओ और सुनो। अपनी
आँखें खोलो और हमारे बर्बाद शहर को देखो, इस शहर का नाम तुम्हारे
नाम पर रखा गया है। हम जानते हैं कि हम तुम्हारी बात सुनने के
लायक नहीं हैं। हमारी अपील तुम्हारी दया है। यह प्रार्थना हमारी
आखिरी और एकमात्र उम्मीद है:
19 " 'मालिक, हमारी बात सुनो!
मालिक, हमें माफ़ कर दो! मालिक, हमारी तरफ़ देखो और कुछ करो!

मालिक, हमें टालो मत! आपके शहर और आपके लोगों का नाम आपके नाम पर रखा गया है: आपका हमसे कुछ लेना-देना है!'

2 इतिहास 7:13-18

संदेश

12-18 उसी रात भगवान सोलोमन के सामने आए और कहा, "मैं तुम्हारी प्रार्थना स्वीकार करता हूँ; हाँ, मैंने इस जगह को बलि के लिए एक मंदिर, एक पूजा घर के तौर पर चुना है। अगर मैं कभी आसमान से बारिश की सप्लाई बंद कर दूँ या टिड्डियों को फसल खाने का आदेश दूँ या अपने लोगों पर कोई मुसीबत भेजूँ, और मेरे लोग, मेरे भगवान के ठहराए हुए लोग, खुद को नम्र करके, प्रार्थना करके, मेरी मौजूदगी की तलाश करके, और अपनी बुरी ज़िंदगी से मुँह मोड़कर जवाब दें, तो मैं तुम्हारे लिए वहाँ तैयार रहूँगा: मैं स्वर्ग से सुनूँगा, उनके पाप माफ़ करूँगा, और उनकी ज़मीन को ठीक कर दूँगा। अब से मैं इस जगह पर की जाने वाली प्रार्थनाओं के लिए दिन-रात चौकन्ना रहूँगा। मेरा विश्वास करो, मैंने इस मंदिर को चुना है और पवित्र किया है जिसे तुमने बनाया है: मेरा नाम इस पर हमेशा के लिए लिखा है; मेरी आँखें इस पर हैं और मेरा दिल हमेशा इसमें है। जहाँ तक तुम्हारी बात है, अगर तुम मेरे साथ वैसे ही रहते हो जैसे तुम्हारे पिता डेविड रहते थे, दिल और कामों से शुद्ध, वैसी ज़िंदगी जीते हो जैसी मैंने तुम्हारे लिए तय की है, मेरे निर्देशों और फैसलों को ध्यान से मानते हुए, तो मैं तुम्हारा साथ दूँगा। इस्राएल पर राज करो—इसे एक पक्की नींव पर पक्का बनाओ। वही वादा जो मैंने तुम्हारे पिता दाऊद को दिया था, वही मैं तुम्हें दे रहा हूँ, यानी, 'तुम भरोसा कर सकते हो कि इस्राएल की राजगद्दी पर हमेशा तुम्हारा कोई वंशज होगा।'

सुबह 6 बजे प्रभु, हम देश के पाप, कॉर्पोरेट बगावत और सामूहिक घमंड को मानते हैं; हम आपकी बड़ी दया की अपील करते हैं।

9am हम अपनी नेकी की वजह से नहीं, बल्कि तेरी दया की वजह से प्रार्थना करते हैं।

12pm आइए, शर्म को पश्चाताप में बदलें और पश्चाताप को हमारे देश में सुधार में बदलें।

3pm अन्याय, खून-खराबे, मूर्ति पूजा और भ्रष्टाचार से जुड़ा हर वादा, भगवान की दया से टूट जाए।

शाम 6 बजे हे पिता, सुनो, माफ़ करो, ध्यान से सुनो और करो; अपने नाम के लिए देर मत करो।

रात 9 बजे मैं यह आदेश देता हूँ कि उजाड़ जगहों को भगवान याद रखेंगे और उनकी कृपा से उन्हें फिर से बनाएंगे।

12am आध्यात्मिक सूखापन, सामाजिक पतन और नैतिक बर्बादी को ठीक होने और सुधार का रास्ता दें।

3am हे परमेश्वर, अपने लोगों को याद रख, अपनी गवाही को सुरक्षित रख, और अपने महान नाम के लिए हमारी भूमि को पुनर्जीवित कर।

दिन 34 - अविश्वासियों के लिए सुसमाचार प्रचार और मुलाकातें

पवित्र शास्त्र: लूका 2:32; यूहन्ना 16:8

लूका 2:32
न्यू किंग जेम्स संस्करण
32 **यह** गैर-यहूदियों पर ज़ाहिर
करने के लिए रोशनी है , और तेरे लोगों इसराएल की शान है।"

यूहन्ना 16:8
न्यू किंग जेम्स संस्करण
8 और जब वह आएगा, तो वह दुनिया को पाप, नेकी और इंसाफ़ के बारे में बताएगा।

लूका 2:32
संदेश
25-32 उस समय यरूशलेम में एक आदमी था, जिसका नाम शिमोन था, वह एक अच्छा आदमी था, एक ऐसा आदमी जो इज़राइल के लिए मदद की प्रार्थना और उम्मीद में रहता था। और पवित्र आत्मा उस पर था। पवित्र आत्मा ने उसे दिखाया था कि वह मरने से पहले परमेश्वर के मसीहा को देखेगा। आत्मा के मार्गदर्शन में, वह मंदिर में गया। जब बच्चे यीशु के माता-पिता उसे कानून के रीति-रिवाजों को पूरा करने के लिए अंदर लाए, तो शिमोन ने उसे अपनी बाहों में ले लिया और परमेश्वर को धन्यवाद दिया:

हे परमेश्वर, अब आप अपने सेवक को रिहा कर सकते हैं;
जैसा आपने वादा किया था, मुझे शांति से रिहा करें। मैंने अपनी आँखों से आपका उद्धार देखा है; यह अब सबके देखने के लिए सबके सामने है: गैर-यहूदी देशों के लिए परमेश्वर को दिखाने वाली रोशनी, और आपके लोगों इस्राएल के लिए महिमा।

यूहन्ना 16:8-11
संदेश
[8-11] "जब वह आएगा, तो वह पाप, नेकी और न्याय के बारे में भगवान को न मानने वाली दुनिया के गलत नज़रिए को सामने लाएगा: वह उन्हें दिखाएगा कि मुझ पर विश्वास न करना ही उनका असली पाप है; कि नेकी ऊपर से आती है, जहाँ मैं पिता के साथ हूँ , उनकी नज़र और कंट्रोल से बाहर; कि न्याय तब होता है जब इस भगवान को न मानने वाली दुनिया के शासक पर मुकदमा चलाया जाता है और उसे दोषी ठहराया जाता है।

सुबह 6 बजे हे पिता, मसीह की रोशनी अविश्वास, बेपरवाही और कड़े विरोध के अंधेरे में फैल जाए।

सुबह 9 बजे दिलों को पाप, नेकी और इंसाफ़ के लिए समझाओ, और अंधे दिमागों से परदे हटाओ।

12pm मैं दिव्य मुलाकातों, सपनों, मुलाकातों और यीशु मसीह के पक्के खुलासों के लिए प्रार्थना करता हूँ।

3pm जो परिवार, समुदाय और लोग अभी भी विश्वास नहीं करते, उन पर पड़ा हर पर्दा भगवान की दया से हट जाए।

शाम 6 बजे हे प्रभु, झूठी शांति और आरामदायक बगावत को पवित्र विश्वास से रोको जो मुक्ति की ओर ले जाता है।

9pm खोजने वालों को आप मिलें, मज़ाक उड़ाने वालों को सच्चाई पकड़े, और भटके हुए लोगों को घर वापस ले आएं।

12am मसीह का अच्छे से प्रचार करने के लिए दया, साफ़गोई और ताकत से भरे गवाहों को इकट्ठा करें।

3am हे ईश्वर, ऐसी मुलाकातें दो जो दुश्मनों को राजदूत और शक करने वालों को पूजा करने वालों में बदल दें।

दिन 35 - व्यक्तिगत युद्ध और पवित्रीकरण

पवित्र शास्त्र: इफिसियों 6:10-18; भजन संहिता 139:23-24

इफिसियों 6:10-18
संदेश
अंत तक की लड़ाई
10-12 और बस इतना ही। भगवान ताकतवर हैं, और वह चाहते हैं कि आप
भी ताकतवर हों। इसलिए मालिक ने आपके लिए जो कुछ भी रखा है,
सबसे अच्छे मटीरियल से बने अच्छे हथियार, सब ले लो। और उनका
इस्तेमाल करो ताकि तुम शैतान की हर बात का सामना कर सको। यह
कोई वीकेंड की लड़ाई नहीं है जिसे हम कुछ घंटों में छोड़कर भूल
जाएंगे। यह हमेशा के लिए है, शैतान और उसके सभी फरिश्तों के
खिलाफ आखिर तक जीने-मरने की लड़ाई।
13-18 तैयार रहें। आप अकेले जितना संभाल सकते हैं, उससे कहीं ज़्यादा
मुश्किलों का सामना कर रहे हैं। जितनी मदद मिल सके, भगवान का
दिया हर हथियार लें, ताकि जब सब कुछ खत्म हो जाए, सिवाय
चिल्लाने के, तो भी आप अपने पैरों पर खड़े रहें। सच, नेकी, शांति,
विश्वास और मुक्ति सिर्फ़ शब्दों से कहीं ज़्यादा हैं। इन्हें इस्तेमाल
करना सीखें। आपको ज़िंदगी भर इनकी ज़रूरत पड़ेगी। भगवान का
वचन एक *ज़रूरी* हथियार है। इसी तरह, इस चल रही लड़ाई में प्रार्थना
ज़रूरी है। खूब मेहनत और देर तक प्रार्थना करें। अपने भाई-बहनों के
लिए प्रार्थना करें। अपनी आँखें खुली रखें। एक-दूसरे का हौसला बनाए
रखें ताकि कोई पीछे न रह जाए या पीछे न हट जाए।

भजन 139:23-24

संदेश

23-24 हे परमेश्वर, मेरी ज़िंदगी की जांच करो,
मेरे बारे में सब कुछ पता लगाओ; मुझे जांचो और परखो, मैं क्या हूं,
इसकी साफ तस्वीर पाओ;
खुद देखो कि मैंने कुछ गलत तो नहीं किया—
फिर मुझे हमेशा की ज़िंदगी के रास्ते पर ले चलो।

इफिसियों 6:10-18

न्यू किंग जेम्स संस्करण

परमेश्वर का सम्पूर्ण कवच

10 आखिर में, मेरे भाइयो, प्रभु में और उसकी शक्ति में मज़बूत बनो। 11
परमेश्वर के सारे हथियार पहन लो, ताकि तुम शैतान की चालों का
सामना कर सको। 12 क्योंकि **हम मांस और** खून से नहीं, बल्कि राज करने वालों से, ताकतों से, इस
ज़माने के अंधेरे के शासकों से , *और* आसमान में दुष्टता की रूहानी *सेनाओं से
लड़ते हैं*। 13 इसलिए परमेश्वर के सारे हथियार बाँध लो, ताकि तुम बुरे
दिन में डटे रह सको, और सब कुछ करके खड़े रह सको।
14 इसलिए सच्चाई से अपनी कमर कसकर, नेकी का कवच पहनकर, 15
और शांति की खुशखबरी की तैयारी के जूते पहनकर खड़े रहो; 16 **और**
सबसे बढ़कर, विश्वास की ढाल लो जिससे तुम उस दुष्ट के सभी आग
के तीरों को बुझा सको। 17 और मुक्ति का टोप और आत्मा की तलवार
लो, जो परमेश्वर का वचन है; 18 **और** हमेशा आत्मा में हर तरह की प्रार्थना
और विनती करते रहो, और इसी मकसद से सभी पवित्र लोगों के लिए
पूरी लगन और विनती के साथ जागते रहो—

भजन 139:23-24

न्यू किंग जेम्स संस्करण

[23] हे परमेश्वर, मुझे जांच और मेरे हृदय को जान;
मुझे परख और मेरी चिंताओं को जान;
[24] और देख कि मुझमें
कोई बुरा मार्ग तो नहीं है, और मुझे सदा के मार्ग पर ले चल।

सुबह 6 बजे हे प्रभु, मुझे खोजो, मुझे परखो, और मेरे अंदर की हर उस चीज़ को सामने लाओ जो दुश्मन को कानूनी पकड़ देती है।

सुबह 9 बजे मैं परमेश्वर के पूरे कवच पहनता हूँ और हर उस समझौते को अस्वीकार करता हूँ जो आध्यात्मिक अधिकार को कमज़ोर करता है।

12pm डर, घमंड, वासना, कड़वाहट और अविश्वास के साथ हर अंदरूनी रिश्ता अब टूट जाए।

3pm छिपे हुए इरादे, गंदी इच्छाएं, और ठीक न हुए घाव मसीह के शासन में आएं।

शाम 6 बजे हे पिता, मेरी वाणी को शुद्ध करो, मेरे विचारों को अनुशासित करो, और युद्ध और पूजा के लिए मेरी इच्छाओं को नियंत्रित करो।

रात 9 बजे मैं यह तय करता हूँ कि मैं अकेले में लड़ाई नहीं हारूंगा और उन्हें सबके सामने जीतने की कोशिश नहीं करूंगा।

12am मेरा जीवन अंधकार का बंद द्वार और पवित्र आत्मा का खुला द्वार बन जाए।

3am हे परमेश्वर, मुझे पूरी तरह से पवित्र करो और मुझे रणनीतिक मध्यस्थता के लिए एक स्वच्छ पात्र बनाओ।

दिन 36 - प्रतिरोध के खिलाफ आधी रात की निगरानी

पवित्र शास्त्र: नहेमायाह 4:9,13; मत्ती 26:41

नहेमायाह 4:9
न्यू किंग जेम्स संस्करण
9 फिर भी हमने अपने परमेश्वर से प्रार्थना की, और उनके कारण हमने दिन-रात उन पर पहरा बिठा दिया।

नहेमायाह 4:13
न्यू किंग जेम्स संस्करण
13 इसलिए मैंने दीवार के निचले हिस्सों के पीछे, खुलने वाली जगहों पर *लोगों को तैनात किया; और मैंने लोगों को उनके परिवारों के हिसाब से, उनकी तलवारों, उनके भालों और उनके धनुषों के साथ खड़ा किया।*

मत्ती 26:41
न्यू किंग जेम्स संस्करण
41 जागते रहो और प्रार्थना करो, ताकि तुम परीक्षा में न पड़ो। आत्मा तो तैयार *है*, पर शरीर कमज़ोर *है*।"

नहेमायाह 4:9
संदेश
7-9 जब सनबल्लत, तोबियाह , अरब, अम्मोनियों और अशदोदियों ने
सुना कि यरूशलेम की दीवारों की मरम्मत बहुत अच्छी तरह से हो रही
है—कि दीवार में जो दरारें थीं, उन्हें ठीक किया जा रहा है—तो वे बहुत
गुस्सा हुए। उन्होंने मिलकर यरूशलेम से लड़ने और जितना हो सके

उतनी परेशानी खड़ी करने का फैसला किया। हमने अपने भगवान से प्रार्थना करके उनका मुकाबला किया और उनके खिलाफ चौबीसों घंटे पहरा लगा दिया।

नहेमायाह 4:13-14
संदेश
13-14 इसलिए मैंने दीवार की सबसे कमज़ोर जगहों पर हथियारबंद गार्ड तैनात किए और लोगों को तलवारों, भालों और धनुषों के साथ परिवारों के हिसाब से तैनात किया। चीज़ों को देखने के बाद मैं खड़ा हुआ और अमीरों, अधिकारियों और बाकी सबसे कहा: "उनसे मत डरो। अपना ध्यान उस मालिक पर लगाओ, जो महान और ज़बरदस्त है, और फिर अपने भाइयों, अपने बेटों, अपनी बेटियों, अपनी पत्नियों और अपने घरों के लिए लड़ो।"

मत्ती 26:41
संदेश
40-41 जब वह अपने चेलों के पास वापस आया, तो उसने उन्हें गहरी नींद में पाया। उसने पीटर से कहा, "क्या तुम मेरे साथ एक घंटा भी नहीं रह सकते? सावधान रहो; प्रार्थना में रहो ताकि तुम लालच में न पड़ो, यह जाने बिना कि तुम खतरे में हो। तुम्हारा एक हिस्सा है जो उत्सुक है, भगवान में किसी भी चीज़ के लिए तैयार है। लेकिन एक और हिस्सा है जो आग के पास सो रहे बूढ़े कुत्ते की तरह आलसी है।"

सुबह 6 बजे हे पिता, जब हम प्रार्थना करते हैं और पहरा देते हैं, तो हमारी तरक्की पर हर रात होने वाले हमले को रोका जाए।

सुबह 9 बजे मुझे हल्के हमले, आध्यात्मिक थकान और अदृश्य प्रतिरोध के खिलाफ सतर्कता के लिए कृपा मिलती है।

12pm हर संबल्लत और तोबियाह जो भगवान के बनाए हुए काम के खिलाफ बुरा-भला कह रहा है, उसे चुप करा दिया जाए।

3pm छिपे हुए घंटों में लगाए गए हर जाल को नुकसान पहुंचाने से पहले ही उजागर होने दें।

शाम 6 बजे हे प्रभु, अपने लोगों को समझदारी, हिम्मत और अनुशासन में रहकर सावधान रहने की ताकत दें।

रात 9 बजे मैं यह आदेश देता हूँ कि विरोध कंस्ट्रक्शन, प्रार्थना या भविष्यवाणी को पूरा होने से नहीं रोकेगा।

12am मेरे घराने, काम और बुलावे के खिलाफ़ हर आधी रात का लेन-देन, यीशु के खून से रद्द हो जाए।

सुबह 3 बजे हे परमेश्वर, पहरा लगाओ और इस मौसम में हमें सभी मुश्किलों पर जीत दिलाओ।

दिन 37 - इलाके में छुटकारा और स्वर्गदूतों की मदद

पवित्र शास्त्र: भजन 91:11-13; प्रेरितों के काम 12:7-10

भजन 91:11-13
न्यू किंग जेम्स संस्करण
[11] क्योंकि वह अपने स्वर्गदूतों को तुम्हारे ऊपर हुक्म देगा, कि
[वे] तुम्हारे सब रास्तों पर तुम्हारी रक्षा करें।
12 **वे तुम्हें अपने हाथों में उठा लेंगे, कहीं ऐसा न हो कि तुम्हारे पांव में पत्थर से चोट लगे।** 13 तुम **शेर** और *नाग*
को रौंदोगे
, [जवान] शेर
[और साँप] को
पैरों तले रौंदोगे ⊥

प्रेरितों के काम 12:7-10
न्यू किंग जेम्स संस्करण
[7] अब देखो, प्रभु का एक स्वर्गदूत *उसके पास खड़ा था,* और जेल में
रोशनी चमकी; और उसने पतरस की बगल पर मारा और उसे उठाते हुए
कहा, "जल्दी उठो!" और उसके हाथों की ज़ंजीरें गिर गईं / 8 **तब**
स्वर्गदूत ने उससे कहा, "अपनी कमर कस लो और अपने जूते पहन
लो"; और उसने वैसा ही किया। और उसने उससे कहा, "अपना कपड़ा
पहनो और मेरे पीछे आओ।" [9] तो वह बाहर गया और उसके पीछे चला
गया, और उसे पता नहीं था कि स्वर्गदूत ने जो किया वह सच था, बल्कि
उसने सोचा कि वह एक सपना देख रहा है। [10] जब वे पहले और दूसरे
पहरेदारों के पोस्ट पार कर चुके थे, तो वे शहर की ओर जाने वाले लोहे

के गेट पर पहुँचे, जो उनके लिए अपने आप खुल गया; और वे बाहर निकले और एक गली में चले गए, और तुरंत स्वर्गदूत उसके पास से चला गया।

भजन 91:11-13
संदेश
91 [1-13] हे महान ईश्वर के सामने बैठने वाले,
शद्दाई की छाया में रात बिताओ,यह कहो: "हे ईश्वर, आप मेरी शरण हैं।
मैं आप पर भरोसा करता हूं और मैं सुरक्षित हूं!"
यह सही है—वह आपको छिपे हुए जाल से बचाता है, जानलेवा खतरों से आपकी रक्षा करता है। उसकी विशाल फैली हुई भुजाएं आपकी रक्षा करती हैं—उनके नीचे आप पूरी तरह सुरक्षित हैं; उसकी भुजाएँ हर प्रकार की हानि को दूर रखती हैं। किसी बात से मत डरो—न रात में जंगली भेड़ियों से, न दिन में उड़ते तीरों से, न अंधेरे में घूमने वाली बीमारी से, न दोपहर में फटने वाली आपदा से। भले ही दूसरे चारों ओर से हार मान लें, दाएँ-बाएँ मक्खियों की तरह गिर पड़ें, कोई हानि तुम्हें छू भी नहीं पाएगी। तुम अछूते खड़े रहोगे, दूर से यह सब देखते रहोगे, दुष्टों को लाशों में बदलते देखोगे। हाँ, क्योंकि परमेश्वर तुम्हारा शरणस्थल है, महान परमेश्वर तुम्हारा अपना घर है, बुराई तुम्हारे करीब नहीं आ सकती, हानि दरवाजे से नहीं आ सकती। उसने अपने स्वर्गदूतों को आदेश दिया है कि तुम जहाँ भी जाओ, तुम्हारी रक्षा करें। यदि तुम ठोकर खाओगे, तो वे तुम्हें पकड़ लेंगे; उनका काम तुम्हें गिरने से बचाना है। तुम शेरों और साँपों के बीच बिना किसी नुकसान के चलोगे, और युवा शेरों और साँपों को मार्ग से हटा दोगे।

प्रेरितों के काम 12:7-11
संदेश

7-9 अचानक उसके पास एक फरिश्ता आ गया और कमरे में रोशनी फैल गई। फरिश्ते ने पीटर को हिलाया और उसे उठाया: "जल्दी करो!" हथकड़ी उसकी कलाइयों से उतर गई। फरिश्ते ने कहा, "कपड़े पहनो। अपने जूते पहनो।" पीटर ने वैसा ही किया। फिर, "अपना कोट पहनो और चलो यहाँ से निकलते हैं।" पीटर उसके पीछे गया, लेकिन उसे यकीन नहीं हुआ कि यह सच में एक फरिश्ता है—उसे लगा कि वह सपना देख रहा है।
10-11 पहले पहरेदार और फिर दूसरे पहरेदार को पार करके, वे लोहे के गेट पर पहुँचे जो शहर में जाता था। वह उनके सामने अपने आप खुल गया, और वे सड़क पर थे, हवा की तरह आज़ाद। पहले चौराहे पर देवदूत उसे छोड़कर अपने रास्ते चला गया। तभी पीटर को एहसास हुआ कि यह कोई सपना नहीं था। "मुझे यकीन नहीं हो रहा—यह सच में हुआ! मालिक ने अपना देवदूत भेजा और मुझे हेरोदेस के बुरे छोटे-मोटे काम और उस तमाशे से बचाया जिसका यहूदी भीड़ इंतज़ार कर रही थी।"

सुबह 6 बजे हे पिता, अपने फरिश्तों को आज्ञा दीजिए कि वे इस उपवास के दौरान और उसके बाद भी हमारे सभी रास्तों पर हमारी रक्षा करें।

सुबह 9 बजे मैं आदेश देता हूँ कि इलाके पर ज़ुल्म, मिलकर हमला, और बिना देखे डराना-धमकाना नहीं चलेगा।

12pm रोशनी को जेल की जगहों, छिपे हुए कमरों और उन बंद इलाकों में आने दो जहाँ अंधेरे का राज है।

3pm हर लोहे का गेट हमारे अगले सीज़न का सामना कर रहा है, भगवान के आदेश से खुला है।

शाम 6 बजे हे प्रभु, नेताओं, बीच-बचाव करने वालों, परिवारों और लंबे समय से कैद में रखे गए इलाकों से ज़ंजीरें हटा दें।

रात 9 बजे मैं शेरों, साँपों, साँपों और दुश्मन के हर ज़हरीले काम पर चलता हूँ।

12am स्वर्गदूतों को राज्य के कामों में साथ जाने दें और शैतानी हमलों को नाकाम करें।

3am हे परमेश्वर, हमारे बीच मुक्ति दिखाई दे, ठोस हो, और जिसे नकारा न जा सके।

दिन 38 - फसल, अमीर जगहें, और बहाली

पवित्र शास्त्र: यशायाह 60:5-7; भजन 66:12

यशायाह 60:5-7
न्यू किंग जेम्स संस्करण
5 तब तुम देखोगे और खुश हो जाओगे,
और तुम्हारा दिल खुशी से भर जाएगा; क्योंकि समुद्र की दौलत तुम्हारी
तरफ़ आएगी, गैर-यहूदियों की दौलत तुम्हारे पास आएगी।
6 ऊँटों की भीड़ तुम्हारी *ज़मीन को ढक लेगी,*
मिद्यान और एपा के ऊँट; शेबा से सब लोग आएंगे; वे सोना और धूप
लाएंगे, और वे यहोवा की तारीफ़ करेंगे।
7 केदार के सारे झुंड तुम्हारे पास इकट्ठे होंगे,
नबायोत के मेढ़े तुम्हारी सेवा करेंगे;
वे मेरी वेदी पर खुशी से चढ़ेंगे, और मैं अपने शानदार घर की शान
बढ़ाऊंगा।

भजन 66:12
न्यू किंग जेम्स संस्करण
12 **तूने लोगों** को हमारे सिर पर सवार किया; हम आग और पानी में से गुज़रे;
लेकिन तूने हमें
एक अच्छी *तृप्ति* तक पहुँचाया।

यशायाह 60:5-7

संदेश

रीयूनियन के लिए लौट रहे लोग

60 1-7 "यरूशलेम, बिस्तर से उठो!
उठो। अपना चेहरा धूप में रखो। तुम्हारे लिए भगवान की तेज रोशनी जगमगा रही है। पूरी धरती अंधेरे में डूबी हुई है, सभी लोग गहरे अंधेरे में डूबे हुए हैं, लेकिन भगवान तुम्हारे ऊपर उगते हैं, उनकी सुबह की चमक तुम पर चमकती है। देश तुम्हारी रोशनी में आएंगे, राजा तुम्हारी सूरज की चमक की ओर। ऊपर देखो! चारों ओर देखो! देखो कि वे कैसे इकट्ठा होते हैं, देखो कि वे तुम्हारे पास आते हैं: तुम्हारे बेटे बहुत दूर से आ रहे हैं, तुम्हारी बेटियों को उनकी आयाएँ ले जा रही हैं। जब तुम उन्हें आते हुए देखोगे तो तुम मुस्कुराओगे—बड़ी मुस्कान! तुम्हारा दिल भर आएगा और, हाँ, फट जाएगा! वे सभी लोग जो समुद्र के रास्ते मिलन के लिए लौट रहे हैं, देशों से इकट्ठा हुए देश निकाला लोगों की एक अच्छी फसल! और फिर जहाँ तक नज़र जाती है ऊँटों के कारवां की धाराएँ, मिद्यान और एपा में खानाबदोशों के जवान ऊँट, शेबा से दक्षिण की ओर से बहते हुए, सोने और लोबान से लदे हुए, भगवान की तारीफ़ करते हुए। और हाँ, खानाबदोशों के झुंड का एक बड़ा जमावड़ा केदार और नबायोथ में ,
मेरी वेदी पर पूजा के लिए तोहफ़ों का स्वागत करो, जब मैं अपने शानदार मंदिर को शान से नहला रहा हूँ।

भजन 66:12

संदेश

8-12 हे लोगों, हमारे परमेश्वर को धन्य कहो!
उसका ज़ोरदार स्वागत करो! क्या उसने हमें जीवन के रास्ते पर नहीं

रखा? क्या उसने हमें खाई से बाहर नहीं रखा? उसने पहले हमें ट्रेनिंग दी,
हमें चाँदी की तरह साफ़ करने वाली आग से गुज़ारा,
हमें मुश्किल देश में ले गया,
हमारी हद तक धकेला, हमें अंदर-बाहर से परखा, हमें नर्क में ले गया
और वापस लाया; आखिर में वह हमें इस अच्छी पानी वाली जगह पर
ले आया।

सुबह 6 बजे हे पिता, दबाव, छंटाई और युद्ध के मौसम के बाद हमें हमारी अच्छी जगह पर ले आओ।

सुबह 9 बजे ज़मीन और समुद्र के खज़ानों को हुक्म दो कि वे राज्य के मकसद और सही देखभाल के लिए जवाब दें।

12pm फसल के दरवाज़े पर हर रुकावट, यीशु मसीह के अधिकार से हटा दी जाएगी।

3pm बर्बाद हुए साल, देर से मिले मौके और चुराए गए फ़ायदे बढ़ोतरी के साथ वापस आएं।

शाम 6 बजे प्रभु, मिशन, दया, शिष्यत्व और पीढ़ीगत प्रभाव के लिए संसाधन इकट्ठा करें।

रात 9 बजे मैं आदेश देता हूँ कि फसल खेत में नहीं मरेगी और रास्ते में सामान की कमी नहीं होगी।

12am सभी देश अपनी ताकत परमेश्वर के मुक्ति के एजेंडे की सेवा में लगाएं।

3am हे परमेश्वर, इस मौसम को दिखने वाली बहाली, कानूनी बढ़ोतरी और गवाही से ताज पहनाओ।

दिन 39 - मसीह के अधिकार में सात पहाड़

पवित्र शास्त्र: मत्ती 6:10; प्रकाशितवाक्य 11:15

मत्ती 6:10
न्यू किंग जेम्स संस्करण
10 तेरा राज्य आए।
तेरी इच्छा जैसे स्वर्ग में पूरी होती *है, वैसे ही पृथ्वी पर भी हो।*

प्रकाशितवाक्य 11:15
न्यू किंग जेम्स संस्करण
सातवीं तुरही: राज्य की घोषणा
15 तब सातवें स्वर्गदूत ने तुरही फूँकी: और स्वर्ग में बड़े-बड़े शब्द होने लगे, जो कह रहे थे, " इस संसार के राज्य हमारे प्रभु और उसके मसीह के राज्य हो गए हैं -*और* वह युगानुयुग राज्य करेगा!"

मत्ती 6:10-13
संदेश
7-13 "दुनिया तथाकथित प्रार्थना योद्धाओं से भरी है जिन्हें प्रार्थना के बारे में कुछ नहीं पता। वे फ़ॉर्मूले, प्रोग्राम और सलाह से भरे हुए हैं, जो भगवान से आप जो चाहते हैं उसे पाने के तरीके बताते हैं। इस बकवास में मत पड़ो। यह तुम्हारे पिता हैं जिनसे तुम निपट रहे हो, और वह तुमसे बेहतर जानते हैं कि तुम्हें क्या चाहिए। ऐसे भगवान के साथ जो तुमसे प्यार करते हैं, तुम बहुत आसानी से प्रार्थना कर सकते हो। इस तरह:

स्वर्ग में रहने वाले हमारे पिता,
बताओ कि तुम कौन हो। दुनिया को ठीक करो; जो सबसे अच्छा है वो करो— जैसा ऊपर, वैसा नीचे। हमें तीन टाइम के खाने से ज़िंदा रखो। हमें अपने साथ माफ़ रखो और दूसरों को भी माफ़ करते रहो।
हमें खुद से और शैतान से बचाओ। तुम इंचार्ज हो! तुम जो चाहो कर सकते हो! तुम खूबसूरती से जलते हो! हाँ। हाँ। हाँ।

प्रकाशितवाक्य 11:15-18
संदेश

अंतिम तुरही बजती है

15-18 सातवें देवदूत ने तुरही बजाई। स्वर्ग में आवाज़ों का एक ज़ोरदार समूह गूंज उठा,
दुनिया का राज्य अब
हमारे परमेश्वर और उनके मसीहा का राज्य है! वह हमेशा-हमेशा राज करेंगे!
परमेश्वर के सामने अपने सिंहासन पर बैठे चौबीस बुज़ुर्ग घुटनों के बल गिरे, पूजा की और गाया,
हे ईश्वर, जो सबसे ताकतवर है,
जो है और जो था, हम तेरा शुक्रिया अदा करते हैं। तूने अपनी बड़ी ताकत ली और राज किया! गुस्साए देशों को अब *तेरे* गुस्से का स्वाद चखने को मिला है।
मरे हुओं का इंसाफ करने, तेरे सेवकों, सभी पैगंबरों और संतों को इनाम देने, तेरे नाम से डरने वाले छोटे और बड़े लोगों को इनाम देने और धरती को खत्म करने वालों को खत्म करने का समय आ गया है।

सुबह 6 बजे हे पिता, आपका राज्य आए और आपकी इच्छा धर्म, परिवार, शिक्षा, सरकार, मीडिया, कला और व्यापार में पूरी हो।

सुबह 9 बजे मैं आदेश देता हूँ कि इंसानी असर का हर पहाड़ यीशु मसीह की सरकार के आगे झुकेगा।

12pm स्ट्रेटेजिक सेक्टर पर कब्ज़ा किए हुए अंधेरे के हर सिंहासन को हिलाकर हटा दिया जाएगा।

3pm हर क्षेत्र में नेक सुधारक, बनाने वाले, बीच-बचाव करने वाले और नेता हों।

शाम 6 बजे प्रभु, इलाके में बदलाव के लिए प्रार्थना, भविष्यवाणी, रणनीति और काम को एक साथ करें।

9pm मैं कहता हूँ कि कोई भी पहाड़ छुड़ाने के लिए बहुत बड़ा नहीं है और कोई भी सिस्टम भगवान के हमले के लिए बहुत मज़बूत नहीं है।

रात 12 बजे: हर कल्चरल और सिविक जगह पर स्वर्ग की आवाज़ बेबीलोन की आवाज़ पर हावी हो जाए।

3am हे परमेश्वर, अपनी महिमा के लिए सात पहाड़ों पर दावा करो और पृथ्वी पर स्थायी राज्य की गवाही स्थापित करो।

दिन 40 - थैंक्सगिविंग, सीलिंग और कमीशनिंग

पवित्र शास्त्र: भजन 126:1-6; इब्रानियों 7:25

भजन 126

न्यू किंग जेम्स संस्करण

सिय्योन में एक आनंदमय वापसी

आरोहण का एक गीत।

126 जब यहोवा सिय्योन के लोगों को बंदी बनाकर वापस ले आया, तो
हम सपने देखने वालों जैसे थे।

2 तब हमारा मुँह हँसी से और हमारी ज़बान गाने से भर गई । तब
[b] जातियों
में कहा गया , "यहोवा ने उनके लिए बड़े-बड़े काम किए हैं।"

3 यहोवा ने हमारे लिए बड़े-बड़े काम किए हैं,
और हम खुश हैं।

4 हे यहोवा, हमारी गुलामी को वापस ले आ,
जैसे दक्षिण की नदियाँ।

5 जो आंसुओं के साथ बोते हैं, वे
आनन्द के साथ काटेंगे।

6 जो बोने के लिए बीज लेकर लगातार रोता हुआ आगे बढ़ता है,
वह निश्चय ही अपने पूले
साथ लाते हुए *आनन्द* के
साथ लौटेगा ।

इब्रानियों 7:25
न्यू किंग जेम्स संस्करण
25 **इसी कारण जो लोग उसके द्वारा परमेश्वर के पास आते हैं, वह** उनका पूरा पूरा उद्धार कर सकता
है, क्योंकि वह उनके लिये बिनती करने को सर्वदा जीवित है।

भजन 126
संदेश
126 **1-3 जब परमेश्वर ने सिय्योन के निर्वासितों को लौटाया, तो** यह एक सपने जैसा लग रहा
था, जो सच होने के लिए बहुत अच्छा था। हम
हँसे, हमने गाया, हमें अपनी अच्छी किस्मत पर यकीन नहीं हुआ। हम
देशों में चर्चा का विषय थे— " परमेश्वर उनके लिए अद्भुत था!"
परमेश्वर हमारे लिए अद्भुत
था; हम एक खुश लोग हैं।
4-6 और अब, हे परमेश्वर, इसे फिर से करो—
हमारी सूखे से परेशान ज़िंदगी में बारिश लाओ, ताकि जो लोग निराशा में अपनी फसल बोते हैं, वे कटाई के समय "हाँ!" चिल्लाएँ,तो जो लोग भारी मन से गए थे, वे हाथों में ढेर सारी दुआएँ लेकर हँसते हुए घर लौटेंगे।

इब्रानियों 7:25
संदेश
23-25 पहले बहुत सारे पुजारी थे, क्योंकि वे मर गए और उन्हें बदलना पड़ा। लेकिन यीशु का पुजारी पद हमेशा के लिए है। वह अब से हमेशा तक हर उस व्यक्ति को बचाने के लिए है जो उसके ज़रिए परमेश्वर के पास आता है, और हमेशा उनके लिए आवाज़ उठाने के काम में लगा रहता है।

सुबह 6 बजे हे पिता, हम आपको धन्यवाद देते हैं क्योंकि प्रार्थना में हमारी मेहनत बेकार नहीं गई और हमारा बीज फसल के साथ वापस आएगा।

सुबह 9 बजे हम यीशु मसीह को आशीर्वाद देते हैं, जो हमारे हमेशा के लिए बीच-बचाव करने वाले हैं, जो हमारे लिए बीच-बचाव करने के लिए हमेशा ज़िंदा रहते हैं।

12pm मैं इस उपवास के दौरान मिले हर जवाब, सफलता, मुक्ति और दिव्य लेन-देन को सील करता हूँ।

3pm प्रार्थना में जो सोचा गया है, उसे चोरी, खराब होने और समय से पहले नुकसान से बचाया जाए।

शाम 6 बजे हे प्रभु, हमें इस उपवास से ताज़ा तेल, साफ़ नज़र और परखे हुए अधिकार के साथ काम करने का आदेश दें।

रात 9 बजे मैं यह आदेश देता हूँ कि यह मौसम लगातार प्रार्थना से निकले, न कि कुछ समय के जोश से; और हमेशा रहने वाले फल से निकले, न कि कुछ समय की भावना से।

12am इस उपवास के बाद ठीक होने, मुक्ति, ठीक होने, इंतज़ाम और सुधार की बातें बढ़ें।

3am हे परमेश्वर, जो आपने हममें, हमारे ज़रिए और हमारे आस-पास शुरू किया है, उसे पूरा करें, और महिमा सिर्फ़ आपकी हो।

निष्कर्ष

अंतर में ईमानदारी से खड़े रहना

प्रार्थना और उपवास के इन चालीस दिनों के दौरान, विश्वासियों ने जानबूझकर चर्च, नेताओं और देशों की ओर से खुद को परमेश्वर के सामने रखा है।

बीच-बचाव सिर्फ़ प्रार्थना में कहे गए शब्दों के बारे में नहीं है। यह स्वर्ग और पृथ्वी के बीच की दूरी में खड़े होने के बारे में है, यह विश्वास करते हुए कि परमेश्वर के उद्देश्य जीवन, समुदायों और पूरे राष्ट्रों को बदल सकते हैं।

भविष्यवक्ता यहेजकेल ने परमेश्वर के हृदय की बात लिखी जब उसने कहा:

"मैंने उनमें से एक ऐसे आदमी को ढूंढा जो दीवार बनाए और ज़मीन के लिए मेरे सामने खड़ा हो।" (यहेजकेल 22:30)

यह निमंत्रण आज भी कायम है।

परमेश्वर उन लोगों को ढूँढ़ता रहता है जो प्रार्थना करेंगे—न केवल अपनी निजी ज़रूरतों के लिए, बल्कि चर्च की किस्मत और देशों के भविष्य के लिए भी।

17 मार्च से 25 अप्रैल तक का यह चालीस दिन का पहरा, प्रार्थना के खास मौसम के तौर पर मनाया जाता रहा है। जो प्रार्थना के लिए एक पर्सनल बुलावे के तौर पर शुरू हुआ था, वह उन विश्वासियों का एक

साझा बोझ बन गया है जो हमारी दुनिया की आध्यात्मिक दिशा के लिए प्रार्थना करने की अहमियत को समझते हैं।

इन प्रार्थनाओं के ज़रिए हम भगवान से प्रार्थना करते हैं कि वह अपने चर्च को मज़बूत करें, लीडर्स को समझदारी और नेकी से गाइड करें, और उन कई लोगों को जो उन्हें कभी नहीं जान पाए, यीशु मसीह के साथ एक बचाने वाली मुलाकात में शामिल करें।

इस किताब में दी गई प्रार्थनाएँ बीच-बचाव का अंत नहीं हैं। वे एक शुरुआत हैं।

इन चालीस दिनों के बाद भी गैप में खड़े रहने का आह्वान जारी रहेगा।

परिवारों को प्रार्थना की ज़रूरत है।

चर्चों को प्रार्थना की ज़रूरत है।

समुदायों को प्रार्थना की ज़रूरत है।

देशों को प्रार्थना की ज़रूरत है।

और असर के सात पहाड़—धर्म, परिवार, शिक्षा, सरकार, मीडिया, कला और संस्कृति, और बिज़नेस—को ऐसे विश्वासियों की ज़रूरत है जो लगातार भगवान की समझ और दखल की तलाश करेंगे।

जब आप इस चालीस दिन की पहरेदारी को खत्म कर रहे हों, तो याद रखें कि पवित्र आत्मा परमेश्वर के लोगों की प्रार्थनाओं को गाइड करती रहती है। यीशु मसीह खुद पिता के सामने बीच-बचाव करते हैं, और हर जगह विश्वास करने वालों को उस पवित्र सेवा में शामिल होने के लिए बुलाया जाता है।

प्रभु प्रार्थना के प्रति आपकी लगन को और मज़बूत करें।

आपका जीवन एक जीवित मंदिर बना रहे जहां परमेश्वर की आत्मा निवास करती है।

चर्च और देशों की तरफ से आपकी आवाज़ स्वर्ग के सामने उठती रहे।

और परमेश्वर का राज्य इंसानी असर के हर क्षेत्र में आगे बढ़े।

कॉल साफ़ है:

इस अंतर को पाटें।
बिना रुके प्रार्थना करें। देशों के बदलाव के लिए विश्वास रखें।

ग्लोबल इंटरसेसरी मूवमेंट में शामिल हों

मिलियन मध्यस्थों के लिए एक आह्वान

यह प्रार्थना असाइनमेंट अकेले करने के लिए नहीं है।
परमेश्वर **दुनिया भर में मध्यस्थों की एक कंपनी बना रहा है** जो चर्च, नेताओं और देशों के लिए खड़े होंगे।

इस बुकलेट के ज़रिए, दुनिया भर के मानने वालों को 10 **मिलियन से ज़्यादा प्रार्थना करने वालों के बढ़ते हुए बीच-बचाव के आंदोलन में शामिल होने के लिए बुलाया जा रहा है** , जो देशों में बदलाव के लिए भगवान से प्रार्थना करने के लिए तैयार हैं।

आपको हमारी किसी एक इक्विपिंग कम्युनिटी से जुड़ने और प्रार्थना, शिष्यता और आध्यात्मिक विकास में आगे बढ़ते रहने के लिए बुलाया जाता है।

हमारे इक्विपमेंटिंग कम्युनिटीज़ से जुड़ें
अपनी आध्यात्मिक रुचियों के आधार पर हमारी किसी भी जीवंत कम्युनिटी में शामिल हों।
10 मिलियन मूवमेंट – इंटरसेसरी इक्विपिंग कम्युनिटी
फेसबुक
https://www.otakada.org/facebookintercessory

होली घोस्ट स्कूल – शिष्य समुदाय
फेसबुक
https://www.otakada.org/facebookholyghostschool

टेलीग्राम
https://t.me/holyghostschooldiscipleship

10 मिलियन मध्यस्थ समुदाय को सुसज्जित कर रहे हैं

व्हाट्सएप
https://www.otakada.org/whatsappintercessory

"हम मसीह यीशु में एक हैं"

गॉड्स ईगल मिनिस्ट्रीज़ (GEM) WhatsApp कम्युनिटीज़
समुदाय 1
https://www.otakada.org/whatsappcommunity1
समुदाय 2
https://www.otakada.org/whatsappcommunity2

हमारे ऑनलाइन स्टोर पर जाएँ

हमारी प्रेरणा देने वाली ईसाई किताबों और रिसोर्स का कलेक्शन देखें, जो विश्वासियों को प्रार्थना, शिष्य बनाने और राज्य की सेवा के लिए तैयार करने के लिए डिज़ाइन किए गए हैं।
यहां से खरीदारी करें
https://shop.otakada.org

आप दूसरी तरफ देखिए

गॉड्स ईगल मिनिस्ट्रीज़ (GEM)
अंतिम समय के लिए एक समुदाय
वेबसाइट
https://www.otakada.org
ईमेल
ambassador@otakada.org
आभार सहित,
स्वागत समिति

कार्यवाई के लिए बुलावा

फसल के लिए साझेदारी

जैसे ही आप इस किताब को खत्म करेंगे, हम आपको इस सफ़र को एक कदम और आगे ले जाने के लिए बुला रहे हैं—न सिर्फ़ अपनी ज़िंदगी में, बल्कि दुनिया भर में अनगिनत लोगों की ज़िंदगी में भी। अगर गॉड्स ईगल मिनिस्ट्रीज़ (GEM) के मैसेज ने आपके दिल को मज़बूत किया है, जगाया है, या फिर उसे ठीक किया है, तो हम आपसे विनम्रता से गुज़ारिश करते हैं कि **फसल के लिए हमारे साथ पार्टनरशिप करने के बारे में सोचें**। दुनिया सच्चाई, उम्मीद और पवित्र आत्मा की कोमल लेकिन साफ़ आवाज़ की भूखी है, और हम मिलकर इन मैसेज को वहाँ पहुँचा सकते हैं जहाँ इनकी सबसे ज़्यादा ज़रूरत है। हमारा मानना है कि मीडिया सिर्फ़ टेक्नोलॉजी से कहीं ज़्यादा है—यह एक **आध्यात्मिक जाल है** जो देशों, गांवों, शहरों और छिपी हुई जगहों तक फैला हुआ है। फ़िल्म, वीडियो, रेडियो और डिजिटल मिनिस्ट्री के ज़रिए, GEM उन लोगों तक पहुँच रहा है जो शायद कभी चर्च में न गए हों, लेकिन जिनके दिल जीवित मसीह से मिलने के लिए खुले हैं।

आपकी पार्टनरशिप से हमें मदद मिलती है:

1. स्पिरिट से भरी फिल्म और वीडियो कंटेंट बनाएं
ऐसी कहानियाँ और शिक्षाएँ जो यीशु के प्यार को साफ़, समझने लायक और ज़िंदगी बदलने वाले तरीकों से ठीक करती हैं, प्रेरित करती हैं और दिखाती हैं।

2. रेडियो पर सुसमाचार का प्रसारण करें

परमेश्वर के वचन को जेलों, अस्पतालों, ग्रामीण इलाकों और इंटरनेट की पहुंच से बहुत दूर जगहों तक पहुंचाना—जहां उम्मीद कम है और सच्चाई कीमती है।

3. हमारे सोशल मीडिया टीचिंग और डिसिप्लिनशिप कैंपेन को बढ़ाएं

रोज़ाना भक्ति, प्रार्थना और शिक्षाएँ जो विश्वासियों को मज़बूत करती हैं, परिवारों को ठीक करती हैं, और दुनिया भर में शिष्यों को तैयार करती हैं।

आपका सपोर्ट क्यों ज़रूरी है

हर संदेश रोशनी का बीज बन जाता है।
हर शिक्षा बदलाव की लहर बन जाती है। उदारता का हर काम भगवान की दुनिया भर में होने वाली फसल का हिस्सा बन जाता है।
आपका दान इस सेवा को उन आत्माओं तक पहुँचने में मदद करता है जिनसे हम शायद धरती पर कभी न मिलें, लेकिन हमेशा ज़रूर मिलेंगे।
कोई तय रकम नहीं है—सिर्फ़ वैसे ही दें जैसा प्रभु आपको बताते हैं।
हर दान, चाहे बड़ा हो या छोटा, किंगडम को आगे बढ़ाने में एक भूमिका निभाता है।

साझेदारी करना या देना:
पेपैल:
https://www.paypal.com/ncp/payment/D6NEFW56KG8LU
Tithe.ly:
https://tithe.ly/give?c=308311

फ़्लटरवेव –
https://flutterwave.com/donate/bbkpkokehxlw

देने के सभी तरीके:
https://www.otakada.org/partnership-giving
हमारे साथ खड़े रहने के लिए धन्यवाद।
फसल बोने के लिए धन्यवाद। मसीह का संदेश देशों तक पहुँचाने में हमारी मदद करने के लिए धन्यवाद।
प्रभु आपको भरपूर आशीर्वाद दें, आपको भरपूर बढ़ाएं, और उनकी महिमा के लिए आपके बोए गए हर बीज को कई गुना बढ़ाएं।
यीशु के शक्तिशाली नाम में, आमीन।

—एम्बेसडर मंडे ओ. ओगबे , ज़ाकारियास गॉडसीगल ; कम्फर्ट लाडी ओगबे
संस्थापक, गॉड्स ईगल मिनिस्ट्रीज़ (GEM)
www.otakada.org

दोबारा जन्म कैसे लें और मसीह के साथ नया जीवन कैसे शुरू करें

हो सकता है कि आप पहले भी जीसस के साथ चले हों, या हो सकता है कि आप इन 40 दिनों में उनसे मिले हों। लेकिन अभी, आपके अंदर कुछ हलचल हो रही है।

आप धर्म से ज़्यादा के लिए तैयार हैं।

आप **रिश्ते के लिए तैयार हैं** ।

आप यह कहने के लिए तैयार हैं, "यीशु, मुझे आपकी ज़रूरत है।"

सच तो यह है:

"क्योंकि सबने पाप किया है; हम सब परमेश्वर के महिमामय मानक से कम हैं... फिर भी परमेश्वर, अपनी कृपा से, हमें अपनी दृष्टि में स्वतंत्र रूप से धर्मी ठहराता है।"

— रोमियों 3:23–24 (NLT)

आप मुक्ति नहीं पा सकते।

आप खुद को ठीक नहीं कर सकते। लेकिन यीशु ने पहले ही पूरी कीमत चुका दी है — और वह आपका घर में स्वागत करने का इंतज़ार कर रहे हैं।

दोबारा जन्म कैसे लें

दोबारा जन्म लेने का मतलब है अपना जीवन यीशु को सौंप देना — उनकी माफ़ी को स्वीकार करना, यह मानना कि वह मरे और फिर जी उठे, और उन्हें अपना प्रभु और उद्धारकर्ता मानना।

यह आसान है। यह शक्तिशाली है। यह सब कुछ बदल देता है।

ज़ोर से प्रार्थना करें:

"प्रभु यीशु, मेरा मानना है कि आप परमेश्वर के पुत्र हैं। मेरा मानना है कि आप मेरे पापों के लिए मरे और फिर से जी उठे।

मैं मानता हूँ कि मैंने पाप किया है और मुझे आपकी माफ़ी चाहिए। आज, मैं पश्चाताप करता हूँ और अपने पुराने तरीकों से मुड़ता हूँ। मैं आपको अपने जीवन में अपने प्रभु और उद्धारकर्ता बनने के लिए आमंत्रित करता हूँ। मुझे साफ़ करें। मुझे अपनी आत्मा से भरें। मैं घोषणा करता हूँ कि मैं फिर से जन्मा हूँ, माफ़ किया गया हूँ, और आज़ाद हूँ। आज से, मैं आपका अनुसरण करूँगा — और मैं आपके कदमों पर जीऊँगा। मुझे बचाने के लिए धन्यवाद। यीशु के नाम में, आमीन।"

मोक्ष के बाद अगले कदम

1. **किसी को बताएं** – अपना फ़ैसला किसी ऐसे विश्वासी के साथ शेयर करें जिस पर आपको भरोसा हो।
2. **बाइबल पर आधारित चर्च खोजें** – ऐसे समुदाय से जुड़ें जो परमेश्वर के वचन को सिखाता है और उसे जीता है। https://www.otakada.org या https://chat.whatsapp.com/H67spSun32DDTma8TLh0ov के ज़रिए ऑनलाइन God's Eagle मिनिस्ट्रीज़ पर जाएँ।
3. **बपतिस्मा लें** – अपने विश्वास को सबके सामने बताने के लिए अगला कदम उठाएँ।
4. **रोज़ाना बाइबल पढ़ें** – जॉन के गॉस्पेल से शुरू करें।
5. **हर दिन प्रार्थना करें** – परमेश्वर से एक दोस्त और पिता के रूप में बात करें।
6. **जुड़े रहें** – अपने आस-पास ऐसे लोगों को रखें जो आपके नए काम को बढ़ावा दें।
7. **समुदाय में शिष्य बनाने की प्रक्रिया शुरू करें** – इन लिंक के ज़रिए यीशु मसीह के साथ एक-एक करके रिश्ता बनाएँ

40-दिन का शिष्यत्व 1 - https://www.otakada.org/get-free-40-days-online-discipleship-course-in-a-journey-with-jesus/

40 शिष्यत्व 2 - https://www.otakada.org/get-free-40-days-dna-of-discipleship-journey-with-jesus-series-2/

मेरा उद्धार का क्षण

तारीख : ___________________________

हस्ताक्षर : _______________________

“अगर कोई मसीह में है, तो वह एक नई सृष्टि है; पुराना बीत गया है, नया आ गया है!”

— 2 कुरिन्थियों 5:17

मसीह में नए जीवन का प्रमाण पत्र

मुक्ति की घोषणा – अनुग्रह से नया जन्म

यह प्रमाणित करता है कि

____

(पूरा नाम)

उसने सबके सामने **यीशु मसीह में**

प्रभु और उद्धारकर्ता के रूप में विश्वास जताया है और उसकी मृत्यु और पुनरुत्थान के ज़रिए मुक्ति का मुफ़्त तोहफ़ा पाया है।

"अगर तुम खुले तौर पर यह ऐलान करो कि यीशु प्रभु है और अपने दिल में यकीन करो कि परमेश्वर ने उसे मरे हुओं में से ज़िंदा किया है, तो तुम बच जाओगे।"

— रोमियों 10:9 (NLT)

इस दिन स्वर्ग खुश होता है और एक नई यात्रा शुरू होती है।

निर्णय की तिथि : _________________________

हस्ताक्षर : _______________________________

मुक्ति घोषणा

"आज, मैं अपना जीवन जीसस क्राइस्ट को सौंपता हूँ।

मेरा मानना है कि वह मेरे पापों के लिए मरे और फिर से जी उठे। मैं उन्हें अपने प्रभु और उद्धारकर्ता के रूप में स्वीकार करता हूँ। मुझे माफ़ कर दिया गया है, मेरा फिर से जन्म हुआ है, और मैं नया बन गया हूँ। इस पल से, मैं उनके नक्शेकदम पर चलूँगा।"

वेलकम टू द फैमिली ऑफ गॉड!

आपका नाम मेमने की जीवन की किताब में लिखा है।

आपकी कहानी अभी शुरू हुई है — और यह हमेशा रहने वाली है।

गॉड्स ईगल मिनिस्ट्रीज़ से जुड़ें

- वेबसाइट: www.otakada.org
- वेल्थ बियॉन्ड वरी सीरीज़: www.wealthbeyondworryseries.com
- ईमेल: ambassador@otakada.org

- **इस काम में मदद करें:**

कवनेंट के तहत दान देकर किंगडम प्रोजेक्ट्स, मिशन और फ्री ग्लोबल रिसोर्स को सपोर्ट करें।

देने के लिए QR कोड स्कैन करें

https://tithe.ly/give?c=308311

आपकी दरियादिली से हमें ज़्यादा लोगों तक पहुँचने, रिसोर्स ट्रांसलेट करने, मिशनरियों को सपोर्ट करने और दुनिया भर में डिसाइपलशिप सिस्टम बनाने में मदद मिलती है। धन्यवाद!

लेखक का बायो

ज़ाकारियास गॉडसीगल

लेखक • शिक्षक • दूरदर्शी नेता

ज़ाकारियास गॉडसीगल वचन के एक जोशीले टीचर और मसीह के शरीर के लिए एक समझदार आवाज़ हैं। आध्यात्मिक समझ के लिए एक अनोखी कृपा लेकर, ज़ाकारियास साफ़-साफ़, भविष्यवाणी की गहराई और विश्वासियों को पवित्रता, ईश्वरीय भक्ति और मसीह के प्रति सच्चे समर्पण के साथ चलते हुए देखने की दिल से जलने वाली इच्छा के साथ सेवा करते हैं।

गॉड्स ईगल मिनिस्ट्रीज़ (GEM) के काम में एक साथी के तौर पर, वह डिसाइपलशिप कंटेंट, धर्मग्रंथों की रोशनी, और मीडिया-बेस्ड आउटरीच को आकार देने में अहम भूमिका निभाते हैं, जो डिजिटल और फिजिकल सीमाओं के पार लोगों के जीवन को छूता है। उनकी रचनाएँ अंदरूनी बदलाव, आज्ञाकारिता, और विश्वासी के दिल के सिंहासन पर मसीह की वापसी पर फोकस करती हैं।

ज़ाकारियास एक सीधी सी सोच से चलते हैं: **जब दिल एक साथ होता है, तो किस्मत भी एक साथ होती है।**

वह टीचिंग, मेंटरशिप और स्पिरिट से भरे क्रिएटिव प्रोजेक्ट्स के ज़रिए दुनिया भर के दर्शकों तक पहुँचते रहते हैं।

राजदूत मंडे ओ. ओगबे

लेखक • मिशनरी कम्युनिकेटर • संस्थापक, गॉड्स ईगल मिनिस्ट्रीज़ (GEM)
राजदूत सोमवार ओरियोजो ओग्वुओजो ओगबे **गॉड्स ईगल मिनिस्ट्रीज़ (GEM)** के फाउंडर हैं — यह एक ग्लोबल मिशन है जिसका मकसद है "लोगों को उनके वचन के ज़रिए भगवान से जोड़ना।" इंटरसेशन, सच्चाई, इमोशनल कहानी कहने और भविष्यवाणी सिखाने के अपने गहरे जुनून के लिए जाने जाने वाले, वे लिखने, पॉडकास्टिंग, फिल्म बनाने, डिजिटल प्रचार और शिष्य बनाने के ज़रिए अलग-अलग देशों में सेवा करते हैं।
लीडरशिप, मीडिया और मिशन में बैकग्राउंड के साथ, एम्बेसडर मंडे के पास एक क्रॉस-कल्चरल अभिषेक है जो अफ्रीका से लेकर एशिया, अमेरिका, यूरोप और मिडिल ईस्ट तक गूंजता है। उनकी शिक्षाएँ विश्वास करने वालों के दिल की छिपी लड़ाइयों का सामना करती हैं— लालच, पहचान की लड़ाई, आध्यात्मिक संतुष्टि, और भगवान के साथ करीबी का धीरे-धीरे खत्म होना।
वह कई भक्ति गीतों, बुक सीरीज़ और मल्टीमीडिया टीचिंग के लेखक हैं, जो otakada.org और GEM के डिजिटल प्लेटफॉर्म के ज़रिए लाखों लोगों तक पहुँचते हैं।
उनका जीवन संदेश आसान लेकिन गहरा है:
"जब क्राइस्ट सेंटर में बैठते हैं, तो बाकी सब कुछ अपनी सही जगह ले लेता है।"

कम्फर्ट लाडी ओगबे

लेखक • मध्यस्थ • सेवकाई में सह-श्रमिक
कम्फर्ट लाडी ओगबे गॉड्स ईगल मिनिस्ट्रीज़ के किंगडम असाइनमेंट में एक राइटर, इंटरसेसर और साथ काम करने वाली हैं। दया, समझदारी

और दूसरों का ख्याल रखने वाली भावना से भरपूर, वह जिस भी प्रोजेक्ट को छूती हैं, उसमें इमोशनल गहराई और स्पिरिचुअल ग्राउंडिंग लाती हैं।

उनके योगदान में—अक्सर पर्दे के पीछे—विनम्रता, समझदारी और ठीक होने की खुशबू होती है। वे काउंसलिंग, प्रार्थना, शिष्य बनाने और क्रिएटिव सहयोग से आराम देती हैं, खासकर उन कामों में जो परिवार को फिर से बसाने, आध्यात्मिक रूप से समझदार होने और दिल बदलने पर ज़ोर देते हैं।

एक लेखक के तौर पर, वह अपने अनुभव और आध्यात्मिक विश्वास के आधार पर लिखती हैं, और पढ़ने वालों को मसीह में पूरी तरह से जीने के लिए साफ़ समझ, आराम और हिम्मत देती हैं।

कम्फर्ट विश्वासियों को न केवल ज्ञान में, बल्कि दैनिक जीवन में भी परमेश्वर का अनुभव करने में मदद करने के लिए प्रतिबद्ध है - जहाँ हृदय विश्वास करना, समर्पण करना और फलना-फूलना सीखता है।

लेखक पेज:
https://www.amazon.com/stores/Zacharias-Godseagle/author/B0FCZ89D4K

परिशिष्ट

परिशिष्ट ए

60 मिनट का रणनीतिक प्रार्थना मॉडल

इस मॉडल का अभ्यास रोज़ाना करना चाहिए, कभी-कभी नहीं।

30 मिनट — आराधना

सिर्फ़ इस पर ध्यान दें कि परमेश्वर कौन है:

- उनकी पवित्रता
- उसकी संप्रभुता
- उसकी दया
- उसका न्याय
- उसका अधिकार
- उसकी वफ़ादारी

कोई रिक्वेस्ट नहीं.
कोई पिटीशन नहीं. सिर्फ़ श्रद्धा.

10 मिनट — उसकी संप्रभुता की घोषणा करें

बोलकर घोषणा करें:

- भगवान मेरे जीवन पर राज करते हैं।
- भगवान मेरे परिवार पर राज करते हैं।
- भगवान मेरे बुलावे पर राज करते हैं।

- भगवान मेरे माहौल पर राज करते हैं।
- भगवान मेरे देश पर राज करते हैं।

घोषणा से अधिकार मजबूत होता है।

10 मिनट — पश्चाताप

परीक्षण करना:

- नज़रिया
- भाषण
- इरादों
- छिपा हुआ समझौता
- आध्यात्मिक आलस्य

खास तौर पर कबूल करें।

10 मिनट — राज्य-संरेखित आदेश

पवित्रशास्त्र के आधार पर तालमेल की घोषणा करें:

- मैं पवित्रता से चलता हूँ।
- मैं अनुशासन में रहता हूँ।
- मैं ईमानदारी से सहता हूँ।
- मैं असाइनमेंट पूरा करता हूँ।
- मैं पीछे हटने से मना करता हूँ।

स्वार्थी महत्वाकांक्षा का आदेश न दें।

धर्मग्रंथ के अनुसार चलें।

परिशिष्ट बी

7-दिन की डिसिप्लिन रीसेट गाइड

लगातार सात दिनों तक:

1. रोज़ाना एक घंटे बिना रुके प्रार्थना करें।
2. एक गॉस्पेल को पूरा पढ़ें।
3. हर रात इंटीग्रिटी ऑडिट।
4. कोई गॉसिप, शिकायत, बढ़ा-चढ़ाकर बात नहीं।
5. कम से कम एक जानबूझकर उपवास।
6. डिजिटल शोर कम हुआ।
7. रोज़ाना अकाउंटेबिलिटी चेक-इन।

सात दिन में सेंसिटिविटी को फिर से बनाएं।

परिशिष्ट सी

व्यक्तिगत निष्ठा अनुबंध टेम्पलेट

इसे अपनी हैंडराइटिंग में लिखें।

निष्ठा की व्यक्तिगत वाचा

मैं, ______________________________,
यीशु मसीह के प्रति अपनी पूरी और खास वफ़ादारी की घोषणा करता हूँ।
मैं बँटी हुई वफ़ादारी को छोड़ता हूँ।
मैं छिपे हुए समझौते को नहीं मानता। मैं निजी और सार्वजनिक जीवन में पवित्रता के लिए प्रतिबद्ध हूँ। मैं अनुशासित प्रार्थना के लिए प्रतिबद्ध हूँ। मैं हमेशा वफ़ादारी के लिए प्रतिबद्ध हूँ। मैं अपना ईश्वरीय काम स्वीकार करता हूँ। मैं पीछे हटने से इनकार करता हूँ।
मैं परमेश्वर के सामने इस वाचा पर मुहर लगाता हूँ।
हस्ताक्षर: __________________________
दिनांक: ____________________________

अंतिम पादरी आशीर्वाद

आपकी वफ़ादारी पक्की हो।

आपका अनुशासन एक जैसा हो। आपकी पवित्रता आपके भविष्य की रक्षा करे। आपकी सहनशक्ति तेज़ी से ज़्यादा टिके। आपका काम पूरा हो। कोई गोली, कोई धोखा, कोई निराशा, कोई पाखंड, और बदले की कोई आहट आपको पीछे न खींचे।

आप अपनी दौड़ पूरी करें।

स्वर्ग आप पर प्रसन्न हो।

केवल आगे.

अनुशंसित पुस्तकें और संसाधन

मैंने स्वर्ग से आग देखी

जिहाद से जीसस तक - निष्ठा खतरे में

लिविंग एपिस्टल्स – 40 दिन की भक्ति सीरीज़|बुक 3

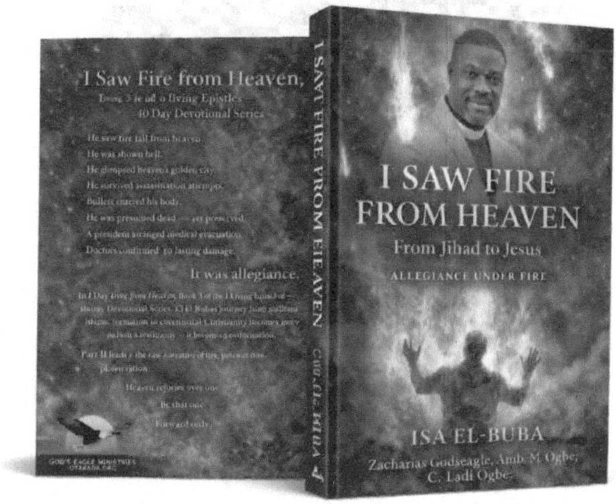

ईबुक लिंक्स – https://shop.otakada.org/product/i-saw-fire-from-heaven-from-jihad-to-jesus-allegiance-under-fire-prophet-isa-el-buba-in-epub/

Amazon Ebook लिंक https://www.amazon.com/Saw-Fire-Heaven-Allegiance-Devotional-ebook/dp/B0GP9TGL2D

इंग्रामस्पार्क के ज़रिए ऑर्डर करें
https://shop.ingramspark.com/b/084?params=L7sIm15JJC55NhWaeizvOlnnUVWZJdq7PISwLupgc8T

सी.एस. लुईस (1898-1963) - सिर्फ़ ईसाई धर्म, पूरी तरह से जिया गया: एक झिझकते मन से एक बदली हुई ज़िंदगी तक (लिविंग एपिस्टल्स - 40 दिन की भक्ति सीरीज़ | बुक बुक 2)

ई-पुस्तक

https://www.amazon.com/Lewis-1898-1963-Mere-Christianity-Fully-ebook/dp/B0GKQ27F9N

किताबचा

https://www.amazon.com/Lewis-1898-1963-Mere-Christianity-Fully/dp/B0GM8YMXC3

हार्डकवर

https://www.amazon.com/Lewis-1898-1963-Mere-Christianity-Fully/dp/B0GM8WHXJL

लिंक से ऑर्डर करें -

https://shop.ingramspark.com/b/084?params=HEiG1mvNiEtCSBrrX4PON2IomPPhR8L5aoQG6wcuKCT

सेंट ऑगस्टीन ऑफ हिप्पो (354–430 ईस्वी)
बेचैन दिल से लिखी हुई ज़िंदगी तक - लिविंग एपिस्टल्स – 40 दिन की भक्ति सीरीज़ – 1

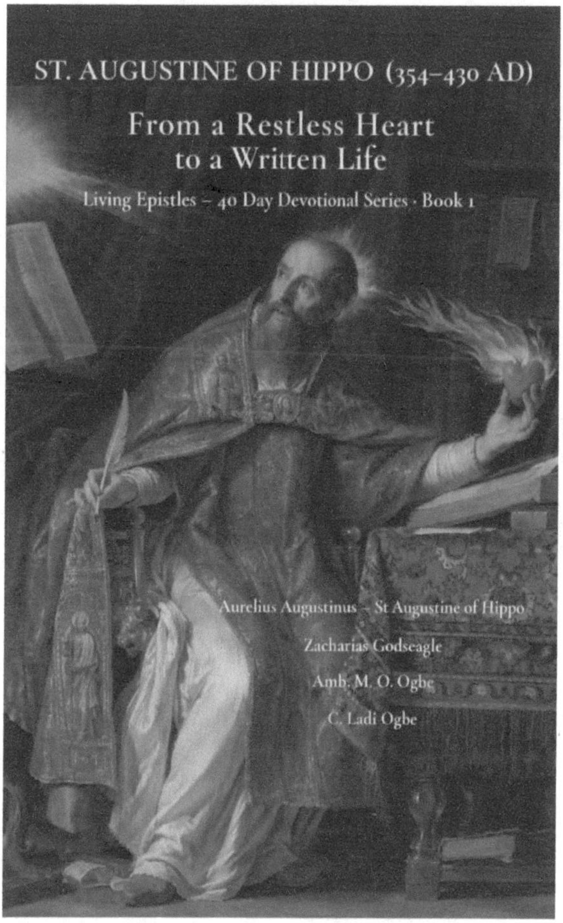

Amazon Ebook लिंक - https://www.amazon.com/ST-AUGUSTINE-HIPPO-354-430-Devotional-ebook/dp/B0GJN8N9XS

Amazon पेपरबैक ऑर्डर लिंक -
https://www.amazon.com/St-Augustine-Hippo-354-430-Devotional/dp/B0GJWTVLR6

इनग्रामस्पार्क पेपरबैक लिंक -
https://shop.ingramspark.com/b/084?params=BZOOW3dj93aGEtBL2Fv1VY8wV1OQvA10dtZRDgk7Z9Z

मुझे स्कैन करें

नवीकरण 7
7 दिनों में अपने घर के दिल को ठीक करें
द रिन्यूअल सीरीज़ – फ़ैमिली यूनिटी एडिशन

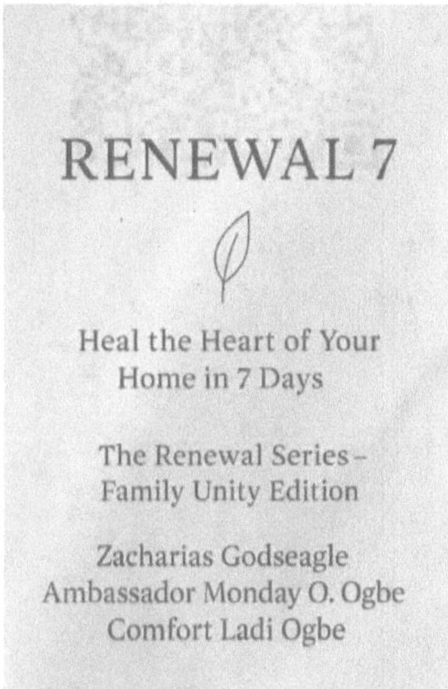

बुक पेपरबैक का लिंक -
https://shop.ingramspark.com/b/084?params=htyfL002e1JzyEpZWkKtaXWF5FJ1jZFOjgiQKEfcbnw

Amazon पेज पेपरबैक का लिंक -
https://www.amazon.com/RENEWAL-Heal-Heart-Your-Renewal/dp/B0GD92153W

Ebook का लिंक –

https://www.amazon.com/RENEWAL-Heal-Heart-Your-Renewal-ebook/dp/B0G91BMFND

मुझे स्कैन करें –

रिन्यूअल 7: 7 दिनों में अपने घर के दिल को ठीक करें

रिन्यूअल सीरीज़ — फ़ैमिली यूनिटी एडिशन

पेपरबैक का लिंक -

https://shop.ingramspark.com/b/084?params=nSEElv9oUsItOu5akVZlg4ycGbbmvlBOtSiqeOZr5yQ

Amazon पेपरबैक का लिंक -
https://www.amazon.com/RENEWAL-MARRIAGE-Heart-Marriage-Renewal/dp/B0GDC1YZJ7

Ebook का लिंक -
https://www.amazon.com/RENEWAL-MARRIAGE-Heart-Marriage-Renewal-ebook/dp/B0G6JXJWJL

हृदय का सिंहासन – 12 लड़ाइयाँ जो हमें जीतनी ही होंगी

Amazon ebook -
https://www.amazon.com/THRONE-HEART-COVETOUSNESS-Counterfeit-CONTENTMENT-ebook/dp/B0G4SPFRY7

Amazon पेपरबैक -
https://www.amazon.com/THRONE-HEART-COVETOUSNESS-Counterfeit-CONTENTMENT/dp/B0G4TKW1ND

Ingramspark से पेपरबैक -
https://shop.ingramspark.com/b/084?params=a75LJXtvvI63VnzeQPleQTkAJWfu8CPQV6l5Oe31D80

ज़ाकारियास गॉडसीगल के 4 इन 1 उपदेश ऑडियो लिंक के साथ

Amazon Ebook लिंक - https://www.amazon.com/Sermons-Zacharias-Godseagle-Audio-links-ebook/dp/B0G4XCH4TW

Amazon पेपरबैक - https://www.amazon.com/Sermons-Zacharias-Godseagle-Audio-links/dp/B0G4TK4XGT

पेपरबैक इनग्राम स्पार्क लिंक - https://shop.ingramspark.com/b/084?params=nK2JERskkbhdAOSNseTUNRhaCFqUPZuhB4uYfqrXvGb

पिलग्रिम कोड: एआई अवेकनिंग

ईबुक - https://www.amazon.com/Logos-Protocol-Awakening-artificial-intelligence-ebook/dp/B0FXNQFSWZ

पेपरबैक - https://www.amazon.com/Logos-Protocol-Awakening-artificial-intelligence/dp/B0FXNGR66D

हार्डबैक - https://www.amazon.com/Logos-Protocol-Awakening-artificial-intelligence/dp/B0FZNTQR6Y

पेपरबैक इनग्रामस्पार्क -
https://shop.ingramspark.com/b/084?params=QkK4aNYTYO9U5z9uOkdHgc7Ue1eGDLqbb1tz9WRPaSk

मुक्ति क्यों विफल होती है - और परमेश्वर की अग्नि आत्मा को कैसे पुनर्स्थापित करती है: सर्वांगीण मुक्ति के लिए 40 दैनिक घोषणाएँ

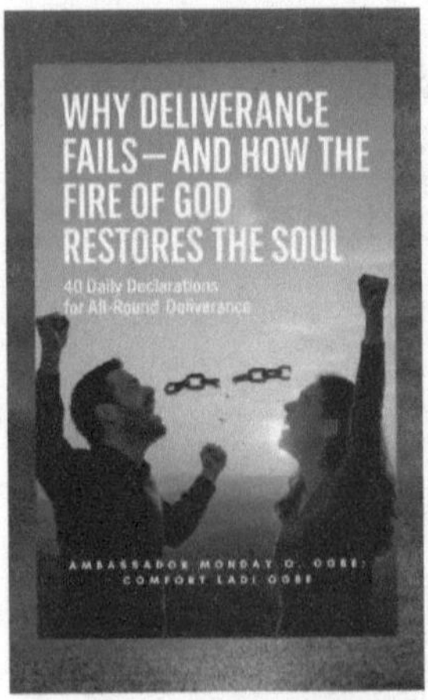

ईबुक - https://www.amazon.com/Why-Deliverance-Fails-Declarations-All-Round-ebook/dp/B0FW74L4G4

पेपरबैक - https://www.amazon.com/Why-Deliverance-Fails-Declarations-All-Round/dp/B0FWB3LXRM

बचाया गया लेकिन खो गया – शिष्यहीन धर्मांतरित – 25 भाषाओं में अनुवादित

किताबचा

https://shop.ingramspark.com/b/084?params=iYNB6S3PLMfREpm0jMM15bMe3BvWlkjcYyLYnHVGAds

ईबुक - https://www.amazon.com/SAVED-BUT-LOST-UNDISCIPLED-heartbreak-ebook/dp/B0FVJ29DF7

आध्यात्मिक युद्ध और रिकवरी के 7 दिन - यह पार्ट 1 है

दुश्मन को बांधना, तीरों को सात गुना करके वापस करना, और अपनी किस्मत को फिर से बनाना

https://shop.ingramspark.com/b/084?params=8mPzqUl73Ex7uPyeO7ydyt8EGkkB6u2gX1jZvWU8j1C

ई-बुक लिंक - https://www.amazon.com/DAYS-SPIRITUAL-WARFARE-RECOVERY-Returning-ebook/dp/B0FMPJM5KZ

7 दिन का आध्यात्मिक युद्ध और रिकवरी - पार्ट 2 - जीत पक्की करना, घर की बुराई तोड़ना, और अपनी वापस मिली किस्मत को बचाना

पेपरबैक -
https://shop.ingramspark.com/b/084?params=LkpNmGSsApHhWhiSO7bW3wFmcXQKIO4ZEBeSbP5rL1S

ईबुक - https://www.amazon.com/DAYS-SPIRITUAL-WARFARE-RECOVERY-Wickedness-ebook/dp/B0FR9YCMY8

अंधेरे से राज तक: अंधेरे की छिपी पकड़ से आज़ाद होने के लिए 40 दिन

–

जागरूकता, मुक्ति और शक्ति की एक ग्लोबल भक्ति - आज़ाद होने के लिए तैयार लोगों, परिवारों और देशों के लिए

किताबचा

https://shop.ingramspark.com/b/084?params=aVgp21QfwJxNANkfMxIQ0yejuFCVY12KFr978SRkZUD

अमेज़न लिंक - https://www.amazon.com/DARKNESS-DOMINION-Devotional-Awareness-Deliverance-ebook/dp/B0FLDH2Y67

- ***डिलिवर्ड फ्रॉम द पावर ऑफ़ डार्कनेस* (पेपरबैक)** — यहाँ से खरीदें | Amazon पर ईबुक

  - **यूनाइटेड स्टेट्स से टॉप रिव्यू:**
    - **किंडल कस्टमर** : "अब तक की सबसे अच्छी क्रिश्चियन किताब!" (5 स्टार)

हर किसी को यह किताब पढ़ने की सलाह दूँगा ... क्योंकि पाप की मज़दूरी मौत है, लेकिन परमेश्वर का तोहफ़ा हमेशा की ज़िंदगी है। शालोम! शालोम!

    - **डा गस्टर** : "यह एक बहुत ही दिलचस्प और अजीब किताब है।" (5 स्टार)

अगर किताब में कही गई बातें सच हैं, तो हम सच में दुश्मन की काबिलियत से बहुत पीछे हैं! ... जो कोई भी स्पिरिचुअल लड़ाई के बारे में सीखना चाहता है, उसके लिए यह ज़रूरी है।

    - **वीज़ा** : "मुझे यह किताब बहुत पसंद आई" (5 स्टार)

यह आंखें खोलने वाला है... एक सच्चा कबूलनामा... हाल ही में मैं इसे खरीदने के लिए हर जगह ढूंढ रहा था। Amazon से इसे पाकर बहुत खुश हूं।

- **FrankJM** : "काफी अलग" (4 स्टार)

यह किताब मुझे याद दिलाती है कि असली आध्यात्मिक लड़ाई कितनी होती है। यह "परमेश्वर के पूरे कवच" को पहनने की वजह भी याद दिलाती है।

- **जेनजेन** : "जो कोई भी स्वर्ग जाना चाहता है - इसे पढ़ें!" (5 स्टार)

इस किताब ने मेरी ज़िंदगी बहुत बदल दी। जॉन रामिरेज़ की गवाही के साथ, यह आपको अपने विश्वास को अलग नज़रिए से देखने पर मजबूर कर देगी। मैंने इसे 6 बार पढ़ा है!

- *एक्स-सैटनिस्ट: द जेम्स एक्सचेंज* (पेपरबैक) — यहाँ से खरीदें | Amazon पर ईबुक

- ***एक अफ़्रीकी भूतपूर्व शैतानवादी की गवाही*** *- पादरी जोनास लुकुंट्र मपाला* (पेपरबैक) — यहाँ से खरीदें | Amazon पर ईबुक

- ***ग्रेटर एक्सप्लॉइट्स 14* (पेपरबैक) — यहाँ से खरीदें | Amazon पर ईबुक**

- जॉन रामिरेज़ की *किताब आउट ऑफ़ द डेविल्स कॉल्ड्रॉन* —
Amazon पर उपलब्ध है
- रेबेका ब्राउन की किताब ' *ही केम टू सेट द कैप्टिव्स फ्री'* —
Amazon पर खोजें

लेखक की पब्लिश की हुई दूसरी किताबें – 1000 से ज़्यादा टाइटल

प्यार किया, चुना और पूरा : रिजेक्शन से ठीक होने तक का 30 दिन का सफ़र, दुनिया की 40 भाषाओं में ट्रांसलेट किया गया
https://www.amazon.com/Loved-Chosen-Whole-Rejection-Restoration-ebook/dp/B0F9VSD8WL

https://shop.ingramspark.com/b/084?params=xga0WR16muFUwCoeMUBHQ6HwYjddLGpugQHb3DVa5hE

उनके कदमों में — 40-दिन का WWJD चैलेंज: दुनिया भर में असल ज़िंदगी की कहानियों में यीशु की तरह जीना

https://www.amazon.com/His-Steps-Challenge-Real-Life-Stories-ebook/dp/B0FCYTL5MG

https://shop.ingramspark.com/b/084?params=DuNTWS59IbkvSKtGFbCbEFdv3Zg0FaITUEvlK49yLzB

यीशु द्वार पर:
40 दिल दहला देने वाली कहानियाँ और आज के चर्चों के लिए स्वर्ग की आखिरी चेतावनी

https://www.amazon.com/dp/B0FDX31L9F

https://shop.ingramspark.com/b/084?params=TpdA5j8WPvw83glJ12N1B3nf8LQte2a1lIEy32bHcGg

वाचा का जीवन: व्यवस्थाविवरण 28 के आशीर्वाद में 40 दिन चलना

- https://www.amazon.com/dp/B0FFJCLDB5

वास्तविक लोगों की कहानियाँ, वास्तविक आज्ञाकारिता और वास्तविक

https://shop.ingramspark.com/b/084?params=bH3pzfz1zdCOLpbs7tZYJNYgGcYfU32VMz3J3a4e2Qt

20 से ज़्यादा भाषाओं में बदलाव

उसे जानना और उसे जानना:
ठीक होने, समझने और हमेशा रहने वाले प्यार के लिए 40 दिन

https://www.amazon.com/KNOWING-HER-HIM-Healing-Understanding-ebook/dp/B0FGC4V3D9

https://shop.ingramspark.com/b/084?params=vC6KCLoI7Nnum24BVmBtSme9i6k59p3oynaZOY4B9Rd

पूरा करें, मुकाबला नहीं:
उद्देश्य, एकता और सहयोग की 40-दिवसीय यात्रा

https://shop.ingramspark.com/b/084?params=5E4v1tHgeTqOOuEtfTYUzZDzLyXLee30cqYo0Ov9941

https://www.amazon.com/COMPLETE-NOT-COMPETE-Journey-Collaboration-ebook/dp/B0FGGL1XSQ/

डिवाइन हेल्थ कोड - भगवान के वचन और क्रिएशन के ज़रिए हीलिंग को एक्टिवेट करने के लिए 40 डेली कीज़ पौधों, प्रार्थना और भविष्यवाणी की हीलिंग पावर को अनलॉक करें

https://shop.ingramspark.com/b/084?params=xkZMrYcEHnrJDhe1wuHHYixZDViiArCeJ6PbNMTbTux

https://www.amazon.com/dp/B0FHJT42TK

https://www.amazon.com/stores/Ambassador-Monday-O.-Ogbe/author/B07MSBPFNX **पर मिल सकती हैं**

www.ingramcontent.com/pod-product-compliance
Lightning Source LLC
LaVergne TN
LVHW032023041026
849517LV00008B/2723